漯河印记·文史资料集萃

杏坛双星

政协漯河市委员会 编
吕岩 主编

中国文史出版社

《漯河印记·文史资料集萃》
编委会名单

序

漯河市政协主席　吕岩

沙河、颍河如两条闪亮的丝带，从漯河大地上穿境而过，亘古不息。她们忠实地记录了这块土地上演绎的故事。

远古时期，这里是先民们刀耕火种、开拓缔造的摇篮。一万年前，黎明时分，大岗之上响起“哼育！哼育！”的号子声，穿着兽皮、草裙的男女以打制石器、烧制陶器、狩猎采撷为生；八千年前，贾湖部落在悠扬的骨笛声中，走出地穴，走下干栏，把美酒洒向天空，祈愿稻粱早日成熟；越千年，郝家台上筑起了一座城，以黑陶的名义宣示着薪火相传、生生不息的文明；三代连绵交替，留下了动人的传说、英勇的故事、壮阔的城郭；两汉以降，汝水、颍水成为行政区划重要地标，流域之内渐趋繁盛，文化遗存星罗棋布；直至平汉铁路通车，河上街始现市镇雏形。

近现代以来，国家命运多舛，洪波涌起、激浊扬清，推翻“三座大山”成为主旋律。铁路工人在“二七”怒潮中率先觉醒，中国共产党的组织在三县生根发芽。北伐战争如火如荼，将士热血沃四岸；救亡图存浪潮席卷，民先春笋立百竿。抗日战争时期，先后走出了沈东平、赵伊坪、李曾志等著名英烈，也涌现出效信趁、蔡永令、支天雷等地方武装和孤胆英雄。三年横扫残章，中国人民解放军二野四兵团诞生在此，“打过长江去，解放全中国”唱出了浩荡绝响。

新中国成立七十年，社会主义在探索中前进，汝颍大地同样发生着翻天覆地的变化。特别是改革开放的东风唤醒了城市和乡村，创造出一个个历史性的奇迹。1986年区划调整，漯河向区域性中心城市迈开新生的步伐；1992年创办内陆特区展示了敢为人先的胆识与气魄；南街村一枝独秀率先实现了亿元梦想；双汇集团日益增长成为全球领先。

七届漯河市政协恰逢三十而立，一批地方文史学者提出整理建市以来前三十年《漯河文史资料》的设想，这无疑是顺应文化复兴潮流，彰显地方文化特色之良策。文史资料工作是人民政协重要的基础工作，具有不可替代的“存史资政，团结育人”作用，支持这个动议理所当然。整理工作专班历时三年多的时间，从浩繁的文史稿中精选出689篇，逐篇审读，删繁补简，纠正讹误，做必要的注解和附录，达到了“去伪存真，去粗取精”的目标，并几经研讨，提出了按目分类的出版方案。

抚摸案头的十二册书卷，不能不感佩历届政协委员和社会各界人士的辛勤耕耘，赞叹三十年来政协文史工作者的孜孜追求。其成果必将成为漯河记忆里弥足珍贵的见证。

今天，漯河已经进入新时代，正阔步走在建设社会主义现代化，实现中华民族伟大复兴的新征程上。许多时点熠熠闪光，许多人事灿若星辉，也期待更多的人秉笔记录，让后来者因我们而更加自豪，也因我们而更加发愤。

本丛书定稿恰逢中国共产党百年华诞，谨以初版献礼志庆。

2021年6月19日于许慎故里

卷首语

王拱璧和周祖训两位先生在漯河乃至中原地区的教育史上，都能拥有一席之地。他们曾经探求民族复兴之路从而选择了职业生涯；他们桃李满天下，为大批乡村青年指引了人生的方向；他们别世多年事迹依然温暖人间，是沙澧河畔两颗耀眼的明星。

王拱璧先生是著名的爱国民主人士、中国同盟会早期会员、乡村教育的奠基者、两次执教于河南大学的教育家。自 1912 年开始从事教育工作，共计创办河南体育专修学校、嵩山公学、青年公学等 6 所民办学校，先后在 17 所大、中学校任教，其中在河南大学任教达十年之久。他在家乡创办的“青年公学”已经历 40 年风雨，家乡因此而更名。在长期的办学实践中，王拱璧先生积累了丰富的经验，提出了许多创新见解。晚年他又把全部精力献给了河南省图书馆事业，特别是在古籍整理中作出了突出贡献。他不仅有光辉的战斗历史，而且一生撰写文稿约五百余万字，给后人留下了宝贵的精神财富。

本卷选取了王拱璧的学生窦克武、胡民安、孙发义撰写的关于王拱璧文史资料数篇。窦克武与王拱璧相交 30 余年，从 1984 年开始研究王拱璧，九秩之躯仍在孜孜不倦地为研究、纪念先师而奔波，亦足以说明王拱璧先生在其学生心目中的地位与分量。

周祖训先生同样是河南教育史上难以忘怀的名字。他一手创办了中原临时中学、省立郾城中学、漯河高中；先后在内黄楚旺中学、开封女师、信阳师范、开封维新中学、中原临时中学、郾城中学、漯河高中和漯河四中任校长。尤其是他任信阳师范校长的十年间，适逢八年抗战，他带领学生几度搬迁，把这所战乱中的学校完好地保存下来，且办得更有生机。1948年，他在危难中出任设在鄂北山区的中原临中校长，后不顾国民党反动当局的威逼利诱，毅然带领3000名师生回到河南建立了省立郾城中学。周祖训先生的学生有许多成了名人，他却一生甘于寂寞，默默享受着学生的成功给他带来的欢乐。

周祖训长期从事教育工作，在校园辛勤耕耘达五十年之久，收获了桃硕李丰。他幼怀从事教育宏志，对教育事业赤胆忠心，以校为家，视师生如弟子，数十年如一日，同广大师生结下了深厚的友谊，赢得了广泛的赞颂。本卷收录了周祖训的同事、学生、亲朋好友从不同侧面撰写的生平及工作、生活史料，从“生平回顾、信师执长、临中记忆、郾中岁月、漯高时光、四高往事、生活侧面”7个方面较为全面地留下了记载周祖训先生执着奉献祖国教育事业的宝贵文字。

“没有周校长，就没有我的今天”“感谢周校长给了我第二次生命”等等这些饱含深情的文字，或回想周祖训倡导的校训让大家“时时服膺”；或追忆良好的校风成为自己人生道路起跑的原动力；或抒发自己对母校恩师的深深怀念。这不仅仅是个人的生活片断，它又是信阳师范、中原临中、漯河高中等学校的校史，甚或是一个时代河南教育面貌的缩影。

在整理王拱璧和周祖训先生相关史料过程中，查阅了《河南省文史资料》《王拱璧文集》《周祖训传》及漯河市档案馆馆藏周祖训捐赠的书信、照片等相关资料，通过订正讹误、补充阙疑使得史料更为集中丰满。

两位杏坛先师均已作古，其弟子们也垂垂老矣，时间没有给我们留下充分表达对两位贤者景仰之情的机会。付梓后仍觉得卷中有些许遗憾和不足之处，希望社会各界在浏览之余多提宝贵意见，以使后来者能有机会弥补。

编　者

2021 年 12 月

目 录
Contents

王拱璧

著名教育家王拱璧的一生 …… 窦克武 003
五四运动中的王拱璧 …… 窦克武 020
王拱璧与青年公学 …… 胡民安 023
王拱璧先生光辉的一生 …… 窦克武 孙发义 026
郾城县青年高级中学沿革 …… 孙发义 080

周祖训

周祖训先生生平 …… 政协漯河市委员会 089
周祖训与漯河民革 …… 民革漯河市委员会 091
勤奋好学尽瘁教育的周祖训先生 …… 马洪奇 093
周祖训先生任信阳师范学校校长十年 …… 马洪奇 140
忆中原临时中学 …… 周祖训 159
《忆中原临时中学》补 …… 周祖训 177
致周祖训校长信 …… 张 耳 184
我的恩师周祖训校长 …… 石嵩鑫 186
我所认识的周祖训先生 …… 吴文晋 191
我心目中的周校长 …… 张宝功 194

郾中漯高老校长——周祖训 …………………………………… 郑　临　200
漯河高中的奠基人周祖训校长 …………………………………… 李介祉　209
记周祖训先生二三事 …………………………………… 陶菊馨　211
乱云飞渡仍从容 …………………… 倪凤山口述　阎书华整理　213
我和周祖训校长相处的日子 …………………………………… 吴瑞卿　216
周校长对师生们的关爱令人难忘 …………………………………… 王禄征　218
周祖训校长推荐我们踏上国防建设的征程 …………………… 张天生　220
周伯伯是我人生的榜样 …………………………………… 李梅雨　224
周祖训校长沧桑见闻录 …………………………………… 冯宗义　226
提倡“包住”精神 …………………………………… 肖万君　232
周校长当起了图书管理员 …………………………………… 李荣庚　234
周祖训校长的美德 …………………………… 闫清现　汪桂芳　236
郾中之光 …………………………………… 殷遇春　238
周祖训校长给我的人格支撑 …………………………………… 万　里　241
忘不了老校长周祖训先生 …………………………………… 宋金钟　244
我和周祖训校长最后的告别 ……………… 赵家干口述　胡民安整理　247
周校长永远活在我心中 …………………………………… 鲁天贞　251
周改云一家同周老的亲情 …………………… 周改云供材　阎书华　254
周校长给了我第二次生命 …………………………………… 李嘉干　259
周祖训先生与祖父韵坡公 …………………………………… 马洪奇　262

后记 …………………………………………………… 267

王拱壁

著名教育家王拱璧的一生

窦克武[①]

王拱璧先生

王拱璧是孙中山创建的“中国同盟会”早期的会员之一，是民主革命时期我省乡村教育的杰出代表，为河南乡村教育事业作出了突出的贡献。解放战争时期是我党的忠实朋友，新中国成立后又把全部精力贡献给了我省图书馆事业。

王拱璧于1886年9月17日（清光绪十二年农历八月二十日）出生在河南省陈州府西华县孝武营村（今郾城县青年乡青年村）。1976年3月27日病逝，终年90岁。原名荣申，后改名璋，字拱璧。曾用公璧、白丁、大同、一庄、工碧、拱北、共璧、公辟等笔名发表论著。

王拱璧幼年读私塾，他天资聪慧，勤奋好学，深得先生器重。16岁考取县新办学校——西华县小学堂。17岁又考取陈州府（今淮阳）中学堂，名列第一。是年又考中秀才，免试进入河南大学堂。

1904—1906年（光绪三十至三十二年），在河南大学堂学习，开始接触一些进步书刊，提高了民族民主思想，立志救国救民。与同学组织“同胞会”，同国外革命派留学生联系，谋划革命。1906年冬毕业前，因对腐败校政不满，与进步同学鼓动风潮，打了学校监督（校长）王安澜，被开除学籍，离校回乡。途中转道县城与进步人士黄家驹、曹鹤

① 窦克武，河南省上蔡县华陂镇人，1929年6月2日生。1947—1952年在郾城县青年中学就读，1956年毕业于河南大学中文系，1961年毕业于中国人民大学历史系。郑州水利学校教授，长期从事马列主义理论教学工作。退休后创办育才大学。现任王拱璧研究会理事长，著有《王拱璧文集》等。

年、高天锡、朱仲和等组织“天足会”，借提倡妇女放足，掩护革命。

1907年，时年21岁，与农家女子屈媞[①]结婚。为反对封建礼教和陈规陋俗，让夫人放足、读书，给夫人改名屈扶农，乡人都说他“疯了”“吃洋药了”。后在家中开设“书报阅览室”，宣传革命思想，组织“天足会”，进行革命活动。

当年暑假后，赴上海就学，开始入上海公学就读，为了锻炼体格，学习军事，增加革命本领，转入中国体育专科学校就读，不久，由革命党人万仞千介绍加入中国同盟会。

1908—1909年（光绪三十四年—宣统元年）在上海就学时期，他特别重视体育、军事、普通操几门主课。与革命党人高龙腾、万仞千交谊甚深。

1910年（宣统二年），时年24岁，奉中国同盟会之命回河南开展革命活动。约万仞千和林潞生同志到南阳邓州（今邓县）蚕业中学，以教员名义开展工作。万仞千担任组织兼战时政委，林潞生担任制造炸药和战时特务[②]，王拱璧担任军事教练兼战时指挥。工作进行得很顺利，计划秋冬武装起义，杀州官，拉起武装，集结襄樊，与全国各地起义配合，谋取革命成功。后被校长和劣绅告密，州官准备逮捕。闻讯后，三人机智地逃脱险境。王拱璧路经南阳时，闻全国革命风暴继续高涨，回西华县即参加同盟会组织，继续进行革命活动。

1911年（清宣统三年），同盟会组织派王到西华县城工作，开始任县巡警教练所教练员，有学员200余名，开展革命活动，宣传革命思想，进行军事操练，发展同盟会员20余人，准备乘机武装起义。后又派到西华县立一小学堂任校长。王拱璧发展盟员，准备起义。10月10日武昌起义爆发，各省响应，清政府灭亡，辛亥革命成功。王拱璧心情万分激动，春节回到家乡，向亲邻宣传剪发辫、放足，废除清朝旧制。

1912年中华民国宣告成立，河南省党部设在省会开封，王拱璧奉命到开封省党部集中，任省党部文娱干事。不久，袁世凯窃国，形势转为

① 屈媞（tí）：商水县南楼村人，婚后改名湘灵，字扶农，后以字行。

② 或战时事务，见窦克武、孙发义《王拱璧先生光辉的一生》。

困难。王拱璧受河南留学欧美预备学校校长林伯襄之聘，任体育、音乐教员。曾与国文教员王北方、万仞千，德文教员杨振文等组织革命团体“壬子社”讨论国家大事。1913 年（民国 2 年）国民党发动讨袁“二次革命”失败后，革命党人多被杀害，王拱璧被监视数月，辞去教学工作。

1914—1916 年（民国 3—5 年），先后任省立高师、矿专、体育专校、省立一中音乐教员。1915 年袁世凯称帝，河南败类郭海封[①]为捧袁场，组织“劝进表”，逼迫教育界签名，王拱璧坚决拒绝。在此期间还支持和协助家乡农民抗暴反霸斗争，经过许多周折，将家乡砖桥镇大地主、大恶霸李奇枪决，受到当地广大群众的拥护和赞扬。

1916 年冬在开封辞去教学职务，赴北京应考留学日本研究生，被录取。当时日本帝国主义加紧侵华，袁世凯与日本签订卖国条约“二十一条”，国家民族危机加深。王拱璧赴日留学，主要在于寻求救国救民之道。

1917 年元月，到东京，在早稻田大学研究生院攻读教育。不久，被选为河南留日学生会会长，被聘为中国留学生总会干事。大部时间从事革命活动，与中国留日本学生和进步团体广泛接触，参观了日本辱我之纪念品展览后，心潮澎湃，表示要“亟起奋斗”“谋筹对倭基本之策”。

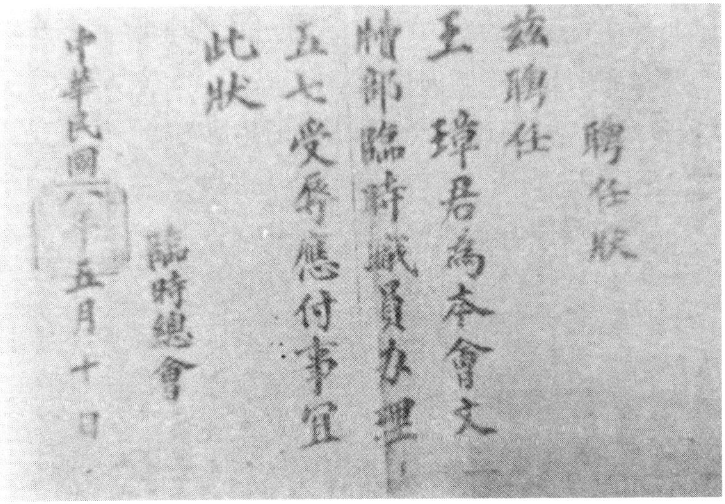
聘任狀
茲聘任
王璋君為本會文
牘部臨時職員辦理
五七受辱應付事宜
此狀
臨時總會
中華民國八年五月十日

聘任状

① 或郭海峰，见窦克武、孙发义《王拱璧先生光辉的一生》。

1919年春，受中国留日学生总会的派遣两次回国，赴上海支援“五四”爱国运动。到上海后与各界人士取得广泛联系，特别是得到《救国日报》社的支持，王拱璧把在日本获得的有关资料写成文章，揭露日本侵华阴谋，对上海人民反帝爱国的五四运动有较大影响。曾遭到反动势力的刁难和迫害。在上海从事革命活动，劳累成疾，病中转到开封。为揭发日帝侵华阴谋，将留日观感写成《东游挥汗录》第一辑，4万余言，于1919年11月6日出版，在开封连印8000余册，供不应求，不日即售完。后又在上海印刷20余万册，不及半月，即售完。这本书通过活生生的事实，深刻地揭露了日本侵略的本质和阴谋。对于唤起民众，反帝爱国起到巨大作用。当时，中国留日学生总会曾派任白涛回国到开封慰问王拱璧，并协助王拱璧在病床上写了《东游挥汗录》第二辑，进一步揭露日本帝国主义鼓吹的所谓“大东亚共荣圈”的反动实质，遭到媚日反动政府的迫害，未能付印，并勒令毁稿，第一辑也不准再印。

在东京留学期间，积极参加反帝爱国运动，曾在东京组织5000余中国留日学生，纪念我国“五七”国耻，举行游行示威，与日警展开激烈搏斗，影响很大。经常用“工璧”“公辟”等笔名在国内报刊发表文章，揭露北洋军阀政府的卖国政策。宣传救国思想。如《为今日报界进一言》《最毒的日货——新闻政策》等，发表在《东方杂志》《北京晨报》《救国日报》上，得到许多爱国人士的热情支持。还为警惕日本帝国主义进攻中国中部写了《河南人民的当头大祸》，在开封和上海出版，畅销数版，有力地揭露了日本侵略中国的阴谋，宣传了伟大的爱国主义思想。

在日本留学期间，与革命志士任白涛（我国著名的新闻学家）结交甚密。在任白涛处曾与周恩来结识，受影响很深。王拱璧回国后，始终坚持革命工作，成为共产党的亲密朋友。

1920年回国后，不谋求升官发财，不贪图安逸生活，径直返乡以农村为阵地，探索救国救民的道路。约请有为青年做骨干，将家乡——孝武营，改为“自治村”。先以教育入手，作为指导核心，组织“自卫团”，成立“青年自治会”，联系四乡人士1500余人。提倡剪辫放足，破除迷信，改革婚丧陋习，起到很大作用。1920年10月9日，本村崇实小学堂改为青年公学，召开村民大会，将孝武营改为“青年村”。设置“村事务所”“调解委员会”。青年公学实施“农教合一”的教育制度。培养农林各种合格的人才。教育宗旨是：在全面发展基础上，以“劳动”“健康”为中心。把学校和农村建设成为幸福的乐园。王拱璧任青年公学校长，建立董事会，实行民主管理。青年公学经过几年的努力，逐步发展壮大。设有幼儿园、小学部、农民补习部、中学部、职业部、高等补习部、妇女部，20余班，700余人。课程采用自编教材，注重结合农民生活，强调理论联系实际。青年公学因成绩显著，曾在《北京晨报》报道《青年公学大略》，受到人民的称赞，引起教育部和国内外学者的重视，参观者络绎不绝。1924年，河南省政府曾颁予“惠嘉青年”匾额，教育部也颁给二等金质奖章，奖励王拱璧先生的功绩。当时曾得到河南驻军将领冯玉祥的关注，委派谢重雨到校观察，支助款3000元。

王拱璧在1922—1923年，还兼任西华县自治筹备会副主任、县教育局长，通过地方选举区、村长，打击了土豪劣绅。取缔旧私塾400余所，创办新小学160余处，夺回权豪、污吏把持的教育款3.5万余元；筹出庙田6000余亩为学田，拆除泥塑神像数千尊。同时，还率村自卫团、青公师生击溃河南军阀赵倜残部200余人，打败豫东唐京匪团。将两年兼职工资和打击兵匪所获物资货币数千元，均补助青年公学。为民兴利除害，成绩非常显著。

1927—1935年王拱璧在河南大学任教

王拱璧把青年公学作为青年自治村的核心，着眼于农村社会改革，当时提出的口号是：“人人有劳动，家家有地种”“贫富有饭吃，男女有权柄”“爱乡村、爱农活、爱公物、爱读书”“要增产、要节约、要团结、要防灾”“不缠足、不赌博、不上告、不骄傲”，等等。经过实践，确实做到了移风易俗、团结增产、反土劣、减租息。动摇了封建制度在农村这块根基。

1926 年秋，王拱璧曾到江浙参观。考察了南京燕子矶小学、栖霞山乡师及附小和善人桥等处的“新村”，都没有真正接触到农村的政治、经济制度。更坚定了青年村的方向。在杭州与挚友任白涛商谈国家大事，由任白涛介绍访问中共上海支部，得知国民党已实行“三大政策”——联俄、联共、扶助农工，准备北伐。感到中国还有希望。迅速回村，进一步谋划村校事业。不料，土匪千余人，围攻青年村，杀害村民 20 余人，民房和校舍被烧毁百余间，抢劫一空。王拱璧在群众的关心帮助下脱险，被迫离乡，携眷赴开封。

1927 年春，王拱璧在开封喜闻北伐革命军节节胜利，精神振奋，约革命同志林伯襄等参加地下党革命活动。北伐革命军进驻开封时，组织数千群众欢迎，沿途高呼“铁军万岁”！不久，国民党省党部委托王拱璧到党报《河南民报》社工作。省政府成立后，又到省教育厅主持编审工作。蒋介石叛变革命，冯蒋妥协，接收开封政权，河南政局突变，共产党转入地下，王拱璧即辞去政府工作，参加河南中山大学筹备工作。在此期间，曾营救共产党员马腾霞、刘济生等出狱，在家掩护共产党员胡电生、李子纯、杨春笑等。

1928 年河南中山大学改为中州大学，王拱璧被聘为指导员。不久，中州大学又改为河南大学，王拱璧在校任教。是年，冯玉祥任河南政府主席期间，邀请王拱璧帮助他开展农村工作。王拱璧唯恐冯玉祥不能接受他的主张，故辞而未就。当时青年村派代表到开封请王拱璧回村主持青年公学校政，因忙于开展营救共产党员和进步人士工作，不能回村。他介绍共产党员刘济生、马腾霞等赴青年公学代理学校工作，还掩护共产党员汪赓远、汪振远到青年公学工作。曾与林伯襄、杜子劲等人组织河南建设学会，并兼任两个组织的负责人。

1929 年，王拱璧受聘河南大学，任教授。“九一八”事变后，东北大学迁开封，兼任东北大学教授，还为东方学会讲授“日帝侵华史”。

这个时期，共产党员刘济生、马腾霞等到青年公学后，大力发展共产党组织，组织进步团体“太阳社”，宣传共产党的主张，组织农民暴动，杀掉反动区长，遭到国民党迫害，被迫离开青年公学。王拱璧又介绍司雪萍（共产党员）、王爱贞（进步人士）坚持青年公学工作。

王拱璧当时虽身为教授，早期国民党员，国民党却认为他有反“三民主义”倾向，参与共产党的活动。于是，党政联合到他家检查2次，给予警告1次。但王拱璧仍偕杜子劲等出名保释汪宗尧、刘子文、宋黎生等17名共产党员出狱，接济在狱中的共产党员刘少楼等，掩护孟漱石、邹学勤等共产党员脱险。

1931年，在国民党爱国将领彭振山的支持下，王拱璧曾与李子纯同志在方城县广店乡后土屯村（新中国成立前属南阳县博望区四棵树乡）创办一所新型的学校——嵩山公学。王兼任校长，从开封等地请进步人士到校任教，有些是共产党员，教务长张楠圃，总务长刘芳亭，教师郭静波（郭晓棠）、陈立鹤（齐欣）、司吉甫、王芳君等。后郭静波任副校长。嵩山公学开办时间不长，但传播了革命火种，为党的革命事业作出了卓著贡献。

由于王拱璧积极协助进行革命活动，遭到国民党的迫害，在1935年，与河大进步教授嵇文甫、王毅斋等8人同时被解聘。

在此期间，王拱璧赴上海再访中共领导人，与地下党员马腾霞参加了一次联冯倒蒋会议。

王拱璧被河南大学解聘失业后，1936年河南省教育款产管理处处长林伯襄约他去该处工作，乘机到农村调查，研究土地问题和农村建设问题。分为3种类型，大别山解放区为“左”区，宛北山乡为“右”区，豫东南为“中”区，经过两年对三区的奔走，收集了大量资料，写出了《豫南百村》。“七七”事变发生，中日战争爆发，王拱璧即准备战时行动。令刚从日本留学回国的长子一民和开封女师毕业的次女岚子分别参加抗战组织，奔赴抗日前线。自己年逾半百，相机为国出力。在全家西迁镇平时沿途讲“日本侵华史”和“抗日必胜”数十次。

1938年，到镇平不久，发起组织“战时工作十人团”，由共产党和进步人士组成，深入山乡，开展抗战救亡工作。3个月发展6个团，每个团都有20余人，在群众中影响很大。遭到地方军阀别廷芳的迫害和打击。此时国民党蒋介石逃到四川，形势突变，人心大震。王拱璧携眷达成都，相机配合抗战。

1939年，王拱璧决定到川康少数民族地区进行实地调查，与顾颉刚组织边疆建设协会，深入少数民族地区，历经艰险，克服重重困难，经过近两年的时间获得了大量的材料。1941年回到成都，将西康一行的材料、记录，加以整理，写出《川康一斑》，约5万字，由顾颉刚领导的边疆学会编为《边疆丛书·第一辑》出版。写出有关西南边疆论文20余万字，在成都各报及重庆《边疆公论》月刊上发表。写诗歌十多首，诗歌论著发表后，得到文坛的好评，鼓舞了全国民族团结抗战。在四川时，看到国民党反动集团过着腐化堕落生活，而河南人民惨遭水、旱、蝗、汤灾害，与敌、伪、顽压榨，人民处在水深火热之中。内心感到极大愤慨，写出《看重庆忆中原》的文章，刊登在《大公报》上，为此《大公报》被关闭一周。王拱璧毅然决定回河南省家乡，到抗日前线奋斗。

1942年春，王拱璧由川携眷起程，长途跋涉，冒险越过敌伪关卡回到青年村，以学校为阵地，依靠共产党员和进步人士，联系广大群众，开展抗日救国斗争。将“青年公学”改为“青年中学”，任董事长兼校长。经过曲折斗争，赶走反动教师张宗祺，迫使国民党、三青团退出青中。1942年青年中学开始中兴，聘请进步教师培养革命青年。组织地下武装，外抗日寇侵略，内拒国民党压迫，与新四军张超支队保持联系，协同作战。

1942年，领导村民和青中师生战胜了历史上罕见的灾害，受到村民的感激和称赞。当时写了《河南灾况目睹记》一文，寄至重庆《大公报》发表，揭露国民党政府不关心人民疾苦、人民生活的困境，国民党政府勒令《大公报》停刊三日，人称“光荣的停刊”。

1943年秋日寇占据附近各县，“清剿”、袭击青年村、青中。王拱璧被迫携眷到龚堂村胡振甫家避难。县教育局曾多次派人推行“新民教育”——奴化教育。种种威迫利诱均被拒绝。郾城县县长李子芬，利用同学关系，劝王拱璧为他们服务，王拱璧严词拒绝。

1944年春，新四军[1]一二八团进驻青年村附近，给敌、伪、顽以打击，给人民以支持。王拱璧即时回青年村，与新四军李团长、赵政委在青年中学召开军民联欢会。继续主持青年中学工作，坚持与敌、伪、顽斗争。

1945年春，新四军[2]在河南开辟根据地，建立郾（城）、西（华）、上（蔡）和西（华）、临（颍）、郾（城）两个抗日民主政府，王拱璧与新四军和民主政府密切配合，做了大量工作。

1946年，共产党员张学六、孙占远被捕，王拱璧积极组织营救，签名保释出狱。

1945—1946年间，由王拱璧与地下党、进步人士密切合作，积极进行了一系列的革命活动和斗争，遭到国民党反动派政府的迫害，河南省新蔡行署、淮阳专署、郑州绥靖公署3次下“通缉令”，拿办王拱璧。由于群众的保护和王拱璧的机智斗争，没有受害。西华县国民党政府奉河南省政府命令查封青年中学，经王拱璧领导群众进行勇敢曲折斗争，未能得逞。国民党反动政府对王拱璧的种种迫害，其借口是：“袒护共产党”“掩护共产党员”“反对国民党”，等等。王拱璧对此引以为荣。附近群众传称王拱璧“死保共产党”。青年村、青年中学是“共产党的大本营”。

1946年，王拱璧令其子回青中，参加学校扩建工作，筹建教学楼。

1948年，王拱璧经过辛苦努力，克服种种困难，在一个偏僻落后的

---

① 本卷有关王拱璧的文稿中有类似的叙述，如《王拱璧先生光辉的一生》中“1945年夏，新四军一二八团进驻青年村”；“是年夏，新四军沙河部队一二八团进驻青年村”“1945年夏初，新四军一二八团在团长王定烈的领导下。”这种称谓是当时民间说法，应是“冀鲁豫军区第八团”所误。

② 据《中国共产党漯河历史纪事》记载：1945年5月下旬，冀鲁豫军区第八团在政委李世才、副团长王定烈的率领下，渡过黄河，开辟水西新区，到达郾城、西华、上蔡交界的砖桥、万金、五沟营、逍遥镇、老窝、肖潭一带，打击伪顽，开展抗日活动，迅速打开了局面。（漯河市史志档案办公室编纂、中共党史出版社2001年出版）

农村，建起了两层“工”字形教学大楼，开始增设高中部。是年5月，扩大校董事会，聘请省内外政界和知名人士郝象吾、孙祥正、万康民、杜子劲、王公度、王叔鲁、齐性一、王毅斋、嵇文甫、靳志等30人为青年中学董事会，由王陵南主持，在开封召开第一次董事会议，选举王拱璧为青年中学董事长兼校长。

1948年初，解放军进驻青年村附近，相继建立革命政权，王拱璧召开师生员工大会，热烈欢迎解放军，向村民群众和师生员工宣传共产党的政策，扩大党的影响。王校长虽年已古稀，但仍精神焕发。

青年中学在地下党大力支持和王校长的领导下，越办越好，规模越来越大。临近西华、商水、郾城、上蔡、西平、漯河、周口等地学生，纷纷奔赴青年中学就学，学生激增，师生达900余人。当时青中革命活动已处在半公开状态，组织师生积极开展支援解放战争的活动，收集、传送情报。郾、西、商大队政委冯明高与王校长联系较多。学校教员，庞凤言、张学六、孙占远、侯立则出力较大，不久他们都公开参加当地政权建设。青年村、青年中学成了郾（城）、西（华）、商（水）、上（蔡）、西（平）、周（口）、漯（河）五县两市革命活动中心，青年中学成了情报联络站，王拱璧与我军密切配合，为解放事业作出了较大的贡献。享有盛名的魏凤楼将军的黑马团、白马团奔驰于中原各县，与青中经常保持联系。

1948年，王拱璧除参加和组织革命活动外，在中学部各年级主讲“形势与任务”课，宣传党的方针政策，号召师生积极参加支援解放战争。暑假动员170余名高年级学生，响应党的号召，参军参干。迄今多数已锻炼成县团级以上的党政干部或骨干力量。

1948年秋，青年中学在王校长支持下，在我地下党的领导下，成立青年中学学生自治会，参加和组织学校的学习、生活、文体各项活动，还组织剧团、宣传队，向群众宣传党的政策，动员群众参加革命战争。从此，寒、暑假青中剧团到郾、西、商、周、漯各县市演出，深受群众欢迎，影响颇深。

1949年元月至4月，王校长根据党的指示，动员中学高年级师生到商水县各区参加支援前线工作，为支援淮海战役，解放军渡江积极做准备。5 月，支援前线师生回校，召开师生员工大会，热烈庆祝解放军渡江胜利进军。

1948—1949 年，附近各县人民政府相继建立，当时迫切需要充实干部，王拱璧号召师生积极参加人民政权建设，受商水、郾城、西华、上蔡县委任工作者 200 余人，特别是商水县，县、区干部大多数是青中师生。

1949 年，青年公学全体合影

1949 年春，中原大地全部得到解放，王校长召开全村大会，热烈庆祝解放，将学校移交给人民政府，听从党和政府对自己工作的安排和指导。不久，将青年村划属商水县（淮阳专区），青年中学由私立改为商水县青年中学，仍委任王拱璧为校长。

1950 年，商水县人民政府委任王拱璧为县土地改革委员会副主任，参加讨论土改政策，并动员、组织高年级师生参加土改工作。随后被选为县各界代表会议代表，在县各界代表会议第一次会上致了闭幕词。

朝鲜战争爆发，中央决定抗美援朝，王拱璧即动员青年学生响应号召，积极参军，抗美援朝。并动员师生开展宣传、捐献等活动，后被淮阳专区委任为抗美援朝委员会宣传部长，时年已 64 岁，奔赴各地，满腔热情，讲演多次，深受群众欢迎。

1951 年被选为省人民代表大会代表后，赴开封参加了河南省人大第一届第一次会议。不久，河南省人民政府任王拱璧为河南省图书馆副馆长。

他决心在这个新的岗位上为人民做好工作，把晚年完全献给人民，以报答党！

任图书馆领导职务后，为了适应工作的需要，虽年已65岁，他仍决心学习图书馆学、目录学、版本学、图书史和有关图书流通等知识，力争由一个外行的领导，变成一个内行的馆长。

1954年，王拱璧已68岁高龄，提出改革省图书馆陈旧不适的规章制度，决心把半旧式的图书馆改进为社会主义的人民图书馆。首先，加强全馆的政治学习，提高思想觉悟，加强责任心。对原有规章制度，开展群众性的讨论研究，并参考全国各地的先进经验，改定了采编、借阅、流通、保管等章则，增设专为劳动群众服务的“小书库”和“大众阅览室”，增加各阅览室的座位，各阅览室设“读者指导员”。定期举行“好书报告会”和“作者、读者见面会”，为加强采购工作，设“采购小组”，自兼组长。

经过采取一系列改革措施，管理上有很大改进，图书馆的效益有显著提高，业务上不断发展，使图书馆的规模日益扩大和发展。

1953年，王拱璧挚友著名作家任白涛[①]在上海病逝，任的数十种著作手稿和珍贵资料数百斤，奉周恩来指示让王拱璧代为整理（此事后转上海历史馆负责整理）。

1956年，时年70岁，参加河南省文教工作会议。承省文化局指示，将现存古书40万册，限6个月整理（分类、编目、上架）就绪。王拱璧立即增设“整故组”，亲自领导，组织力量，发动群众，奋斗半年，如期完成任务。

---

① 任白涛:（1890-1952）河南南阳市人，曾任上海《民主报》《神州日报》《时报》《新闻报》驻开封特约通讯员，参加过反袁称帝斗争。1916年赴日本，入早稻田大学政治经济科学习。1920年回国，在杭州创办中国新闻学社。1939年到重庆，经周恩来介绍到郭沫若主持的国民党军事委员会政治部第三厅任设计委员，从事对敌宣传工作。后任《新湖北日报》总编辑，第六战区中校参谋，湖北省政府参议。1948年为三联书店翻译《资本论图解》（第一册）。新中国成立后，为北新书局编写文学、医学类书籍，继续修订《综合新闻学》。曾出席全国第一次文代会。著述有《应用新闻学》《给志在文艺者》《恋爱心理研究》《恋爱名论》等。

1957年，省馆开始建馆工作，王拱璧边坚持馆的业务工作，边筹建新馆，为建设新馆，到处访问有建馆经验的同志，并制成“示意图”。对选址、征地、设计、包工等一系列工作，都具体过问，提出意见。

1959年，省文化局向各地、市、县发出“抓紧抢救我省宝贵文化遗产”的通知，随后省图书馆陆续收到各地送来古旧图书约3000包，近80万册，为了加紧整理，王拱璧随即增设整理古书组。亲自领导，与群众共同奋斗。王拱璧虽然年已73岁，仍忘我工作，特别是对古籍整理工作，极端重视，把善本书视为珍宝。他无冬无夏，经常废寝忘食，加班加点，不辞劳苦，积极拣选，以致积劳成疾。河南人民政府主席吴芝圃闻悉，曾来馆慰问。他带病坚持工作，直至古书整理结束，为省馆增加了一大批有价值的古籍文献。

在此期间，为了读者的需要，在繁忙的工作中写出《图书馆的利用》一书。为整理古书参考，写出《善本知识》一书。

1960年，在生活严重困难时期，呈半病状态，仍坚持工作。为整理工作急需，连年抽时间，翻译古语《版本通义》，改名为《版本论》，全书约5万言，经省、局领导核定，准予出版。

王拱璧（中左4）1961年在北京参加纪念辛亥革命五十周年与周总理、董必武、辛亥革命老人合影

辛亥革命五十周年纪念董副主席、周总理和参加辛亥革命老人合影

1961年10月9日

杨东莼 蒋光鼐 陈天贵 南桂馨 朱蕴山 陈劭先 黄绍竑 刘文辉 鹿钟麟 徐寿轩 李范一 王葆真 陈其尤 包尔汉 何遂 朱叙五 陈之骥 潘乃德 孔令灿 刘跃奎 周思诚 莫季萱 汪东 尹承纲 陈雄 温楚珩 林瑞辅 张效巡

黄一欧 葛敬恩 王颖 王拱璧 王兆培 张斯麟 郗朝俊 龚师曾 邱文彬 杨在田 王绍鏊 蔡廷锴 张治中 李六如 高蕴华 谌秉道 马凌甫 余韶 胡寿山 陈绍宽 王子骞 伍毓瑞 邱绍尹 陈其瑗 梅龚彬 张执一 余心清

李白贞 吴弱男 叶恭绰 姚雨平 熊秉坤 张奚若 熊克武 班禅额尔德尼、却吉坚赞 程潜 吴玉章 沈钧儒 周恩来 董必武 黄炎培 李维汉 陈叔通 仇鳌 唐宗尧 周震鳞 王右瑜 张静斋 李书城 朱启钤 邵力子

辛亥革命五十周年纪念合影（中左4为王拱璧先生）

1961年，他写《历代版刻坊所志略》论文一篇，受到上级领导重视。根据上级指示，将此论文与前写《基本知识》并为一册，印刷后发全省、县、市有关单位，作为古书整理工作的参考。

为纪念辛亥革命50周年，受新华社记者约请，写了《我在辛亥革命中的经历》的回忆录。曾以“辛亥革命老人”名义，代表河南赴京参加中央召开的辛亥革命50周年纪念会。应邀在大会主席的显要位置上就座，与中央领导人合影。国庆前夕，参加了国宴。国庆节上了天安门观礼台。

1962年，在省委召开的专家会议上，提出创办郑州中心图书馆，得到了领导的批准，王拱璧负责筹备，联系市里八大图书馆，成立了郑州中心图书馆委员会，推动了图书馆事业的发展。

76岁时身体渐弱，经过检查，发现疾病数种，如高血压、白内障、动脉硬化、肺结核等，医嘱须住院治疗，但他怕影响工作，隐瞒病情，仍继续工作。

1963年，年近80岁，诸病发展，经领导劝告住院治疗，在住院期间，吴芝圃等领导同志到医院看望。出院以后不能坚持工作，但仍主动做些力所能及的工作。

1976年春天，祖国上空乌云密布，“四人帮”一伙加快了篡党夺权的步伐，王拱璧在极端忧郁之中离开了人间。他是我们党忠实可靠的亲密朋友。他在推翻帝、官、封的伟大斗争中作出了突出的贡献。新中国成立以后，他将全部精力献给了图书馆事业，对河南省图书馆的扩大和发展起到了重大的作用。他为人民的幸福奋斗一生，有光荣的战斗历史，而且还写出了200万言的论著，给我们留下了宝贵的精神财富，值得我们永远学习和纪念。

选自1987年11月《漯河文史资料》第一辑

附录：

王拱璧事迹

王膺民[①]

先父讳璋，字拱璧，中年后以字行。昆仲三人，先生居其长；仲讳玮，字黄石，1956 年逝世；季讳琸，字陵南，现任西南民族学院园艺系主任、教授。先生 1886 年生于河南西华原籍（现属郾城砖桥公社青年村），卒于 1976 年，终年 92 岁。

先生幼年天资聪慧，17 岁（1903 年）入泮为邑庠生。停科后，负笈省垣，考入河南大学堂（后改称育才馆，今河南师大地址），知遇于某堂师（班主任）。笃学洋务。1906 年偕叔父黄石先生及先母屈夫人佛侬氏[②]赴沪，命叔习音乐于美术学堂，夫人肄业于爱国女学堂，先生就学于中国公学。热衷时务，方与新党交游。初入同志社，后转光复会，又转同盟会，曾被举为支部宣传干事。1910 年奉命返豫，任省垣中学教员，公余奔走于汴、郑、宛、洛各地，组织同志，宣传革命。鼎革后，愤袁氏窃国，于 1913 年东渡日本，入早稻田大学攻教育，与志士任白涛先生（后为名新闻学家）交最深。课余组织护法反袁运动，曾被选为支部干事、留日学生会干事，经常以“工碧”“公辟”笔名发表倒袁救国文章于国内外各进步报刊。高潮时，曾为抗议“二十一条”亲率留学生游行示威于东京，与日警做反镇压械斗。著《东游挥汗录》两辑，《河南人民的当头大祸》等书（河南省图书馆有存本），揭露日本侵华阴谋，于唤醒民气贡献颇大。继而受命返国，奔走呼号，险遭军阀狙击，一时被目为“巨逆”，甚且省垣各校有不敢聘任执教者。

先生留学期间，受当时日本教育家武者小路实笃氏新村学派影响最深。“五四”后，先生于 1920 年返乡，从事新村建设与普及农村教育工作。组织青年自治会，提倡剪辫放足，破除封建迷信，改革婚丧礼俗。

---

① 王膺民，系王拱璧长子，曾任周口农业专科学校技能讲师。

② 即扶农，或为笔误。

改本村崇实小学堂为青年公学，实施农教合一教育，设高等补习班，为一方培育新学教师200余人。办暑期体训班两期，为各校培训体育教师百余名。并倡建“青年村”——政教合一的新村制。推行新法耕作，改良村政机构，充实自卫力量。不三年，成效大著，受北洋政府教育部及日本、美国学者所重视，一时国内外学者来参观者不绝于途。教育部曾颁与“惠嘉青年”匾额及二等金质嘉禾章。陶行知兴办之晓庄学校后于此5年。

1923—1926年间豫中军阀混战，匪祸遍地。1925年秋，“青年公学”被土匪焚烧。先生忍痛离乡，携眷徙开封。翌年，北伐抵定河南，出任教育厅编委会主任。旋受聘任河南中州大学（后改称河南大学）教授。“九一八”后，东北大学迁汴，复兼任该校教授。后因思想“左倾”，与嵇文甫、王毅斋等8位教授同时被解职。前此，先后援救地下共产党员刘少楼、马腾霞、张国英、郭力唐、张学六、庞凤言等十数人出狱，并助马腾霞等人赴豫鄂边区参加红军。1931年借刘芳亭等，到黄陂、麻城一带之“剿匪”军三十师彭振山部队，会同在该师师部工作的地下共产党员李子纯，对彭振山做策反工作。抗战军兴，先生赴镇平，组织救亡10人团近20个团。1938年深入川康，与顾颉刚先生等组边疆建设协会，谋开发边疆，巩固后方，为四川军阀所阻，未克实现。1942年回乡，中兴“青公”，改称青年中学（今之郾城三中——砖桥高中前身），聘请进步教师，培养革命青年，组织地下武装，外抗日伪侵略，内拒国民党压迫，与新四军张超支队协同作战。当时之青年村曾被反动派指为共产党大本营，国民党县党部反动武装几度阴谋加害，均未得逞。1946年，命我返校扩建高中，因撤销校内国民党三青团组织，触怒国民党县党部，几遭封闭，终因力有未逮不敢轻举。国民党省党部亦视该校为共产党之防空洞。1948年冬，人民政府号召参军参干，先生动员全校师生，一举为革命输送军政干部170余名，迄今多数已锻炼成为优秀之县级以上干部。

1949年新中国成立后，地方党政领导以先生思想进步，早年从事民主革命，致力教育事业，支持革命党人，为人民做了好事，先后被推举为省人大代表、省政协委员、民盟河南省委员会委员。1951 年任河南省图书馆副馆长。对于图书馆的扩建、图书的充实以及工作的改善，擘划经理，多有贡献，深受嘉许。以 80 余岁的高龄，仍勤恳工作，真可说是鞠躬尽瘁，死而后已。

1962 年，先生以辛亥革命老人代表，承中共中央召往北京参加辛亥革命 50 周年纪念会。遗著有《版本论》（省图书馆有存书）。遗稿《版本学》约 13 万字，被毁于十年动乱中，剩余部分由舍妹整理中。

1981 年 5 月

引自《河南文史资料大系——百年记忆》（政治卷·卷二），

中州古籍出版社 2014 年 9 月第一版

五四运动中的王拱璧

窦克武

王拱璧（1886—1976），河南省西华县孝武营村（今漯河市召陵区青年村）人，著名的爱国人士、进步学者，乡村教育家。

王拱璧为了寻求救国之道，1917—1919年在日本留学，就读于日本东京早稻田大学，攻读教育专业研究生。他把大部分时间用于社会调查和社会活动，积极从事政治活动，关心国家的命运和前途。

王拱璧在日本留学半年后，由于他积极参与学生运动，表现出了卓越的才能，被选为河南省留日学生会会长，被聘为中国留学生学生总会干事，并与当时留学日本的进步学生任白涛、周恩来等先进人物结为亲密朋友，这对他以后成为共产党的亲密朋友颇有关系。

王拱璧在1918年东渡日本途中，经过沈阳时，写《过奉天》诗一首，表达了他对日本侵略我国东北的愤慨；经过朝鲜时，写《过高丽》诗一首，对朝鲜人民遭受日本帝国主义的统治深表同情。

王拱璧1918年春参观东京靖国神社展览馆，看到日本帝国主义者在侵略战争中抢劫去的大批中国文物，肝胆欲裂，义愤填膺。以后他就多次进入馆内，将390多件文物一一记录下来，为他以后写《东游挥汗录》准备了素材。

1918年4月，中国留日学生获悉日本即将与中国的北洋军阀政府签订《中日共同防敌军事协定》，群情激愤。在"五七"国耻前夕，留日学生救国团的骨干分子在中国开设的维新饭店集会，商讨一致返国，以示抗议，遭到日本警察的殴打逮捕。当时王拱璧参与组织了这次爱国活动，随后，他受中国留日学生总会的派遣回国，在上海、开封、济南、青岛等地宣传抵制日货运动，历时4个多月，行程万余里。

五四运动爆发后，得到中国留日学生的积极响应。5月7日，在中国留日学生总会的组织和号召下，3000名中国留学生在东京举行示威游行，并向各国驻日使馆递交宣言书，坚决反对青岛割让给日本。当时游行队伍遭到日本军警宪兵的残酷镇压，数十人受伤、被捕，王拱璧参与了这次游行的组织、部署和善后工作，并以手杖为武器与日警英勇搏斗。

5月17日，中国留日学生总会向王拱璧授委任书：“为外交问题委任王璋（王拱璧）君为本会代表，请愿当局唤起舆论。”5月20日他启程回国，途经黄海，作《黄海舟中》诗一首：“海上风云急，舟中日月长。耿耿盼祖国，西望立苍茫。”充分表达了他急切回国参加爱国运动的心情。

委任狀
為外交問題委任
王璋君為本會
代表歸國請願當
局喚起輿論此狀
中華民國留日學生總會
中華民國八年五月十七日

委任状

王拱璧回到上海后，按预定计划，把揭露日本帝国主义新闻侵略政策为重点，在上海学生总会的支持下，草拟了《对日本帝国新闻政策斗争大纲》。6月上旬，王拱璧在《救国日报》上发表了《最毒的日货》一文，揭露了日本的新闻本质，给日本的新闻政策以沉重打击。由于工作紧张、劳累过度，王拱璧先生在上海病倒了。6月底，回家乡漯河养病，在病中撰写《东游挥汗录》第一辑，在开封印了17版，供不应求。又在上海印发25万余册，很快售完。《东游挥汗录》已被史学界定为研究中国近代史的重要史料。日本进步学者早稻田大学教授著的《中国人留学日本史》一书中引用王拱璧著的《东游挥汗录》有17处之多。当时，王拱璧还撰写了《河南人民的当头大祸》，揭露日本帝国主义企图侵略河南的狼子野心，当时印了5000册，很快销完。这两本小册子以铁的事实向中国人民昭示了日本帝国主义侵略中国的阴谋和罪证，旗帜鲜明地宣传了爱国主义思想，有力地配合了“五四”爱国运动。

王拱璧在五四运动中不愧为中国先进分子的杰出代表，他的思想和行动是青年的楷模，永远值得我们学习和纪念。

选自2012年12月《漯河文史资料》第十九辑

王拱璧与青年公学

胡民安[①]

王拱璧是孙中山创建的“中国同盟会”早期的会员之一，是民主革命时期我省乡村教育的杰出代表。

王拱璧于1886年9月17日（清光绪十二年，农历八月二十日）出生在河南省陈州府西华县孝武营村（今郾城县青年乡青年村）。1976年3月27日病逝，终年90岁。

王拱璧幼年读私塾，他天资聪慧，勤奋好学，深得先生器重。16岁考取县新办学校——西华县小学堂。17岁又考取陈州府（今淮阳）中学堂，名列第一。是年又考中秀才，免试进入河南大学堂。在河南大学堂学习，开始接触一些进步书刊，提高了民族民主思想，立志救国救民。毕业前，因对腐败校政不满，与进步同学鼓动风潮，被开除学籍。

1907年暑假后，赴上海求学，开始入上海公学就读，后为了锻炼体格，学习军事，增加革命本领，转入中国体育专科学校就读，不久，由革命党人万仞千介绍加入中国同盟会。

1911年（清宣统三年），同盟会组织派王到西华县城工作，开始任县巡警教练所教练员，后又派到西华县一小学堂任校长。10月10日武昌起义爆发，清政府灭亡。王拱璧心情万分激动，回到家乡，向亲邻宣传剪发、放足，废除清朝旧制。后受河南留学欧美预备学校校长林伯襄之聘，任体育、音乐教员。1913年（民国2年）国民党发动讨袁“二次革命”失败后，革命党人多被杀害，王拱璧被监视数月后，赴北京应考留学日本研究生，被录取。1920年回国后，不谋求升官发财，不贪图安

① 胡民安，河南郾城县人，1934年9月生。1956年漯河高中毕业考入河南师范学院（今河南大学）中文系学习，毕业后先后在唐河高中、郾城中学、漯河铁路中学任教。

逸生活，径直返乡，将本村崇实小学堂改为青年公学，将孝武营村改为“青年村”。青年公学实施“农教合一”的教育制度。王任青年公学校长，建立董事会，实行民主管理。青年公学经过几年的努力，逐步发展壮大。设有幼儿园、小学部、农民实习部、中学部、职业部、高等实习部、妇女部，20余班，700余人。课程采用自编教材，注重结合农民生活，强调理论联系实际。青年公学因成绩显著，曾在《北京晨报》报道《青年公学大略》。受到人民的称赞，引起教育部和国内外学者的重视，参观者络绎不绝。1924年，河南省政府曾颁予“惠嘉青年”匾额，教育部也颁给二等金质奖章，奖励王拱璧先生的功绩。当时也曾得到河南驻军将领冯玉祥的关注，委派谢重雨到校观察，支助款3000元。

1922—1923年，王拱璧兼任西华县自治筹备会副主任、县教育局长，通过地方选举区村长，打击了土豪劣绅，取缔旧私塾400所，创办新小学160余处，夺回权豪、污吏把持的教育款3.5万余元，筹出庙田6000余亩为学田。

王拱璧把青年公学作为青年自治村的核心，着眼于农村社会改革，当时提出的口号是:“人人有劳动，家家有地种”“贫富有饭吃，男女有权柄”“爱乡村、爱农活、爱公物、爱读书”“要增产、要节约、要团结、要防灾”“不缠足、不赌博，不上告、不骄傲”，等等。1926年秋，王拱璧曾到江浙参观，在杭州与挚友任白涛商谈国家大事，由任白涛介绍访问中共上海支部，得知国民党已实行“三大政策”——联俄、联共、扶助农工，准备北伐。感到中国还有希望。迅速回村，进一步谋划村校事业。不料，土匪千余人，围攻青年村，杀害村民20余人，民房和校舍被烧毁百余间，王拱璧在群众的关心帮助下脱险。

1927年春，王拱璧受聘参加河南中山大学筹备工作。1928年河南中山大学改为中州大学，王拱璧被聘为指导员。不久，中州大学又改为河南大学，王拱璧受聘河南大学任教授。“九一八”事变后，东北大学迁开封，王拱璧又兼任东北大学教授。

由于王拱璧积极进行革命活动，遭到国民党的迫害，1935年，与河大进步教授嵇文甫、王毅斋等8人同时被解聘。

1942年春，王拱璧又回到青年村，将“青年公学”改为“青年中学”。王拱璧经过几年辛苦努力，克服种种困难，在一个偏僻落后的农村，建起了两层“工”字形教学大楼，开始增设高中部。是年5月，扩大校董事会，聘请省内外知名人士郝象吾、孙祥正、万康民、杜子劲、王公度、王叔鲁、齐性一、王毅斋、嵇文甫、靳志等30人为青年中学董事会成员，由王陵南主持，在开封召开第一次董事会议，选举王拱璧为青年中学董事长兼校长。

青年中学在地下党的大力支持和王校长的领导下，越办越好，规模越来越大。临近西华、商水、郾城、上蔡、西平、漯河、周口等地学生，纷纷奔赴青年中学就学，学生激增，师生达900余人。

1948年，王拱璧除参加和组织革命活动外，在中学部各年级主讲“形势与任务”课，宣传党的方针政策，动员170余名高年级学生，响应党的号召，参军参干。迄今多数已锻炼成县团级以上的党政干部。

1949年春，中原大地全部得到解放，王校长将学校移交给人民政府，听从党和政府对自己工作的安排和指导。不久，青年村划属商水县（淮阳专区），青年中学由私立改为商水县青年中学，任王拱璧为校长。

1951年王拱璧被选为省人民代表大会代表，不久，河南省人民政府任王拱璧为河南省图书馆副馆长。从此，他决心在这个新的岗位上为人民做好工作，把晚年完全献给人民，以报答党！

选自2003年9月《漯河文史资料》第十一辑

王拱璧先生光辉的一生

窦克武　孙发义[①]

王拱璧，1886年农历八月二十日出生于今漯河市召陵区青年村。他在青年时期，思想激进，追求进步，立志救国，参加孙中山先生领导的革命党同盟会，是资产阶级民主革命的坚强战士，是中国共产党的可靠朋友。五四运动时期，他留学日本，在国外积极参加反帝爱国运动，是一位颇有影响的反帝爱国活动分子。1920年，他从日本留学回国后，毅然摒弃北洋政府教育部的高官厚禄，选择了到农村去的人生道路，立下了“宁到农村走绝路，不进都会求显通”的誓言。他决心在农村扎根，在他自己家乡孝武营（今青年村）积极进行村治建设和乡村教育实验，创办青年自治村和青年公学，探索改造中国社会，谋求救国救民的道路，是我国乡村教育最早的探索者和先行者。他捐出自家的田产，依靠广大农民的支持，并争取开明士绅的帮助，终于办起了以吸收贫农子弟入学为主的青年公学；在本村开始了“铲除封建习俗，实行民主自治”的新村建设。在河南各校任教中，王拱璧既注重对青年进行爱国主义教育，又热衷于农村问题的研究，认为中国社会改造的重心在农村，积极主张土地革命。在抗日战争时期，他积极从事抗战活动，他置个人安危于不顾，掩护和营救许多地下共产党员和进步人士。解放战争时期，在中国共产党的帮助下，仍以青年公学为阵地，与共产党紧密配合，积极开展革命活动，培养了大批革命干部，成为共产党的亲密朋友。新中国成立后，长期任河南省图书馆副馆长、河南省第一至第三届人大代表、省政协委员、河南省民主同盟会员等职，把晚年全部精力献给了河南的

① 孙发义，1941年生，郾城县人，1961年参加工作，先后任教师、教育局办公室副主任、县志办副主任、县志主编、县史志档案办公室副主任等。

图书馆事业，成绩卓著。

王拱璧的一生是光辉战斗的一生，是鞠躬尽瘁为人民、呕心沥血办教育的一生。他品德高尚，廉洁奉公，可谓“当代师表，后世楷模”，永远值得我们后人学习和传扬。

一、从私塾到学堂

王拱璧，1886 年 9 月 17 日出生于河南省西华县孝武营村（今漯河市召陵区青年村），名璋，字拱璧。曾用名白丁、工碧、拱北、公辟、一庄等。他出生在一个半耕半读的农民家庭，其父王际泰[①]，勤奋好学，白天耕作，晚上读书，刻苦努力，科中秀才，热心教育和社会公益事业，常为乡人排难解忧，把别人家的事当作自家的事，还在本村创办崇实小学堂，颇有务实精神，深受民众称赞，对王拱璧后来献身乡村教育大有影响。其母原名邵慈，后改名为金玉，乡村知识比较丰富，王拱璧小时常听母亲讲民间故事和歌谣，对他少年时期的思想发展颇有影响。

王拱璧自幼天资聪慧。1892 年，6 岁的他随父就学于村西竹园寺学馆（其父在本学馆教书）。初读“四书”，边读边讲，甚感乏味。故时常随年长同学跟寺内的“十八罗汉”“四大金刚”“七贤”等佛像开开玩笑，颇感兴趣。

1893 年，王拱璧祖父病故，父亲主管家务，停了学馆，8 岁的他改在张氏村塾就读。塾师张自新，执教极严，常把戒尺（打人的板子，一面写着“骄矜警惰”，另一面写着“补作教刑”）放在手边，每天总要责打数人，有时候所有学生都要挨打，叫“满堂红”。学生常有因受打不过而诈病逃学者。王拱璧跟他从学三年，在提心吊胆中读了不少书。

王拱璧 9 岁时仍就读于村塾，塾师王嘉乐，塾馆设在本村南庙七圣殿与广生堂，继续读经写字，添了讲经和学作应试诗文。到 10 岁年终，经书除部分《札记》外，都读过一遍。又加读了《纲鉴易知录》·类简史。王师不严，虽有戒尺，但不多打人，只作学生“出门签”之用，颇

① 即王梦山，字际泰，以字行。

有“春风化雨”之风度。王师学识不深，许多疑难问题不能回答。其父常在家中给王拱璧补课，讲述历史故事，如当时的中日甲午战争、马关条约、满清入关时对汉人的苛政、林则徐禁烟等。

是年，王拱璧的父亲从省城开封应科考回来，带回不少“时务”书籍，他见之甚为高兴，又听父亲十分难过地讲述了甲午战争后割地赔款、李鸿章卖国、皇帝投降等国耻。王拱璧听后悲愤异常，大骂朝政腐败。他父亲叮咛他说：“这话在人场里可不能乱说呀！”

11 岁时，他在家自学，由父亲指导，学习文史，写作诗文，开始讲解四书五经。

随着年龄和智力的增长，他的求知欲望日益增强。对于私塾生活、家庭生活及村乡环境，愈益感觉不满。经他再三请求，父亲打开他的书箱，允许他自由阅读。他从此也可以读些像《三国演义》《西游记》《封神演义》《列国志》《水浒传》等，还读了《瀛寰全志》《万国史记》《策学大全》《经世文编》《盛世危言》等一类的“时务书”，开拓了他的思想境界和知识领域。虽说对古今中外的情况知道一些，但他感到越读问题越多，师长和父亲亦越不能解答。常恨自己没有三头六臂，不能生出翅膀，一翻身十万八千里，做梦总是天空、海上、树梢、山顶。他听说程古同村程伟勋老师通筹算、天文，就冒着风雪、隔河渡境去求他指教。父亲好像看透了王拱璧的心思，遇机会就不断带他出游，早晚给他讲说先贤故事。如岳飞大战郾城、郑成功据台抗清、太平天国反清坐南京，等等，都给他留下很深的印象。父亲还给他选了些民族英雄的诗文，如《岳武穆文集》《文天祥文集》、郑所南《心史》等，让他熟读。

王拱璧 14 岁就学于村西北 20 余里的下堤于村。塾师杜泰开，字运升，是一位“备中举人”，文章矫健不辟。塾馆设在“于家祠堂”，为一时之“盛馆”。因得一方名师，学习情绪很高，自觉用功，不再贪玩。杜师指导有方，学风正规，王拱璧大攻文史、时务，尤爱做策论。

秋冬，杜师讲时务（类似今天的政治），谈到义和团“扶清灭洋”、八国联军攻占北京、清帝母子逃难西安等，悲愤至极，声泪俱下，王拱璧视之既恨清廷无能，又恨列强无道，更恨自己不能领兵把洋人打跑！

回家后曾一再求父母允许他“投笔从戎”，双亲坚持不肯，并斥责他年幼无知。此后，他对杜师民族正义和爱国思想更加崇敬、钦佩。

王拱璧15岁时就学于村东北30里之外的沱南河村，塾师李德馨，字兰亭，是一位60来岁的廪生，对经学有研究，尤精于易经。在学习上，王拱璧轻课业、重课外阅读。除攻读文史、时务，还把《易经》精读一遍，讲了大半。又学了数学《算法统宗》一书。

1902年王拱璧16岁，又重回下堤于村就学于杜师，头一课的题目是“苏秦说六国论”，此题正合拱璧爱作文的兴头，他效法杜师的矫健笔法，一挥而就。杜师阅后大为赞赏，在评语中有“东方诸君，不得擅美于前矣”之句。这种评语，不但鼓励了他，也激励了大家。一时学风为之一振。那段时间王拱璧的作文又前进了一大步，性格也较前沉稳多了。

当年县城开办新式学堂，叫“西华县小学堂”。说是皇帝听了新党的话，要变法改制。招生告示到校，杜师欣然倡导同学应考，王拱璧取中第二名，而平时不如他的于临淇同学取中第一名，王拱璧不悦。随后“陈州府中学堂”招生，王拱璧报考取中第一名，心中高兴，决定舍“县小”而就读“府中”。他入陈州中学堂后，学习环境大变，气象一新，接触了中西科学，开设的课程有修身、国文、史地、算学、英文、体操、音美等。当时风气未开，愿上“洋学堂”者少，学生待遇全部公费，生活很好。

当年他又应试科考，考中附生（秀才），被免试选入“河南大学堂”。1904年，河南大学堂改名为“河南高等学堂”，开设课程有经学、文学、史学、外史、中国地理、世界地理、英文、日文、法文、算学、修身、物理、化学、博物、体操等。除外文任选两种外，其余都是必修课目。除了外文，其他各科教习，大多是在开封候补的府州县官。监督（校长）是翰林王安澜。因课目太多，不可能全学好，王拱璧仍注重学习文史地理，其他各科只求及格。

王拱璧进校不久，看到校政种种，并非理想。监督、监学傲慢武断、盛气凌人。教习大多是学术空疏，官气十足，更有上课时带着“二爷”倒茶点烟，尤其那些外省的“客籍”同学，都是宦游汴垣的官僚子弟，生活骄奢豪华，学习吊儿郎当，还有的常在宿舍卧床开灯，吸食鸦片。广大同学对此忍无可忍，就发起“驱逐客籍运动”，王拱璧是积极倡导者之一，通过请愿罢课，终把他们赶出校门。

在该校学习，王拱璧最满意的是，学校在省会，新书比较易得。他把每月获得的奖学金全部用于购买新书，仍是“轻课内重课外”的老习惯。在社交中常和留日学生王经武、王搏沙和留欧学生李石曾等通信联络，购买书报。得以看到东京梁启超主编的《新民丛报》、孙中山主编的《民报》，以及巴黎吴稚晖主编的《新世纪》，等等，深感这些报刊要比课业有用得多。此时他自觉思想比在陈州前进了一大步，对于救国之道理也感悟深了一些。

当时国内思潮分立宪和革命两大派。同学思想也大致有这两个倾向。王拱璧比较激进，拥护革命，积极主张改革校政。为了改革校政，他联络老班同学张季理、马振廉、张同寅等，讨论校政改革。一致认为监督王安澜是第一个改革对象，因为他翰林架子太大，经常侮辱学生，于是就在全校掀起了“倒王”风潮。风潮中王拱璧随老班同学打了王安澜。结果，被开除 5 个同学，王拱璧就是其中之一，其中有 4 个老班同学被判了刑，王拱璧因是新班没有坐牢，但被开除了。有几位老师愿意为他说情，免于开除，但他谢绝了。

王拱璧在开封上学的这一阶段，是他人生观的一大转折点。1907 年，他赴上海考入中国公学。中国公学是留日反日学生归国自办的大学。入学不久，经万仞千（河南邓县人）介绍加入同盟会，以身许国。中国公学的课程质量很好，但收费过重，要读三四年大学，经费的确成问题。遂于次年转入“中国体育专门学校”。该校副校长徐一平是同盟会的重要成员。

由于天天出入英法租界，目睹外国巡捕视中国人不如鸡狗，江边公园门口挂着“华人与狗不得入内”的大牌子，八国联军头子的铜像塑立在黄浦江畔……处处是国耻、民恨。王拱璧身为炎黄子孙，热血男儿，实在忍无可忍，体会到只有革命才能救国。当时同盟会会址设在法租界一个剧团里，同盟会会员常去开会。中国体专学校在闸北区，离法租界约 15 华里，开会又总是在夜间，他去开会都是在学校点名熄灯后，翻越二层楼顶，沿过十几间楼脊，从楼檐顺街边的电线杆下来，再通过英租界、法租界。会议开到半夜还从原路返回，一次被副校长徐一平撞见，徐校长笑道："我也是刚开完会回来。"

中国体专的课程和生活，既严肃紧张，又生动活泼。正课每周都在 45 小时以上，运动课目约占一半，夜里往往还有警报、军事演习。3 个月后，体质大增，精神奋发，志气昂扬。音乐老师唐先生，常教革命歌曲，如《国际歌》《马赛进行曲》《亡国恨》《中国男儿》等。入学四周后，王拱璧被选为班长，随又被选为营兵操的第四连连长。

在体专他还时常与《神州日报》编辑马星驰，东京王治军，巴黎吴稚晖，开封王嗣筠、亚晋昌，西华黄家驹等人联系，多半是谈些打倒列强、反对封建等政治问题。同时还不时撰文托马编辑发表。曾为反对清廷借债修路开矿等丧权祸国行为，在沪报发表《告河南父老书》，号召河南人民抵制借英款修筑"浦信铁路"，并印成传单分发河南各地。此间，王拱璧还和同学晁进明、李志奎等，因激愤于外国人欺负华人而多次痛打外国警察。

1908 年，王拱璧屡接家信，经费又告急，不得不结束在沪学业。暑假回乡，与革命志士相约，以教书为名，从事革命工作。

二、早期革命

1909 年，王拱璧结束在沪学业，在返乡途中，恰遇奉孙中山指派，将赴襄樊一带做军事部署的自东京回国的王治军，畅谈大好革命形势，皆感兴奋，于是决心弃学参加工作，专门从事革命。

1910 年，王拱璧即赴开封与同盟会组织联系，并约革命党人万仞千赴邓州（今南阳邓州市）做地下工作，又约林潞生同往（林非同盟会会员，但同情革命）。他们以蚕桑中学为据点，以教员名义开展工作。万仞千担任组织交通，林潞生担任制造炸药、战时事务[①]，王拱璧担任军事教练兼战时指挥，工作进行得比较顺利。他们计划在秋冬时节准备武装起义，杀州官、管带，拉出武装，集结襄樊，与全国各地起义配合，谋取革命成功。后因在穰东镇谋刺州官未遂，防务突紧，又因蚕桑中学校董丁午桥告密而事败。州官拟于寒假借聚餐逮捕王拱璧、万仞千、林潞生，幸有另一校董、开明士绅卢严庵及时得知，事先派车把他们三人潜送出城，方才逃脱险境。

1911 年，同盟会派王拱璧到西华县县城工作，任巡警教练。学员 200 多名，都是青年，都有枪支，是革命活动难得的一支力量。任巡警教练后，王拱璧进行军事操练，传播革命思想，发展同盟会会员 20 余人。后又任西华县立第一小学堂校长，在校做有计划的宣传，并把体育改为练兵操，又发展同盟会会员高照临、胡俭得等十余人。10 月 10 日，武昌新军起义，全国震动，各省纷纷响应，清政府灭亡，革命成功。西华县同盟小组也急谋响应，但因事前暴露，牺牲盟员数人，未获成功。

春节回村后，王拱璧即鼓动家人亲邻，废除清朝礼制，砸了竹园寺"万岁牌"。随后倡议在本区谷水寺办学堂。经过驱逐"僧官"，收回庙产，筹款修建，终于暑期成立了"谷水寺两级小学堂"，并招生三班开课。王拱璧还在其父的支持下，拨竹园寺庙产百亩、村庙产 30 亩作为底款，在本村成立了"崇实小学堂"，招生两班开课，由他父亲王际泰负责。

1912 年，中华民国宣告成立。王拱璧奉命到开封省党部集中，任省党部文娱干事。袁世凯窃国后，他脱离政界。后受中国公学学习时的同学林伯襄、万仞千等人邀请，参加了河南留学欧美预备学校筹建工作。任该校体育、音乐教员，共教 4 个班，每周 30 来个学时，选教《中华男儿》《马赛革命》《美哉中华》《新少年》《铁血长城》等歌曲，深受青年学子的喜爱和欢迎。

1913 年，国民党发动的"二次革命"失败后，一些革命党人被杀

① 或战时特务。见窦克武《我省著名教育家王拱璧》。

害，王拱璧也被监视数月，并解除其在该校的教学工作。后又先后到省立高师、矿专、体育学校、省立一中任音乐教员。其间曾撰写《体育谈荟》《三十年普及体育计划》等文稿，在《中州时报》《河南教育》上发表。

1915 年，袁世凯称帝，河南败类郭海峰[①]为袁捧场，组织“劝进表”，逼迫教育界签名。王拱璧坚决拒绝。随后，王拱璧又支持、协助家乡农民抗暴反霸斗争，除掉了家乡大地主、大恶霸李奇，受到当地广大农民群众的拥戴和赞扬。那时王拱璧在想，虽然推翻帝制，实行共和，但仍未拯民众于水火，加上袁世凯窃国，二次革命失败，列强仍在瓜分中国。国耻民恨横在心头，这教书工作他实在是干不下去了。加之又有挚友任白涛已于去年到东京留学，并多次来函劝他应招。为此，他决意辞去教职，赴北京应考教育部留学考试。

1917 年夏，王拱璧在教育部留日研究生考试中名列第一，于当年冬赴日本东京留学。

三、留学日本

1917 年夏，王拱璧赴北京应考教育部留日研究生，考取第一，名列榜首，遂入东京早稻田大学研究生院攻读社会教育与社会科学。王拱璧留日，说是留学，实为伏虎而深入虎穴。特别是他看到“二十一条”不平等条约签订之后，日本侵华政策加紧推行，身为华夏男儿的王拱璧再也忍不下去。因而，他一到日本，只在早稻田大学研究生院报个名，就与热心国事的华人取得联系。

他在日本耳闻目睹接触到一些事物之后，就像被盗苦主偶进盗窟，到处可见其赃物盗谋，使他更难以安心学习，再也不相信学术能够救国。那时日本普行军国教育，他想，向强盗学御盗，岂能逃出强盗之手掌？因此，王拱璧在学习上即持敷衍态度，只是在遇到有关中国问题或比较进步的社会科学问题的讲演时方去听课，大半时间是在校外活动。

① 或郭海封，见窦克武《我省著名教育家王拱璧》。

当时在东京的中国留日学生有3000余人，河南数十人。王拱璧被推举为中国留日学生总会干事，河南分会会长。为此，他很快成为日本特务跟踪的对象，身后经常跟着尾巴。虽屡次搬家、改名，都无法摆脱，仍遇到不少麻烦。

1917—1920年王拱璧（中）在日本留学时与友人合影

东京皇城门外靖国神社有一展览馆，专门陈列日本对外侵略战争的战利品。其中有几个室陈列着元世祖征日全军覆没的大图片和中日甲午战争的“战利品”。他曾参观三四次，把日本俘获中国的武器及文物杂品全都记录下来，后来在他写的《东游挥汗录》第一辑上发表，让全国人民都知道这些赃物，以激起中国人民对日本侵略者的仇恨。

他通过在日本的所见所闻，认为日本“万世一系”的天皇制，是东方进步的障碍。为此，他草撰了一个“上日本天皇书”，劝天皇明达时务，宣告退位，改行民主共和，不料被日本学生偷去，报告了警视厅。该厅曾派员向他质责，王拱璧直认不讳，并以大义反诘。后早稻田大学研究生院从中缓和，以“未遂”从轻处理，由院记名申斥了事。

1915年5月7日，日本政府向袁世凯政府提出“二十一条”，迫袁于5月9日承认。全国每逢“五九”前后，要发动一次反日爱国游行示威运动，而且其声势规模逐年扩大。留日学生每逢“五七”结队游行，散发传单呼口号，作为国耻纪念。每年游行，王拱璧都负责组织工作，为游行活动积极奔走。

1918年，“五七”纪念活动后，王拱璧被总会派往上海、开封、济南、青岛等地开展与日本经济绝交活动，主要是抵制日货。1919年5月，王拱璧又被委派赴上海支援五四运动。出发前，东京同盟总会对王拱璧此次回国的任务进行了讨论。那时，王拱璧在日本留学，大部分精力是研究日本帝国主义对华的新闻政策，认为从这方面着手有资料、有对策。所以，王拱璧一到上海，上海学生总会就全力协助，经调查研究后，王拱璧撰写了《对日帝新闻政策斗争大纲》，上海总会完全同意，并派人参加协助，斗争的重点是堵塞日本东方社和共同社新闻稿在中国报刊的泛滥。当时中国没有像样的自办通讯社，全国大小报社90%都是该两社新闻稿的雇主。此外，日本还在中国各大城市发行中文版报纸十数家，日文、英文版20多家。这就是强盗劫人先塞嘴，使你有口不能说，只能听他说话。按照斗争计划大纲要求，经过多次与各大报进行谈判，首先在《救国日报》发表《告报界书》《最毒的日货》，又通过工会得到排字、印刷和送报工人的大力支持，到6月中旬，终于使日本两社发稿不见踪迹。虽然此后不久日本两社又改头换面，仍在中国新闻界作祟，但此次斗争的胜利的确给日本帝国主义在中国的新闻垄断予以沉重的打击。

在上海期间，王拱璧不断遭到反动势力的恐吓和迫害，再加上工作紧张，很少休息，以致积劳成疾，于6月底回河南漯河临时寓所疗养。7月开始写《东游挥汗录》，到9月写出6篇。内容主要是揭露日本帝国主义侵华罪行，几经周折，付印出版。接着又写了《河南人民的当头大祸》的小册子，主要是揭露日寇鲸吞中国的野心和现实，其侵略的触角已经从青岛伸进河南，要在郑州、周口等地开商埠。日本浪人、红裙队已开始在“中州福地”招摇过市，要河南人民提高警惕，准备奋起自卫。《东游挥汗录》第一辑出版后销行甚速，不到两个月，就在河南发行 17 版。后由任白涛拿到上海再版，一次又印 25 万册，亦很快销完。又把《河南人民的当头大祸》印刷 5000 册，带回河南销售。王拱璧回到开封养病时，又抽时续写《东游挥汗录》4 篇，篇目是《大亚细亚主义的实质》《日帝“共荣圈”的范围》《再谈日帝对华政策》《“黄祸”在日本不在中国》等。后来书稿被河南军阀赵倜党羽骗去，未能出版。王拱璧于冬初返回东京不久，即结束了留学生活。

四、创办青年公学

1920 年春，王拱璧从日本回国，径直回到家乡孝武营，决心扎根农村。10 月，在村自治会的支持下，将其父王际泰创办的本村“崇实小学堂”改名为“青年公学”，实行“农教合一”的新教育体制，探索新村建设和普及农村教育的改革之路。

为实现上述主张，王拱璧亲自担任“青年公学”董事长兼校长。他把自家的 32 亩田产、千余册珍贵图书、数十间房产捐给青年公学。在他的影响下，本村地主王道济也捐给学校一部分土地和宅基地。同时，他还争得县区每年补助给学校教育经费 400 元，加之部分学生学费收入，基本上解决了办学的经费问题。

王拱璧为青年公学制定的教育宗旨是：在全面发展的基础上，以“劳动”“健康”为中心，把学校和农村建设成为幸福的乐园。

为办好学校，王拱璧为青年公学精心设计了校徽。校徽为铜质圆形，蓝底青天，中间是一个艺术化的“众”字，周围是金黄色的麦穗烘托，含有万众一心，众志成城之意，同时，还鲜明地体现了他为农民办学的进步宗旨。他还亲自为师生创作校歌《青年公学乐乐乐》，歌词简明通俗，曲调昂扬欢乐（青年公学乐乐乐乐乐，青年公学乐乐乐，乐乐乐乐乐乐乐青年公学乐乐乐乐乐乐；青年公学贺贺贺贺贺，青年公学贺贺贺，贺贺贺贺贺贺贺青年公学贺贺贺贺贺贺）。青年公学创办伊始，条件简陋，规模不大，只设小学部，招收学生 3 班，140 人，教师 6 人。

1921 年 1 月，学校附设农民夜校识字班，听课农民达五六十人。3 月，为配齐新制初级师资和新村干部，设高等师资补习班（以下简称高补班），第一期招收进步知识青年及塾师 50 人，聘请李警辰为主任教师，为期半年，毕业后分任各村初级小学堂校长或教师。9 月份举办第二期高等师资补习班，招收学员 40 余名，多培养成为本地区新村制骨干和区政干部。

1922 年，青年公学联合本县几个学校开展校外教育活动。内容主要是宣传反帝爱国，推行“五不”自治。形式是分区包干，组织巡回讲演。又增设 10 个专业部和一个顾问会，前者为开展校内外“大教育”，后者是教育与生产技术、生活知识相结合的桥梁。增辟学校园地，为师生农艺实验之用。夏初，王拱璧赴开封募捐。在友人任白涛、杜子劲、牛信予等的热情协助和省署教育处的大力支持下，以新型音乐舞蹈游艺形式，募捐 500 余元，为青年公学扩建了校舍、增添了设备。使得青年公学增设了初中部，并招初中 1 班，师范专业 1 班。又开办夏令学校，有师范班 2 个，体育班 1 个。前者为农村教师进修教学方法，后者为普及群众体育。夏令学校为期半年，两期共培训 70 余人。聘请沈国栋、贾芳青任教师。学生毕业后分任村小学体育、音乐教师。

1923 年，冯玉祥捐助青年公学 3000 元，得以扩建校舍数十间，增添一些设备。翌年新建校舍 22 间。青年公学开办 3 年，深得农民拥护，各乡农家子弟纷纷要求入学。此时小学已发展为 6 班，分别以“英、法、德、美、奥、俄”6 个国名命名，即英级班、法级班、德级班、美级班、奥级班、俄级班。教职工 40 多名，学生 400 多名。1925 年 8 月，又增设五年制师范班 1 个，学生 40 余人。经过几年呕心沥血的经营，青年公学成效大卓。学校设有幼儿园、小学部、中学部、妇女部、职业高等补习部、农民补习部、师范部等，办起 20 余班，学生逐年增加到 700 余人，为穷乡僻壤培养了一批急需人才，一时参观者络绎不绝。北京《晨报》记者白露、湖南社会问题研究社易风、南京晓庄师范杨超、山西《自由周刊》社王尚元、河南自治促进会邓元龄、河北翟城村参观团、定县平教区代表冯某，等等，都到青年公学参观学习，与王拱璧交流探讨。同时美国、日本两国学者也先后来校参观者3人，与王拱璧座谈乡村教育、新村自治，对王氏办学精神大加赞扬，声言愿与王合作，共同办学，均被王拱璧婉言谢绝。是年，校长王拱璧将学校所在地孝武营村改名为青年村，庞桥改名为博爱桥，东官路改名为青漯路，东河沟改名为青索河，使青年公学环境大为改观。

1926年八月（农历），股匪袁英、金魁彬等合股进攻青年村，烧杀甚惨，村民及寄居户50余人被杀害，200余间民房和青年公学大半校舍被烧毁。所幸师生员工数百人由于事先策划，提前转移到砖桥镇，免得伤亡，学校被迫暂时停课。在砖桥设立了村、校临时办事处，办理抚恤、医疗、安置难民等事宜。随之成立复村复校委员会，推举王拱璧、张铁生、张自新、方全志等9人为委员。王拱璧亲自草拟了复村复校计划。

11月，王拱璧在砖桥主持召开校董会，决定分别复课。而后，王拱璧携眷赴开封任职。1927年3月，王拱璧请原青年公学体育教师胡兆风在砖桥主持复课，校本部由张一岭主持复课。1928年2月，王拱璧之子——王膺民任代校长，将砖桥分校迁回与本校部合并。8月王膺民离校，刘济生受命主持校务。1930年5月，刘济生去南京商请王膺民主持校政，邀请南京中华女中、金陵女中等协助，以游艺会演形式募捐500元，修缮校舍，增购图书设备。翌年，增招简师一班。1936年7月，王膺民返校任高中部筹备主任，所有筹备经费由王黄石（王拱璧二弟）筹垫。10月，王膺民赴县城，请增常年补助费。经县政会议议定，从1937年1月起每年增补为2500元。1942年王拱璧返校继续任校长。改青年公学为“青年中学”。1945年5月王拱璧接受三弟王陵南建议，为奠定社会舆论和人事政治基础，扩大校董会组织，仍聘请省内外学者及政教两界知名人士郝象吾、孙祥正、万康民、杜子劲、王公度、田家胡、王叔鲁、齐性一、王毅斋、嵇文甫、靳志等30余人为青年中学董事。在开封由王陵南主持召开了第一次“青年中学董事会”。大会通过了校务报告及第一个发展校务5年计划草案，并选举王拱璧为董事长兼校长。是年，开始筹建教学楼，河南救济分署拨美援救济大米8万斤、衣物及药品7大箱。1946年教学楼建成。1947年，增招高中一年级1班，小学部原有3班，又增招1班。由于局势动乱，人心不定，各公立、私立学校相继停课，青年中学一直坚持上课。

1949年，全国解放，青年村改属商水县，青年中学改称商水县第二中学。淮阳专署委任王拱璧为校长，委派县委委员葛玉怀来校任教导主任，兼党支部书记。此时，小学部发展为6级6班，初中3级7班，高中2级2班。在校学生700余人。1952年暑假，小学部被分设出去，高中三年级毕业后，剩下的一、二年级与郾城高中合并组成漯河高中。初中剩14班，学生700余名。1960年暑假，又重新增设高中1班，1961年迁并郾城高中。1968年又增招高中班，校名更改为“郾城县砖桥高中”。1982年更名为“郾城县青年高级中学”。1993年改为“郾城县青年职业技术高中”。2005年4月，随着漯河二次行政区划调整，设立召陵区，学校更名为“漯河市召陵区实验高中”。

青年公学有着光荣的革命传统。在办学之初，学校就组织起了宣传小分队，利用课余、假日、节日四处宣传，破除迷信，移风易俗，剪辫放足，扒庙伐神，劝学息讼等。学校周围村庄，只要一唱戏，校长王拱璧都要登台做反帝、反封建迷信、剪辫放足的演说。往往是校长在台上讲，男女学生在台下见长辫子就剪，见姑娘就劝说放足。后来只要见校长一登台讲话，怕剪辫放足的男女群众就跑。学校从剪辫放足运动，发展到扒庙伐神。每到课余，学生们就会高举红旗，携带工具，先后将竹园寺、清凉寺、谷水寺、三官庙、土地庙、火神庙、杨村庙等庙宇的神、佛全部伐倒打光。先后又将村周围的庙宇、寺院扒掉，将砖、瓦、木料运回学校扩建校舍。1923年，在河南省掀起的以收回旅大为内容的反日爱国运动中，王拱璧对日本能否如期交还旅大，不抱任何幻想，而是把立足点放在发动、组织与之斗争上。2月10日，他召开青年公学及附近农民大会，讲述日本租借我旅大的经过，动员师生和群众同日本帝国主义进行斗争。3月4日，北京政府驻日公使照会日本政府，如期交还旅大被拒的消息传来后，青年公学学生和附近村庄的农民群情激奋。3月11日、12日两日，连续召开附近农民大会，成立了“中原农民对日外交协会”，通过了“力争收回旅大”的决议。4 月 3 日，在杨村庙召开的由青年村发起的 260 余村，5 万多名农民参加的大会上，通过了《扩大宣传电请政府派员接收旅大的决议》。表示如果因此开战，他们“甘愿服兵役、助军饷”。会上，散发了中原农民对日外交协会编印的要求收回旅大的四字一句传单。用通俗的语言，深刻揭露了日本帝国主义的侵略罪行，强调旅大的重要及我国应如期收回的理由，显示了广大农民爱国反帝的决心和力量。

1923 年夏，青年公学组织成立了“素社”，研究社会、教育问题。社会问题，以孙中山的“地方自治实行法”为基础进行研究。教育问题，以“有教无类”“天下为公”为主旨进行研究。办《绿野》不定期刊为师生写作园地，借以宣传马列主义和共产党的方针政策。1926 年 5 月 30 日，帝国主义在上海制造了震惊中外的“五卅惨案”，消息传来，学校立即召开声讨大会，并组织七八个宣传队张贴“打倒帝国主义”等标语口号，四处检查“仇货”，惩处奸商。1928 年，王拱璧介绍刚被营救出狱的共产党员刘济生、马腾霞赴青年公学代理工作，进行革命活动。发展教师张学六、庞青（工友）入党。接着又发展张九成、王国瑞、庞凤言[1]入党，并建立青年中心支部。1930 年，在王拱璧的支持下和学校党支部的领导下，由马腾霞负责在青年公学成立了“太阳社”学术团体，进行革命宣传。1932 年，共产党员刘济生、刘少楼、庞凤言、张学六等同志，为了迎接我红军主力北上抗日和执行当时党中央“三人也要暴动”的要求，准备夺取区署政权。当时由共产党员李子干通知各村支部，连夜带领革命群众到青年村西的竹园寺集合，准备统一行动，发起暴动。后因叛徒刘元告密，伪区长刘启亭带人包围了竹园寺，暴动失败，但给予了敌人很大打击。

青年公学的革命声威，使国民党极为惊恐。竹园寺农民暴动的第二天，天还没亮，伪区长刘启亭便带领区队包围了庞墩、纺车刘，共产党员和革命群众 6 人及青年公学教师庞凤言被捕。为此，王拱璧和地下党

① 庞凤言：青年公学学生，后任教师。曾任河南省焦作矿业学院纪委书记。

组织负责人刘济生与其进行了针锋相对的斗争，并多方设法营救。同时还联合各界人士控告伪区长刘启亭的种种恶行，一年后，终将刘启亭处决。从此，青年公学地下党的活动更加活跃，学校周围各村庄先后建立起十多个党支部。青年公学也更加引起各方反动势力的仇视，欲除之而后快。1943 年，国民党县党部派特务许名远任青年中学庶务主任，监视党的地下活动。在许名远的支持下，右派教师张钟旗向豫南行署密告共产党员刘少楼是地下党员。为了抵制迫害，在校长王拱璧的支持下，进步师生闹起了学潮。最终将张钟旗打跑，学校又开除了 3 名跟随张钟旗闹事的学生。1945 年，西华县县长田荆茂率县队包围青年中学，进行大逮捕，拿办名单 20 人，第一名就是王拱璧。结果，只将共产党员庞凤言一人逮捕。后来，王拱璧又设法将其营救出狱。

1945 年夏，新四军一二八团进驻青年村，该团此来主要是打击敌、伪、顽势力，为一方百姓除害。青年中学地下支部和校长王拱璧积极与一二八团团长王定烈亲密配合，月余时间，将其附近害民的豪绅一扫而光。新四军一走，国民党就回来报复。首先向省、行署告发王拱璧是共产党员（其实王拱璧并不是共产党员），要封闭青中，逮捕进步师生。王拱璧与之针锋相对，斗争两个多月，僵持不下。经过校董会商议，王拱璧辞职，由儿子王膺民代理校长。王拱璧与妻暂时移往村南 22 里以外的龚堂村躲避。不久，省署对王拱璧通辑令下来，回复“此人久已离校”。数日后，国民党洛阳专署的通缉令也来了，也弄个通而未缉。还有日寇怀柔政策的代理人也来了，伪教育局职员刘某带着《新民课本》，要免费“颁发”青中使用，并许愿从优补助经费，结果也被拒绝。

在地下党和校长王拱璧的领导下，青年中学得以发展扩大。1948 年，河南各处学校先后南迁或停办，而青年中学仍然蒸蒸日上。小学已发展 6 级 6 班，初中 3 级 5 班，高中 1 班。学生名额越来越多，每班学生多达 80 余人。临近的西华、商水、周口、郾城、上蔡、西平、漯河等地，都有学生在该校就学。青年中学为维护党的地下工作，为宣传、发动、领导群众做出了贡献，为中华民族的解放事业输送了一批又一批的优秀人才。

王拱璧纪念碑

在抗日战争和解放战争时期，不少学生投笔从戎，奔赴前线。1949年，人民政府号召参军参干，学校动员师生，一举为革命输送军政干部200余人。迄今多数已锻炼成为优秀的县处级以上干部。新政权建立后，商水县的县区干部百分之七八十都是青年中学的师生充任的。1951年寒假，在县委的指示下，青年中学部分师生、高中班学生参加土改复查、剿匪反霸等项工作，都能做到立场坚定、旗帜鲜明，大义灭亲。原西华县国民党县党部书记谢廷献的女儿（该校学生）谢婉章将其父被镇压前隐藏的一支手枪交给了学校。

青年公学自创办以来，广大师生艰苦学习，刻苦钻研，在教学上做出了应有的贡献。任课教师都是校长王拱璧聘请的有学识、热心教育的人充任的。特别是1949年被我人民政府正式接管后，教学力量得到进一步充实，淮阳专署和县教育科调石启文、朱学焕等5人来学校任教。校长王拱璧从附近聘请姚丹林、胡会川、吴希贤、杜汝芳等9人，后又从省城聘请大学生和有教学经验的教师8人来校任教。他们有鲜明的政治立场、高尚的道德品质、严谨的治学精神，为学生树立了良好榜样，学校教学质量逐年提高。1952 年该校高中毕业班 16 人，有 14 人升入大学。初中毕业两班 92 人，大都升入了高一级学校。1956 年许昌地区中等学校统考检查中，该校各科成绩都在郾城各中学中居首位。特别是物理成绩为全地区第一。1959 年被专、县确定为试行“中学工作条例五十条”的学校。1963 年郾城高中招生时，该校除部分学生被许昌、漯河高中择优录取外，还有 64 名被郾城高中录取，录取率达到 80%。

五、探索新村自治

1920 年王拱璧之所以要留在村里，还有一个重要原因，就是他在日本留学期间，受到了新村主义的影响，他拜访过新村教育家武者小路实笃，归国后，二人仍有联系，武者小路实笃曾给他寄过《新村》杂志。使王拱璧树立了一个信念：要改造中国，必须从基层做起，从农村入手。同时，在他归国时，国内的先进青年知识分子也已响亮地提出“到民间去”的口号，正与王拱璧的思想一拍即合。基于这种思想，才使他没有去城市求得一官半职，而毅然留在自己的家乡干一番事业。

王拱璧立足于中国的现实，从改造旧农村开始，走乡村自治的道路，创造新的农村生活。孝武营村属标准的乡下平原农村。春末，王拱璧主持召开了一个村民座谈会，青年、老年、知识分子都有，50 来人，中农成分居多，亦有几户地主富农。座谈会上，大家畅所欲言，各抒己见，就如何建设新村，大家纷纷提出许多意见和建议：主要是改组村事务所、改组保卫组织、遏制匪盗豪霸、减轻租息、组织青年自治会、改良学校、息讼禁烟、治理河渠、妇女放脚、团结息事、禁止赌博等几十项。根据大家的意见，王拱璧撰写了《建村计划》。夏初，召开了村民大会，通过了建村计划，村民情绪颇为高涨。

首先，把原来的“看家队”改组为“保卫团”，团员 40 余人，多是贫农中农青年。贫农青年张铁生、朱天明任正副队长。武器多是刀矛。农暇积极训练，王拱璧和一位拳师任教练，负责上课。“保卫团”不仅是个保卫组织，也是实施新村计划的骨干力量。

接着改组村事务所。孝武营原是旧制“编村”，一个主村属有大小7个自然村。孝武营为主村，多年没有给村民办过什么好事。此次改组，根据大家的意见，只把三里以内的4个村子编在一起，孝武营为主村。通过民主选举成立村委会，设正副村长。王拱璧当选为主委，中农张自新、王俊德当选为正、副村长。村事务所为办事机构，所内设一个调解委员会。接着，成立了青年自治会，会员以保卫团员为骨干，又吸收村内外2000多户，不限成分，以一户为一个成员。定有会规，会规是“六不”：即不留发辫、不裹脚、不娶裹脚妇女、不娶妾、不吸鸦片烟、不赌博。青年自治会的作用，主要是移风易俗，开拓农村新风尚、新面貌。自本年起，改孝武营为青年村——自治青年村。“自治”二字，有拒绝“官治”之意。接着，在本村原崇实小学堂的基础上，成立青年公学，实行“政教合一”，把办学与农村改造紧密结合起来，王拱璧被推选为校长。

最后，通过户口调查，自治会召开村民代表大会，镇压匪盗2人，宣告管制赌棍、烟犯20余人，邪道3人，讼师1人，大骗子4人，流氓4人。对上述不务正业、无田地财产者，帮助借地、帮工或贷款，促其参加生产劳动，使村人都有生产门路。

1921年，在年会上宣布，开始在主村减租减息，地租由原来的上地105斤，中地70斤，下地52斤，减为上地70斤，中地50斤，下地40斤，麦秋各半。借贷利息由原来最低月利3分，减为不得超过年利2分。

建村计划实施一段时间后，王拱璧组织人员对建村计划的实施情况进行了检查落实。发现减租减息一项有佃农、佃主私自通融和高利转贷者。妇女放脚一项也碍于婚姻牵连，不甚彻底。发现问题后，王拱璧及时吸取经验教训，改进了实施办法。为发展农业生产，发展农村副业和家庭手工业，增加农民收入，组织老农、老妇和有一技之长的农民数十人，由青年公学农业教师参加，召开“生产座谈会”，号召四村农民学习生产技术，改进农业生产，增加农民收入。又发动群众整理坑塘50余亩，归村里所有，分别养鱼、种莲、种苇。为解怨息争，团结共处，及时开展调解工作。原张姓两家，为争墙界，20 年不说话，不来往。又有王姓与邻家为争一棵树，打架伤人，打官司 10 多年不可开交。像这类“清官难断”的家务事，都经调委会调解，圆满解决。

为保证学校安全，青年公学组成一个 50 人的“义勇队”来护校。1923 年夏初，王拱璧指挥青年公学义勇队与村保卫团，在张庄联合击败了残害乡民的河南军阀赵倜残部。毙敌 14 人，全连溃散，义勇队和村保卫团则无一伤亡。还缴获枪械、子弹、赃款、马匹等物，并把孙姓人票救出，乡人为之大快。使村人对自治自卫更有信心。不久，又率村保卫团救护冯玉祥部于冷饭店村（因早知冯部不扰民）。

1924 年，青年村开始实行义务教育，男女达到学龄者必须入学。男女平等，不得歧视。婚姻自由，不得包办。女子可享受继承权。王拱璧认为占人口一半的妇女如得不到解放，就不是一个完整的社会。青年公学和村事务所在解放妇女方面做了大量工作。为维护青年公学女生于嘉的继承权，制止族人在她寡母死后要瓜分她家田产房产，王拱璧涉水渡河到 80 里外的县城，两次邀同念雪庐县长予以支持，并以此事布告全县。王拱璧还断然制止了一起率众绑架青年公学女生王芳蕈，几乎引起数百人械斗的抢婚事件，当场宣布解除不正当婚约。此风一开，当年本村由女方宣告解除婚约的数起，青年公学女生居多。

以青年村为基地，进行爱国主义教育和移风易俗活动。每年 5 月 7 日，王拱璧就与青年公学师生一起举行国耻纪念活动，他们制作“莫忘国耻歌”，悲愤慷慨，催人泪下。经过持续宣传，不仅师生和村民的爱国主义觉悟大大提高，而且周围数十里群众都受到感染教育。

为改变农村愚昧、落后的封建陋习，王拱璧带领师生大力进行移风易俗宣传活动，提倡男剪辫、女放脚、禁赌戒烟。村中或附近如有集会，王拱璧必登台演讲，宣传缠足、吸烟、赌博的坏处，学生高唱“缠足痛”等歌曲。诉说女子缠足“缠断了筋骨，缠烂了血肉，倒犯了国法，倒受了羞辱，想想女儿有多苦”的悲痛心情。当时青年村一带流传着这样的顺口溜：“孝武营，真转窝，男剪辫，女放脚。”同时，青年村不庆春节，庆元旦。每逢元旦，学生都要沿街高喊：“新年来到了，旧年不要了，闺女爱戴花，小孩爱放炮。”农户办丧事，不披麻戴孝，只戴黑纱，行鞠躬礼。这在当时，实为罕见。

从此，青年村的新名字、青年村的新生活，使许多忧国忧民之士向往，前来参观者络绎不绝。但是，青年村也不断受到外来敌对势力的滋扰。1926 年 10 月 16 日《新中州报》报道：“1926 年 9 月 16 日黎明，土匪三四百人突然袭击青年村，该村原有枪械数十支，民团百余名，仓促迎敌，并放求救信号炮，力战逾时，击仆匪类人马不少。未几，匪类退居村西竹园寺坡，复得大股步匪后援，分四路猛扑过来，分股堵截各村之援路，该村遂陷重围。百余村丁乃退守环村要塞，青年公学之年长男女师生，亦均参战前线，互击数十分钟，匪占领村西北角之柏林高地。是时该村男女老幼，皆出动助战，前仆后继，绝无畏惧。但终因寡不敌众，被大股步匪攻进村西口，村内渐渐不支，幸得邻村民团冒死破围，与该村民团会合，打开东南大路，护出大部妇孺，向砖桥转移。9 时，匪众进村烧杀，掳掠无所不至……”王拱璧率部分师生冒火突围，幸免于难。

王拱璧的新村自治、新村生活实验虽然被毁于一旦，但王拱璧的功绩，王拱璧的精神，将永远载入史册。

六、奋起援助沪案

1925 年，“五卅惨案”发生后，全国各地迅即掀起了浩大的反帝浪潮。残暴之英、日官巡，对我国赤手空拳的学生、工人、商民横加枪杀，无理逮捕，丧权辱国，莫此为甚。外交当局，一再抗议，彼仍怙恶不悛，又在武汉、安东纵虐残杀，惨无人道，实属顽恶至极。

噩耗传到青年村，王拱璧和进步师生、村民极为愤慨，有的痛哭流涕，有的攘臂而起，誓与外人不共戴天。《晨报》1925 年 6 月 14 日第 3 版载：“西华县青年村召开援沪大会，与会者务求全国同胞一致力争，收回英、法租界，取消不平等条约，收回领事裁判权，惩办肇祸凶手。大会决定：①援助沪同胞反对英、日横暴行为；②议决事件由中原农人协会主办；③为沪案死者举哀，并通电慰问；④不购买英、日货物；⑤募充义勇队，枕戈待命；⑥筹义勇团经费，每亩出麦2合；⑦努力宣传，定寒（十四）日开农民大会。随后，青年公学、中原农人协会分电京、沪，请求坚持斗争。”《时事新报》1925年6月16日第2张第2版题为“西华县模范村农民热烈援沪”的报道说：“模范村第一次大会之情形：模范村（青年村），位于郾城县车站东35里，系留日归国学生王拱璧从事于新村生活六七年之成绩。设有青年公学及中原农人协会、农村自治会、青年合作社、青年织工厂、女生辅助会、青年书报社、青年蚕桑协会及义勇团、扑害虫队等，并有《绿野》旬刊出版物一种。南北人士前往参观者，均认为有模范村之价值。此次沪案噩耗传至青年村，村中农民连日辍耕赴青年公学及青年书报社探问者，日辄10余起，经公学教职员、学生分班演讲，并赴各村为之解说，村民要求开农民大会，援助沪案。‘中原农人协会’恐农人正在麦忙，开全体大会有妨农事，议缓日举行。无知农人性急，迫不及待，乃定于本月7日上午，在青年公学中学部集会，自行加入。闻讯奔集者，多在新村三四十里内外。除青年村所有10余团体外，尚有柴堂、万金村、冷饭店、十字井、将军庙、砖桥等工商团体50余处代表，及新村第十一小学、育才小学、谷水寺小学、华严寺小学、三李小学、胡老小学、洪山庙小学、回墓村小学、小杨村小学、坡子村小学、万金小学、曹渠小学、前谢小学，而郾城县境之归村镇市民、商水县境萧坛村农民、坛庄镇市民，亦闻讯来会，计到会者有三县农工商学等团社70余处。当时推中原农人协会代表武卓安为临时主席。当场做出七项决议（略）。”大会上演讲者沉痛激昂，会后游行示威，秩序井然，散发传单，大声疾呼“打倒帝国主义”“抵制英、日货物”“收回英、日租界”等口号。观者如堵，无一笑容；商店门首，也皆悬挂“抵制英、日货物”，从此经济绝交等标志。1925年6月17日《晨报》又载：“豫省西华县模范新村（青年村）连日开大会，并开会追悼被难同胞。”

7月26日《晨报》又报道说：“豫省学生军之最有声色者，为西华县新村青年公学所组织之青年学生军。现已成立一连，已聘定东洋军官学校毕业之丁某为训练主任委员，学生吕任君为连长，借附近民团枪械，开始操练。其军旗以方2尺5寸之红布为底，上绣黑绒校徽，以黄色九星绣于校徽之上。九星所聚绣蓝色圆形中心。下边横绣白色塔形‘学生军’三字，内含国旗五色之意，颇为壮观。其组织大纲共分16条（略）。”

自沪案发生以来，青年公学、中原农人协会等团体，在王拱璧校长领导指挥下的青年公学学生军与全国学生军密切联络，一致行动，反帝情绪日益高涨。

七、奋力抗日

1931年，日本帝国主义发动“九一八”事变。王拱璧当时在河南大学任教授。“国家兴亡，匹夫有责”，他奋力参加反对日本帝国主义侵略中国的斗争。为鼓动抗日激情，他作《东征曲》歌八章，曾在各学校流行；作《为自由而战》歌四章，曾在军队流行。并在各学校、团体、公众集会做反日演讲20余次，他还为流亡开封的东北大学学生讲日本侵华史，撰写《抵制日货之理论与实践》在上海《大公报》专栏次第发表。王拱璧进行的这一系列工作，对唤起全国军民反对日本帝国主义起到了积极的推动作用。

1935年，日军侵占东北之后，由于国民党政府采取不抵抗主义，激起全国人民义愤，抗日救国已是全国人民的头等大事。

1936年，在河南淮阳任契税局长的王拱璧，向广大人民群众特别是广大青年做抗日救国演讲，先后在各学校团体集会、太昊陵庙会、纪念节日等场合讲演40余次，听众达数万人。

1937年“七七”卢沟桥事变爆发，全民族抗日战争开始，王拱璧当时年已半百有余，自顾不能到前线杀敌，便在后方积极投身于抗战工作。及时写出《抗战必胜》提纲，到各处演讲，听众很受感动，增强了抗战必胜的信心。还应“抗敌后援会”及各校邀请，作抗战歌曲《抗敌》四章、《杀敌先锋》二章、《抱定决心》二章、《奋起战斗》三章、

《取三岛》一章等，并大量印刷，分发各校。

王拱璧在淮阳契税局家内常邀请亲友同事座谈抗日战局，他从军事、政治、经济及国际国内各种情况分析，断定“七年半后、日军必败”。这个论断与抗战八年胜利的事实基本接近。这种论断让人们相信，中日战争胜利一定属中国人民，足见王拱璧先生的政治眼光和敏锐的洞察力。

1937年，抗日战争开始不久，送年仅13岁的女儿王俊岚（后改名程迈）到革命大本营延安参加抗日战争。王俊岚在给父亲的信中表示：“不取得抗日战争的彻底胜利决不回河南。”以表抗战决心。王拱璧接信后曾写《岚儿》诗一首：“岚儿抗日在陕北，不胜倭寇誓不回。喜汝坚信持久战，莫负英明总指挥。”坚信在共产党和毛泽东领导下，抗日战争一定能取得最后的胜利。同时他还介绍爱国青年邵慧敏、杨文曼等7人赴延安参加革命工作。女儿程迈在共产党培育下成长为优秀干部，直到1952年才回河南探亲。

王拱璧还送儿子王膺民赴抗日战争前线工作。王膺民留学日本归国时，正值全民抗日，他参加留学生集训后，被推荐到国民革命军第一战区司令长官卫立煌官府任外交秘书，实际是协办一战区出版《抗战月刊》及《此战场之月刊》，做编辑工作。膺民还应范长江之约兼任远东通讯驻一、五战区特派员，并在西北陆军大学任教官，培训抗日军官。他当时用“王一民”笔名，在各大报刊发表百余万字抗日论文和专著。

1938年春，他携眷属到南阳镇平县不久，即组织“镇平自治研讨会”，并被推为副会长。他向镇平县自治会政府提出具体工作建议书，以推进社会治安，稳定社会，以利抗战。为宣传和动员人民抗战，他在镇平组织“战时工作十人团”，深入农村，发动农民，支援抗战。不久，“战时工作十人团”发展到6个团，在镇平颇有影响。

在此期间，王拱璧曾编印《抗战三字经》小册子，印数百份，散发各地，写慰劳前线将士书30余封，并为武汉将士捐棉背心，以各种方式支援抗战。

1938年10月，武汉失守，战局危急。各机关、学校纷纷转移，王拱璧携眷属赴四川成都在后方继续坚持抗战。

1942 年春，青年公学师生和家长多次来函，要求王拱璧回乡主持青公校政。回村后，他以青年公学为阵地，依靠共产党人和进步人士积极开展抗日活动。他首先整顿青年中学，将国民党区党部、三青团从青年中学赶出，使青年中学成为共产党活动的大本营。

抗日战争时期王拱璧在镇平

1945 年夏初，新四军一二八团在团长王定烈的领导下，与地方党的领导干部冯明高等，在西华、西平、上蔡、商水、郾城等地区与敌、伪、顽展开斗争，建立抗日民主政府。此期间，王拱璧为一二八团提供各种办公条件，紧密配合，开展抗日斗争，月余时间，他动员许多进步师生参军。

王拱璧支持新四军、共产党的活动，引起敌、伪、顽的注意。西华县曾派县大队到青中进行大逮捕，拿办名单 20 人，第一名就是王拱璧。结果只将共产党员庞凤言逮捕，王拱璧又设法将其营救出来。

1945 年 8 月，中国人民经过 8 年的持久抗战，终于取得最后的胜利。日寇无条件投降，举国欢庆，王拱璧先生在青年村和青年中学联合举行的庆祝大会上发表了热情激昂的讲话。

王拱璧在抗日战争中表现出来的崇高的爱国主义精神，是中华民族伟大爱国主义精神的体现。

八、任职省图书馆

1951年，65岁的王拱璧奉省令调任河南省图书馆副馆长，在2000余人的欢送大会上，他说：“在我花甲之年，党又给了我有职有权的文化阵地，足见党对我的信任。我决心在这个阵地上扎下根子，很好地为人民做工作，把晚年精力全部献给人民，献给党的图书馆事业，以报答党对我的关怀与信任。”

王拱璧面对图书馆这一陌生的工作，思虑万千，为了尽快适应工作的需要，他立志学习图书馆学、目录学、版本学、图书史和有关图书流通知识，力争尽快地使自己由一个外行的领导，变成一个内行的馆长。

1953年，上级调王拱璧在职带薪去武昌中原大学政研班学习，他深感机会难得，刻苦学习。同时，他理论联系实际，利用业余时间，参观学习武汉各图书馆的管理经验。

1954年王拱璧已68岁高龄，为了图书馆管理事业的发展，提出了“关于改革省图书馆陈旧不适的规章制度”，决心把半旧式的图书馆改造成为社会主义的人民图书馆，使图书馆面向大众，为生产建设、文明建设服务。为了实现这一奋斗目标，他首先加强对全馆人员的政治学习，提高全馆人员的思想觉悟，增强责任心，对原有的规章制度，开展群众性讨论、研究，并参考国内各省市先进馆的经验，根据广大读者的意见，改订了采编、借阅、流通、保管等规则，增设专为劳动群众服务的“小书库”“大众阅览室”，增加读者座位，各阅览室设读者“指导员”，定期举行“好书报告会”和“作者、读者见面会”，以宣传好书。为加强采购工作，增设采购小组，自兼组长。

经过一系列的改革措施，管理上有很大改进。该年图书流通数额显著增加，馆内业务不断发展，图书馆的规模也日益扩大和发展。特别是在整理古籍这项工作中，他亲自动手，精心指导，成绩卓著，至1956

年，馆内藏书由1951年时的11万册增加到16万册；月购书费由500元增加到1200元；编制人员由25人增至34人；读者由8万人次增至23万人次。

1957年，正值王拱璧71周岁之时，省图书馆决定由开封迁到郑州。这下子，他的工作量增加了，责任心大了，担子也重了。但他不畏困难，采取一边坚持图书馆的业务工作，一边筹建新馆。为筹建新馆，他曾赴北京参观了20多个图书馆，访问了有建馆经验的同志。在此基础上，王拱璧亲自制作新馆“示意图”，从建馆选址、征地、设计、包工等一系列工作，他都一一过问，提出具体意见，认真负责，一丝不苟。对馆的主体和馆内设施情况，都精心设计。在图书馆竣工时，有关领导十分满意王拱璧对图书馆的精心设计和认真细致的工作态度。

为了搞好古籍整理，王拱璧针对馆内工作人员古文基础差的问题，亲自给大家讲解古汉语知识，如韩愈的《师说》和范仲淹的《岳阳楼记》等。

在整理过程中，他经常废寝忘食，有时坐在古书出纳台上，一坐就是半天、一天；有时临近傍晚人还在古籍整理室，别人都已经吃罢饭，他还没有回家；有时他带病翻阅大量资料。在视力不好的情况下，还仔细地摘抄评注。馆内的工作人员常讲：“像这样的馆长，真少有！”也有的说：“70多岁的人了，还在拼命地干！”

1962年，在河南省召开的专家会议上，王拱璧提出了创办郑州中心图书馆的建议，立即得到领导的批准。为建好中心图书馆，成立了筹委会，王拱璧被推为主委，他积极开展工作，联合市内八大图书馆，进行筹划。中心图书馆的建成，有力地推动了河南图书馆事业的发展。

王拱璧的心血没有白费，1951年他上任时省图书馆仅存古书11万余册，而到80年代初已增至70多万册，在全国省市图书馆中属前几名了。

王拱璧在省图书馆工作期间，结合图书馆工作的需要，他利用业余时间，著作《图书馆的利用》《善本知识》《略谈善本知识》《历代刻书场所志略》，还翻译古语《版本通义》改名为《版本论》等，1960年，为给北京大学图书馆函授班讲授，作《中国图书史》。

总之，王拱璧先生在省图书馆工作的20多年中，他热爱党、热爱人民、热爱党的图书馆事业。生命不息，工作不止，他将全部精力献给了河南省的图书馆事业。

九、惩治腐败

1923年，青年公学的名望越来越高。王拱璧的声誉越来越大。秋后，河南省教育厅又委任王拱璧兼任西华县教育局局长。可王拱璧一再函辞，主要是认为，当时全县教育为劣绅、学棍所把持，腐败不堪。私塾400余所，多是土豪劣绅俱乐部，而新式小学只有两三个，亦支离破碎，不成样子。在省教育厅的再函催促下，王拱璧不得已向县政会议提出成立教育促进会、改组县立各校、取缔私塾、增设乡村学校、培训乡村教师、充实教育经费等项及其实施方案作为就职条件。县政会议通过了王拱璧的提案。

王拱璧上任后，就发动和依靠有为青年，集中新生力量，展开工作。首先将教育局职员全部撤换。县立学校校长及部分不称职教师，亦予撤换。撤销私塾，新建小学160余所，教育经费由8000余元增为2.5万余元。其中增额部分，是通过揭露贪污，从全县数万亩学田和全县税收的“中饱”者身上挤出来的，这些贪污之流，曾有人企图谋害王拱璧，均未得逞。这一举动，赢得了全县人民，特别是广大青年的热诚拥护，当时曾有“王拱璧一到县，讼棍劣绅都滚蛋”的民谣流传。

1933年，王拱璧受任河南教育款产处处长林伯襄相邀，到该处办理契税，受任汝南契税局局长。并约柳心一等到局助理，偕至汝南接事。

当时河南契税被指定为文教专款，并由教育界人士组织管理机构。自从军阀割据以来，全省文教经费毫无保障，学校欠薪，多逾十年，教职员工叫苦连天，经苦陈力争，才得定契税为文教专款。

所谓“契税”，是指政府向购买或典当田地者签发官契时，按地价多少征收的税款。纳税人都是地主富户，由于豪绅把持勘丈和勘丈员舞弊中饱，以致汝局历年税收不到 50%。弄清情况后，王拱璧下定决心，大加整顿，采取“不畏豪绅，剔除中饱”等一系列有力措施。厉行 3 个月之后，税收百分之百，半年后即达 150% 以上。因此，曾遭受到土豪劣绅的联名控告，幸省处对王拱璧了解，不予理睬，且予表扬。

汝南契税属小局，职员 20 余人，勘丈员 150 多人。经数月考核，多数都有贪污行为，部分相当严重，助理柳心一首先以贿买勘丈员暴露，为了“法自亲始”，即时公开宣布将柳心一停职。又分别轻重处分了局员数人和勘丈员 20 余人。又把向王拱璧行贿的两个勘丈员当众宣布革职，一时贪风敛息。

接着王拱璧又实施打击和制止了汝境特殊阶层抗税瞒税的不法行为。“特殊阶层”是指教会、大军阀赵倜亲故、土豪劣绅等。他们凭借恶势，买当田宅，不纳契税，连县官、专员也不敢过问，多年来他们抗税瞒税数额巨大。为打击这个不平，王拱璧发动有关勘丈、催税等见证者数十人，首先从教会搞起，依靠确凿的证据，通过县、专、省三级合法斗争，历经半年，终于取得了对教会斗争的彻底胜利。土豪们看势不妙，就都按章纳税了。

1942 年，王拱璧回到村里，在村民和师生的要求下，他决定留村返校，重主青年公学校政。这时的青年公学已经发生很大的变化。国民党乘学校经费困难，就以补助经费开路，把区党部搬进学校，三青团也跟着挤入。由于主持校政者为省钱贪污，压低聘薪，好教师聘不上，不学无术的“混子”则得以进入。学生学习成绩自然亦随之下降。

王拱璧到校后，在村民和师生的支持下，很快查出前任校长王振亚和会计王子扬贪污公款 4000 余元，接着解聘教员五六人，留察学生十数人。

后又经过几经挫折与国民党的斗争，终于把国民党区党部赶出青年公学，三青团（多是学生集体加入）的牌摘掉，不许再挂，停止活动。当时青年公学的共产党组织虽处于地下，但“青公是共产党的大本营”，却是附近流传多年的名号，加上前有农民暴动，杀掉反动区长刘启亭之举，所以那些土劣官吏，一般不敢再侵犯学校。

十、拒贿不贪

1919 年底，王拱璧刚刚结束留学生活，还未回国，因病住进了日本东京“国际医院”。经检查，病毒已进入头部，须施大手术，在面皮上揭露出眼下的骨头，把左右面骨各凿开一个五六分的小洞，把头壳里的蕴毒吸出来，再用个指头伸进去刷洗一遍，最后再把面皮盖上缝合，再仰卧病床，用吊水袋冷触面部 7 天 7 夜，无变化，才渡过险期。这一手术是他生理上的一大经历，也使他独自经受了前所未有的考验。

某日，刀口刚愈合抽线，一个穿西服的日本人走进了他的病房，卑躬折节地向他问好。说他是青浦子爵（日本一财阀）的经理，随手拿出名片和茶筒，说“这是贵国武夷名茶，请赏个面子”。王拱璧随口谢绝说:“我不喝茶！”那人丢下茶筒只管辞去。王拱璧立即叫护士追上，把茶送还与他。事隔一日，又一也在医院养病的人，以青浦子爵儿子的名义请吃茶，也被王拱璧拒绝。到出院前夕，送茶人才向王拱璧直说是河南督军要买军火，要借款开面粉厂，请王拱璧从中帮忙。并说这种交易回扣是很大的。王拱璧淡然一笑，以病推托。后出院到住房，见房内摆放着一大堆礼品，问其原因，女工说是青浦子爵爷送来的。王拱璧批评女工不该代他收礼品，并令其送还。随后便立即搬到好友任白涛新居。

1920 年，王拱璧留学回到家乡，创办青年公学，三年大见成效，深得农民拥护。各乡村农家子弟纷纷要求入学，可他深为校舍、设备和办学经费之不足而犯难。当时虽有仗义捐助者，亦是杯水车薪。于是也有一些别有用心之人或不法分子乘机向王拱璧行贿。如当时的谭庄陈某，他在漯周路上劫获一大批海洛因，恐遭不测之祸，就托人给王拱璧送去价值 5000 元的海洛因四大包。说是捐助青公，实为求得庇护。王拱璧问明实情后，断然拒绝。可同事中有想不通者，王拱璧就严肃地指出：“青公如何再穷，也不能卖毒品办学！”

1939 年初春，王拱璧受重庆“川康禁烟督查处”处长张静愚相委，任以“西昌监运所长”。

西昌原属四川，后属西康。当时西康省主席是四川军阀刘文辉，常驻省会康定，于西昌设行营以镇之。蒋介石为准备继续西退，亦于西昌设行辕。蒋、刘既互相勾结，又有摩擦。弄得西昌地区的政治、经济、军事各方面混乱异常。就禁烟而言，蒋介石是一贯利用禁烟名义从中渔利；刘则是“烟经纪”，你禁我也禁，你吃我也吃。西昌是产烟区，属于刘文辉的势力范围。重庆派出的禁烟机构，只是挂个牌子，无所事事。这种情况，正合王拱璧意，他到任后，大部分时间是读一些边疆的文献、掌故，并抽时到一些现场看看，尽可能把祖国大西南蕴奥和神秘，多了解一点儿，一慰夙愿。

王拱璧在四川

王拱璧先后游泸山、昂海山。访太和场、泸古场、南门场、观汉彝互市，又访彝族。托西昌机关、友人，征得附近数县的地方志和近年关于西南区域的一些调查研究资料，进行研读。又和西昌行辕秘书张化初等，组织“夷务座谈”，交换意见，共同研究，撰写论述。

1940 年初春，接重庆“川康禁烟督查处”来令，西昌禁烟机关 4 月底撤销。经结算，所中经费结余近 2000 元。王拱璧主张全部上缴。同事中有劝王拱璧借名“报销”者，有说“只有老冤才交结余”“咱不花也有人花，反正进不到国库”。最终王拱璧还是全部上缴了。

十一、破除封建礼俗

（一）书写祝文贬斥神灵

王拱璧9岁这年春天，一位“金神匠”韩师傅来到他家。“金神匠”会塑神像，画人物、山水、花卉，王拱璧想把金师傅留下，跟他学画，双亲不允。王拱璧向金神匠请教说：“神像灵不灵？”金神匠说：“神像都是坑塘里的臭泥做的，我不给神磕头！”听了金神匠的话，他好像发现了什么秘密，从此，对各种神像产生了惑疑和轻视。

当年，适逢王拱璧二爷家向神灵“还愿”，要王拱璧代写祝文，借此机会他把神灵斥责一顿，骂神灵不仁不信，贪吃讹人。“祝文”中有“既为神明，应以公正廉明律己。餐祭飨脯，足则佑人，厌则祸人，其为神者应如是乎？”等语。事后王拱璧的二爷向他说：“璋，神灵可喜欢你写的表文啦，一点着就飞上天了。”王拱璧听后，心里好笑。

那时，王拱璧家过年要供奉许多神灵。把祖宗三代、天地三界、十方万灵、灶君、财神、西仙、门神等，或用挂像、或用牌位，排列在主房，从春节五更到元宵之夜，每天三遍进香礼拜。王拱璧听人讲，西仙是狐狸精，门神中有赵云、张飞、鞑子吸烟等，心中很不服气。这年王拱璧的父亲要他写牌位、贴门神。他竟把西仙改为“昔贤”，把鞑子吸烟剔除压在床席底下，把许多门神写成一个“门君之位”的短小牌位，贴在二门后的墙坎里，到春节他父亲主祭时，烛光之下，注视到“昔贤”二字，但没声张。吃罢早饭，他怕父亲斥责，主动向父亲认错说：“我想人不能敬畜生，汉人不该敬鞑子，赵云、张飞不配称神……”父亲哼了一声，没说啥话，王拱璧觉得自己又胜利了。

（二）与阴阳先生抗辩

1902 年，陈州府中学堂招生，王拱璧考取第一名。入学前，一天他父亲引一位著名的阴阳先生到他家。那先生一进家门，看见院内有一棵大红枣树便说："此树必伐，否则后代必出瞎子！"王拱璧一听，大为反感，在母亲和姐姐的支持下，他跑到客房屋和先生抗辩，质问先生根据何经何典胡扯八道。此树是我们的心爱树，今天你得说个明白。那先生恼羞成怒，愤愤而去。这棵枣树到王拱璧 70 岁时还健在，其后代亦未有一个瞎子。

（三）考中秀才拒谢"皇恩"

1903 年，17 岁的王拱璧在陈州府中学堂肄业。是年，父亲和师友专程赶到陈州非要他应试科考，无奈应试，考中附生（秀才），免费选入"河南大学堂"。那时的习俗，中了秀才，要演戏庆祝，招待宾客三日，还要行"谢皇恩"大礼。王拱璧反对这一套做法，就躲到县城，托故避俗，闹得"物议沸腾"。在父母的逼迫下，不得已于第三日回村。但不肯行"谢皇恩"大礼。父亲恐怕招惹大祸（如有人告发要砍头）。在此情况下，父亲把他怒斥一顿，才勉强应允。但条件是王拱璧自己要撰写礼棚对联，九叩礼减为四叩。他自撰的对联是"日知其所无，帝力于何有"（二句是经书上的成语），横批是"谁家天下"，他父亲看后，皱着眉头说："对联勉强贴吧，横批决不能用。"祝贺结束，还得到许多村子许多人家致谢礼，王拱璧更感无聊至极，皆托病未去。

中秀才，行了大礼之后，人们便以"缙绅"看待。此时，王拱璧自己也比以前自重，深感自己已成年，应该从思想上把"国家、天下事"放在自己肩上。"士当先天下之忧而忧，后天下之乐而乐"。过年时，他在书房门上自写的对联是："豪杰无如岳忠武，秀才当学范希文"，横批："天下为家"，自此就自号"大同人"。那年除夕，家人都在高高兴兴地欢度春节，他却独自到书房伏案痛哭了一阵。二弟黄石见状问其何故，王拱璧却说："又死去了一年。"觉得自己又白过一年，面上无光，心中有愧。

（四）婚礼上不跪拜

1906年，王拱璧严正要求父母通知岳家，令未婚妻屈媞读书、放足，否则退婚。双亲颇感为难。1907年，母亲在病中向王拱璧痛言，以死相迫，逼他结婚，王拱璧只好含泪应允。于春节期间终与屈媞结婚。

王拱璧的婚事属父母包办，他一直不满意这一桩包办婚姻，又反对世俗礼教。在婚礼上，他不遵旧规，该穿礼服，偏穿便衣；该跪拜，他只鞠躬；在礼堂上，不该说话，他偏要大讲时事，宣传破除迷信，剪辫放足等，闹得两家众乡亲啼笑皆非，众说纷纭。

婚后，即让妻屈媞放足、读书，尚无违碍，随后，给屈改名为湘灵，字扶农，后以字行。

十二、共产党的忠实朋友

1907年，王拱璧在中国公学学习时，经万仞千介绍加入同盟会，以身许国，追随孙中山积极投身于革命活动。1927年春，王拱璧同三弟王陵南一起参加国共合作地下组织“伯襄小组”，策划革命军北伐。6月初，北伐军名将张发奎率北伐第四军进驻开封，王拱璧等人组织群众300余人，迎至南苑，沿途高呼“打倒军阀，革命军万岁”等口号。

1928年，王拱璧与教育厅同事共产党员张燕如、尚钺临约定在豫担任掩护和救济工作，直到新中国成立前夕，王拱璧都没有负约，一直以“共产党的朋友”自居。

同年，王拱璧策动西华旅汴革命青年刘芳亭、胡雨生、孙景贤等揭露大土豪劣绅马子中、韩太文的罪行。马、韩联名数十人，向省政府、省党部、省法院告王拱璧是共产党员。为此，王拱璧家庭连遭搜查。

蒋介石反共气焰愈益嚣张，共产党员转入地下，不少共产党员和嫌疑分子被捕。此时，王拱璧曾营救青公学生、共产党员马腾霞、刘济生等出狱。并将他们介绍到青公任教。

1930年，在王拱璧先生的支持下，共产党员刘济生、马腾霞、李子纯、杨春英等先后到青年公学任教后，建立了党支部，发展青年教职工张学六、庞青、张九成、王国瑞、庞凤言入党。接着成立“太阳社”进行革命宣传。不久，又组织农民暴动，杀死反动区长刘启亭。对此，引起了省当局的不满，除省党部、省公安局联合多次到王拱璧家庭搜查外，省党部还派干事高炳光到王拱璧家与他谈话，质问王拱璧持何立场，王拱璧回答说“总理遗嘱”“唤起民众”的立场。

1933 年，王拱璧兼任国民党西北军吉鸿昌三十三军高级参议。在西北军彭振山的支持下，与共产党员李子纯在彭振山的家乡方城县广店乡土屯村创办嵩山公学，搞“乡村实验区”。成立“实验区指导委员会”和“嵩山公学校董会”，王拱璧被推为嵩山公学校长。是年 5 月，与共产党员子纯、道孔、化雨、腾霞等筹划彭军北移倒蒋，次年，彭振山出卖了师部党组织，子纯、化雨、腾霞等十余名同志牺牲。

1934 年，蒋介石反共反人民的反革命气焰更加嚣张。扬言“宁可错杀一千，决不漏掉一人”。青公、河大、省师同学同事时闻牺牲、被捕。青年村的乡亲常到汝南找王拱璧诉苦。为打击青年村的恶霸张一臣、张慎行等，他函集青年村及附近的革命青年，要他们发动群众，开展反霸斗争。不久，二张被打倒，为青年村除了两个大害。

1937 年，王拱璧多方奔波，终将共产党员刘少楼营救出狱。刘少楼在省第一监狱住了七八年，虽受尽折磨，但始终没有出卖党和同志，王拱璧将刘少楼接回家中休养，待身体恢复后，又聘请少楼到青公学校主持校务。

1938 年，镇平、内乡、淅川三县封建头子、土皇帝别廷芳对共产党员王扶山早存嫉恨，见王扶山带领十人团在群众中广为活动，影响更大时，别廷芳就以“十人团别有立场”为借口，把王扶山逮捕。为营救扶山，王拱璧多方奔走，并向别廷芳立下“保证”，王扶山才终被获释。

1942 年，王拱璧返乡重新主持青公校政。

1945 年，西华县长田荆茂率县队包围青年公学进行大逮捕，缉拿名单 20 余人，王拱璧是第一名，还有庞凤言、李子干、张学六、刘少楼等地下党员，其他都是近村农民。因学校人员在名单的除王拱璧外只有庞凤言一个，结果当场只逮捕了庞凤言1人，要王拱璧近日到县投案自首。王拱璧应允了，但没有践言，并且开始设方营救庞凤言。后经多方全力奔走，终于把庞凤言营救出狱。王拱璧没投案，亦没再追问。

是年夏，新四军沙河部队一二八团进驻青年村，青公师生热烈欢迎，挤出房子，让其办公，并密切配合，月余时间，将附近害民的豪绅一扫而光。同时，王拱璧还动员一些师生参军。可新四军一走，国民党就回来报复，首先有人向省、行署告发王拱璧是共产党员，要封闭青年公学，逮捕进步师生。王拱璧针锋相对，斗争两个多月，僵持不下。只好偕妻暂时移住村南22里龚堂村以回避。数日后，省署对王拱璧的通缉令送到，回复“此人早已离校”。随后，国民党洛阳专署通缉王拱璧的令也来了，也弄个通而未缉。

1948年，当时西华、商水等县境，正处“国共拉锯”状态。青公师生在王拱璧的领导下配合党组织做了不少支援解放军和递送情报工作。是年友人李平一，时任商水县长，携械饷起义，来青年中学投向共产党组织。王拱璧率师生和村民为之掩护。虽有西华、商水县队多次调查，均未暴露。

1949年，王拱璧又协助人民政府镇压了附近的几个恶霸和反革命分子。

总之，王拱璧一生中追随孙中山，追随共产党，处处事事与共产党合作，实乃共产党的忠实朋友。

十三、改造思想

新中国成立后，王拱璧深知自己是从旧社会过来的人，只有加强政治学习、改造思想，才能适应新形势的要求，赶上时代的步伐。于是，他决心在省委、省政府的领导下，努力学习马列主义、毛泽东思想，加强自身改造。在1952年的“三反”工作中，他带领全体馆员，学习政策，发动群众，检举揭发，查证落实。运动中，他感到馆员一般年龄大、妇女多，动不起来。为了把“三反”运动搞深、搞透、搞好，他调请工农中优秀学员来馆帮助搞好运动。首先他自己先下水洗澡，带头检查自己、交代问题，启发馆员，教育自己，改造自己，上级对王拱璧此项工作的做法十分满意，评为“认真负责”。

1953 年王拱璧在中原大学

是年入冬，上级又派王拱璧在职带薪赴武昌中原大学政研班学习。这次学习，主要是学习马列主义哲学和毛主席著作。重点是学习《实践论》《矛盾论》和党的方针政策。理论联系实际，提高认识，改造思想，树立革命的人生观。他深感，花甲之年，党又给他重新学习的机会。在学习期间，也就格外努力，他理论联系实际，利用业余时间，到湖北模范县浠水县农村与农民同吃、同住、同劳动，接受群众意见，增强群众观念，培养群众感情，自觉改造自己。经过一年的学习，在结业总结中，王拱璧挖出他多年来的自满情绪。认为这是阻碍他进步的绊脚石，特别是他长期存在的“三清”思想：认为自己一生不做官发财，是清高；不贪污腐化，是清廉；没有反革命历史，是清白。道出根源，得到批判，顿觉轻松愉快。使他深刻体会到：真理无最后，革命无最后，学习无最后。进一步提高了他不断学习，学习无止境的自觉性。

1961 年，在思想改造时，他学习认真，理论联系实际，敢于暴露真实思想，以小调章法写成小品韵文《思想改造》(五更调)，表达自己的心声，反映他在“思想改造”中思想转变的过程和“过急、过粗、过简”方法上的失策，现摘录如下：

病里卧床休假，睡余意境多暇。
念及思想改造，一般颇多曲斜。
恰似长夜漫漫，由昏到明无差。
仿得新五更调，胡乱哼它一下。
一更里，思想发惆怅。
党报宣传，大陆解放。
看风向，
知识分子，要把工农让：
声声毛主席，处处共产党。
最可叹，高级待遇，不到千斤粮。
我的亲爱的，没钱花，咱们哪有幸福享。
二更里，思想太懊恼。
“学习，学习”“改造，改造”。
太无聊，
任情摆布，体面全不要：
“理论我明白”“实际谁不晓”。
没来由，科学技术也要一面倒。
我的亲爱的，怎得了，自由平等一齐扫。
三更里，思想正伤悲。
鸣放开展，群众合围。
一声雷，
意见千条，错谈一大堆：
十年金招牌，一旦烂土坯。
想不到，辩论会上输得一鼻灰。
我的亲爱的，从今后，怎能与人争权威。
四更里，思想有回转。
和风细雨，好话万千。

诚可感，
团结出发，团结到终点：
群众情意重，领导心肠宽。
猛回头，错谈思想，怎能再发展？！
我的亲爱的，下决心，一定抢渡思想关。
五更里，思想想得通。
抛弃自我，一心为公。
看前程，
光明大道，党是指路灯：
政治是统帅，业务后随从。
最重要，服从领导，紧跟毛泽东。
我的亲爱的，任改造到老，我也不放松。

“紧跟毛泽东”“改造到老，我也不放松”这发自肺腑的诗言，充分反映了王拱璧思想觉悟的提高和对思想改造的决心。

1963年，王拱璧在写作的《我是中国人》诗文中也写道：“主席有雄文，半部治天下，一言定乾坤，我等如不学，何为中国人。”充分反映了他对学习毛主席著作重大意义的认识，也说明王拱璧先生在工作学习中能够自警，注重思想改造。

十四、著述年录

王拱璧先生一生不仅有光辉的战斗历史，而且还有许多有价值的著述，为后人留下了宝贵的精神财富。现将根据笔者收集到王拱璧先生的有关资料整理成著述年录，为研究王拱璧先生的单位和学者提供参考。

1901年写《论好色之祸》，又作《道也者，不可须臾离也》。

1902年写《苏秦说〈六国论〉》。

1909年在沪《神州日报》发表《告河南父老书》文章，揭露清政府借债修路、开矿等丧权祸国的罪行，号召河南人民抵制借英款修筑“蒲信铁路”。

是年，王拱璧偕王哭民、万仞千、高腾龙诸友旅游南京，俯仰金陵河山、环顾祸国狼犬，不禁有“谁家天下”之感，哭民能诗，作《金陵吊古》，王拱璧和一首《金陵书怀》①（五言古体 16 句）。

1910 年，王拱璧从邓州，过南阳返家乡，闻革命风潮益紧，作《南阳道书怀》② 五言古诗一首，抒发忧民之情。

1913 年，在省立高师教授体音课时，作《体育谈荟》及《三十年普及体育计划》，在《中州日报》及《河南教育》月刊发表。

1914—1915 年创作鼓动青年救国救民的爱国新歌十余首。

1916 年夏，赴北京应考留日研究生，离开封时作《留别汴垣诸友》③ 五言古诗一首，抒发友情和个人抱负。

1917 年在赴日途中，写《过奉天》《过高丽》《过马关见春帆楼》④ 等古体诗。

1918 年在日本早稻田大学学习期间，认为日本天皇制是东方进步的障碍，草拟一个《上日本天皇书》，劝天皇明达时务，宣告退位，改行民主共和，被日本公安机关搜查，曾遭学校记名处分。

1919 年 5 月，受中国留日学生总会委派归国，赴上海参加“五四”反帝爱国运动。到上海后，经过调查，撰写《对日帝新闻政策斗争大纲》，接着在《救国日报》发表《告报界书》《最毒的日货》。为东方杂志社写《为今日报界进一言》《再为今日报界进一言》（发表于上海《东方杂志》第 16 卷第 5 号）等文章，向我国新闻界提出应加强对新闻科学的研究、设立我国自己的大通社、不可曲徇社会之所好，以增加报刊销路、革新伪造电文之陋习等建议，特别是要警惕和坚决抵制日本利用新闻宣传欺骗我国人民、为其侵略制造舆论的阴谋。为策动对日经济绝交写《告全国同胞书》和《告河南同胞书》。又把每日早晨片段思想（多系国际形势和中日关系）记录下来，积久合为 2 册，名曰《平旦》。7 月，在漯河撰写《东游挥汗录》第一辑，以活生生的事实揭露日帝侵

①②③④ 均见附录。

华阴谋，对于唤醒民众爱国之情起了巨大的作用。为警惕日本帝国主义进攻中国中部，又撰写《河南人民的当头大祸》在开封和上海报刊上发表，有力地揭露日寇为实现其鲸吞中国的野心，其侵略的触角已经从青岛伸进河南，要在郑州、周口开商埠，日本浪人、红裙队已经开始在“中州福地”招摇过市，要河南人民提高警惕，准备奋起自卫。接着又续写《东游挥汗录》四篇，题目为《大亚细亚主义的实质》《日帝“共荣圈”的范围》《再谈日帝对华政策》《“黄祸”在日本不在中国》等，进一步揭露了日本帝国主义鼓吹的所谓“大东亚共荣圈”的反动实质。种种原因，手稿被河南军阀赵倜党羽骗去，未能出版。

是年又写《黄海舟中》[①]古体诗一首。

1920年王拱璧留日归国后，扎根农村，搞乡村自治，撰写《建村计划》。

1923年在全省掀起以收回旅大为中心内容的反日爱国运动中，作《中原农民对日外交协会传单》4字一句80句，发表在1923年4月8日开封《新中州报》。

1925年在《北京晨报》上发表歌颂青年村新生活的《夏之晨》白话诗。

1926年到浙江西湖游览，撰写《一路彷徨到江南》《西湖游记》两个册子。

为任白涛所著《实用新闻学》三版作序，题为“写在任著新闻学的上头”。

1927年秋，在河南省教育厅任编审主委时，为省教育厅撰写《开封普及教育计划书》和《农村教育方案》。为省教育厅筹划“平民图书馆”，并代拟订《书目草案》。还代教育厅编写小学政治课本《政治问答》，代教育厅编写《建美术馆计划》，代张幼山厅长撰《河南乡村师范学校发展计划》。

1928年在开封，王拱璧被推为“河南对日外交委员会”委员，兼

① 见附录。

“开封对日外交后援会”执行委员。撰写《国耻纪要》一册。

在兼任省办“农村组织训练所”的《乡村教育》课程时，作《土地问题论文中文索引》。同时与杜子劲合编《革命春联》一册。

1930—1931年在河大任教时，对关于农村问题，尤其土地问题，写《讲义》一部，指出中国土地集中的危害与土地革命的必要。

1931年，“九一八”事变爆发，作《东征曲》歌八章，《为自由而战》歌四章，前者曾在各校流行，后者曾在几个师部流行。又作《反日讲演稿》及《抵制日货之理论与实际》，在《大公报》专栏次第发表。又写《农村服务经验谈》4万余言。写《中国农村的病状》论文，在河南大学农学院季刊发表。

1932年在上海帮助任白涛翻译苏联作家诗歌数十篇，又为正在研究中国民歌的乐嗣炳写河南民歌30余首。

1933年，根据对汝南地区730个农村的调查资料，编写《豫南百村》，约6万言。

1934年，在汝南契税局任职期间，为辅导勘丈员，增加税收和宣传契税政策，编印《汝南契税月刊》，发行五六百份。

1935年，编写《歌选》第一册，写《秋风词》一首。

1936年冬初，闻邵慧明表妹病逝，她是青公学生，共产党员刘少楼之妻。她初病时曾对王拱璧说：“帝国主义不倒，封建主义不除，我的病怕是不会好的。”王拱璧为她死写的16字挽词是：“大地茫茫，苍天溃溃，谁杀慧明，黑暗社会。”是年年终，给淮阳契税局撰春联“经纬量天地，理乱探古今”“经文纬武教育事业，理直气壮革命精神”“委吏但求会计当、丈夫不为贫贱移”（二句出于孟子）。

1937年，“卢沟桥事变”爆发，抗战开始，自认为年已半百，不能前线杀敌，可在后方做些抗战工作，就及时写出《抗战必胜论》提纲。应“抗敌后援会”及各校约请作《抗敌》四章、《杀敌先锋》二章、《抱定决心》二章、《奋志战斗》三章、《取三岛》一章等抗战歌曲。大量印刷，分发各处。是年又作《岚儿》[1]诗一首。

1938年编印《抗战三字经》小册子，散发各处数百份，写慰劳前敌将士书30封。是年为镇平“五一”节纪念大会题词一联：“倭寇深矣，惊看反动恶潮滚滚而来；天下殆哉，抢呼革命战士咄咄其起！”

1939年，赴四川成都，在抗日战争后防，坚持抗战，任西昌禁烟监运所长，深入少数民族地区，进行实地考察，撰写《川康一斑及宁属问题》提纲。1939年夏，旅行西南边疆，过雪山、大渡河、入�笮，罂花遍野，烟民预祝丰收，人“乎”芙蓉城，感作七绝《康藏行》，撰写《旅宁七篇》长诗集，即为《西川歌》《西昌怀念战役》《宁远河上》《欧战又起》《西昌风物》《西昌思乡》《泸山风云歌》（后分别发表在建宁、西昌两报）。又写《国难西行》长诗600句初稿。写《西昌建设方案》，主要提出以下问题的解决办法：①资源开发问题；②夷务问题；③交通问题；④人力问题；⑤农村问题；⑥鸦片问题。回成都后，又改写为论文数篇，发表在成都各报专栏、副刊上。写《肃清私烟与打倒帝国主义》论文，发表在西康报上，又写《研究彝族提纲》。编写《雅西公路概况表》及《本表说明》《乐西公路经过地名及里程》，是年秋于西昌又写《夷种由来》。

1940年回成都，完成《川康一斑及宁属问题》修改稿5万余言，拟收入《边疆丛书》第一辑。完成《国难西行》长诗600句修订稿，撰写《物价曲》《物价涨》二首、《断乳》一首、《矛盾》一首。又写《泸山风云之歌》等诗篇。

1942年由川返豫，回青年村，重主校政。当时河南人民惨遭“水、旱、蝗、汤”灾害，王拱璧深切关心人民的疾苦，撰写《河南灾况目睹记》，在四川成都《大公报》上发表。是年，接受梁中华主持的“中国村建学会”聘书，任该会干事，工作主要是搞不定期的刊物《会讯》，王拱璧利用工作剩余的时间，写些有关边疆问题的论文，接连在成都、重庆、西昌各报刊发表，十五六篇，十二三万字。

① 见附录。

1944 年于龚堂写《美姑之死》诗 24 句。

1951 年向国务院提出“关于学习外语的建议”。

1954 年，作学习《联共（布）党史》论文及表解，约 2 万言。

1958 年，当时国际反帝运动高涨，作《人民风暴》长篇诗一首。

1959 年，二次参观三门峡，旧面目不见，作《再游三门峡》七绝一首。

1961 年参加辛亥革命五十周年纪念的辛亥革命老人在颐和园合影
（后排左 3 为王拱璧）

1961 年学习《毛选》四卷 3 个月，有了新体会、新启发，乘兴作七言诗一首。写《思想改造》（五更调），表达了作者的心声，反映了他在“思想改造”中的思想转变过程和“过急、过粗、过简”方法上的失策。同年翻译古语《版本通义》改名为《版本论》，5 万余字。为纪念辛亥革命 50 周年，撰写《我在辛亥革命中的经历》，刊载在《河南省文史资料》第六辑。是年赴京参观“十大建筑”，赋诗《一个天安门》32 句，歌颂祖国建设光辉成就。又撰《图书馆的利用》2 万余字，1962 年完成，并作序。是年参加国宴，聆听周总理讲话，又被邀上天安门参加国庆观礼，作《国宴席上》，及《国庆观礼》七言律诗各4首。

1962年受省政协“文史编辑委员会”委托作《青年村与青年公学》。写《乾隆毁书的例证》专论，登于《图书馆季刊》。写《冰的故事》3000余言。写《略谈善本知识》《历代刻书场所志略》。

1963年于医院作《满江红》一首（和郭沫若）。写《我是中国人》五言古诗4章80句[①]。在医院度岁，写《新年献词》和《一株花》各一首。作《喜闻击落美U2飞机》一首。写《历代印书用纸表》。好友庞海仓同学长女玉珠，农院毕业后，申请支援新疆，行前未及送别，写《赠玉珠》诗一首。是年，在病中写《王拱璧自序年谱》约5万字。

1964年10月10日，欢呼我国第一颗原子弹爆炸成功，作《乘胜曲》十七韵，以示祝贺。为庆祝15周年国庆写《蝶恋花》一首。回忆淮海战役作《忆秦娥》一首。是年，在病中命长子王膺民为其整理《版本学要纲》文稿，近30万字，“文革”期间被抄毁。

1965年，各国反动派联合反共反华，作《蛙鼓》七绝一首斥之。喜闻我护渔船一举击沉入侵美航两艘，作《看前方，祝国庆》新诗一首。

1969年4月25日，春光融好，漫步庭园西香林下，吟诵毛主席诗词，趣味倍增，得七绝《小园》一首。阅报知南京长江大桥建成通车，喜而不寐！作七言《古风》[②]一首歌颂之。

1970年4月20日，中国第一颗人造卫星上天，巡天播放《东方红》，全球轰动，革命人民欢腾，反动派震惊。自此，中国一跃进入核大国，作赞诗二首，贺之。

1971年，我国进入联合国，参加联大，作词《十六字令》《西江月》各一首。

注：本文根据窦克武著《王拱璧文集》和河南人民出版社出版的《五卅运动在河南》整理。

选自《漯河文史资料》第二十、二十一辑

① 见附录。
② 见附录。

登北极阁

1909年，偕哭时、龙腾诸友游南京。缅怀河山，不禁“谁家天下”之感！[①]

我登北极阁[②]，南瞻雨花台[③]。
台上烟云恶，芝兰变苍苔。
茫茫钟山[④]下，俯爷尽寒灰。[⑤]
故宫[⑥]不可见，但见列后碑。[⑦]
大江环其北，流电浪惊雷。
上国有此险，何无荡寇才！[⑧]
极目乔木上，涕鹃云又来。
把酒忆往事，使我心徘徊！

注：

①根据《年谱》，此诗写于1908—1909年间，李哭时、高龙腾均河南人。

②、③均系南京游览胜地。北极阁在北城玄武门内，雨花台在城南中华门外。新中国成立后，均经政府辟为公园。

④南京城东紫金山，又名钟山。

⑤指太平天国“天京之役”中战死的英灵。

⑥参证后文应是指“天王府”。

⑦指攻陷“天京”清将曾国藩辈之纪功碑。

⑧对于英法军临南京，守将弃城而逃，迫订丧权辱国之《南京条约》一事激起无限愤慨。

南阳道书怀[①]

庚戌腊月役于郑州，过南阳闻革命风潮益紧。

举目望中原，苍苍万木枯。
不闻腊鼓鸣，但见流民哭。
未作当头炮，忝充河边卒。
伫看提长剑，直捣向燕都。[②]

注:

① 1910 年，先生以邓州（今河南邓县）官立蚕桑中学教员身份为掩护，与革命战友林潞生等策划秋冬起义。事败，由开明士绅卢严庵先生设计脱身。详见《河南文史资料》第六辑第九十页先生自撰《我在辛亥革命中的经历》一文。

②北京为明初燕京又称燕都。

别汴垣诸友

1916 年，将赴日游学。

我闻释家言，一花一世界。
有若世间人，耘耰任自在。
天地为吾庐，万物为吾侪。
相居不相知，当前尽成怪。[①]
百怪袭予心，形神为之败。
故作汗漫游，聊博耳目快。
非敢干口禄，借以希赏赉。
非敢骛浮名，借以夸同辈。[②]
登道过夷门[③]，旧游多亲爱。
款款壮我行，使我歌慷慨。

此诗原稿后有抹去附记一行，文曰："1964 冬回忆录，似有脱落。"——编者

注:

①本句之"怪"与下句之"百怪"均系指昔年战友，在袁世凯称帝前后，大半不能坚持革命立场，变节附表，袍笏登场之辈，如万仞千、王杰、郭海封等。

②以上两句说明其留学目的决非徒留世俗之为名图利。

③"夷门"与题中"汴垣"，均开封之别名。

过奉天[①]

1917 年

中国领土"日本站"[②]，我来奉天乃创见。

丹帽榴裙杂浪人，四顾今已非禹甸。
日逻驱人如驱羊，国弱方知人种贱。
问天斯日果当丧，与汝偕己固所愿。

注：

①奉天即现在辽宁省。

②“日本站”，车抵沈阳众人争呼“日本站”。

过高丽①

1917年

三韩②阿蒙不自哀，坐使倭人③种鬼胎。
三韩皇考④血食绝，箕子墓碑⑤埋荒莱。
神州宗主不能救，拱手甘饴让乳臭。
隔岸钻望黑水洋，万人但哭韩儿瘦。
三韩自入倭人手，总督铸印大如斗。
总督高衙列风吹，韩儿头发如乱韭。
中原王生志居夷，丁巳腊月过高丽。
平壤故宫尽焦土，汉城遍插旭日旗。
出入朝鲜城郭二千三百里，
但见咯咯嗒嗒“木屐儿”⑥。

注：

①高丽，即朝鲜。

②三韩，指朝鲜民族。

③倭人，指日本人。

④皇考，指祖先。

⑤箕子墓碑，殷纣王封箕子于朝鲜。

⑥“木屐儿”为木拖鞋。因日人多穿此鞋，故木屐儿即代表日人。走路咯嗒咯嗒响声。

过马关[1]见春帆楼并序

春帆楼为马关胜地，甲午战役李鸿章与伊藤博文谈判地也。八年（1919）秋再度过此，忽见楼影，凄然有感。

马关海峡波涛恶，撼动春帆危楼角。
春帆楼头寒露坠，云似当年华胄泪。
鸿章辱国渡马关，春帆楼头失苍颜[2]
携约结局回大陆，江山动摇神鬼哭。
我来马关正深秋，灭华风云涨瀛州[3]。
酷风惨雨扑面来，咄咄逼人不可排。
回想洪炉铸大错，正是昔日马关约。
呜呼！黄海一战失胜利，马关筑成伤心地。
到此旧恨添新仇，举目又见廿五年前春帆楼。

注：

①马关，即今天下关，位于本州与九州之间峡道西口北岸。

②李鸿章与藤博文谈判中曾被刺。

③中国古书泛指日本列岛之誉称。

黄海舟中

1919年春

民国八年五月应留东国人委托归国。
海上风云急，舟中日月长；
耿耿盼祖国，西望立苍茫。

夏之晨

1942年，于青年村·1965年回忆

晨光跃上柳梢，
晨景奔赴眼膜。
看，远处，深处；

没有水的浪，没有山的壑。
野之海，村之岛，
如此婀娜。
几村炊烟突起—
飞天万舞，横云一抹。
两个汲水少女，溅湿了鞋袜；
哈哈，荷荷。
读声歌声，童子三五，
放乎南坡。
小麦翠姐，
大麦金哥；
杏眸涵蓄，
荷冠洒脱。
微风送来楝香，
短墙放出榴火。
恨一年之不见，
喜重逢而情多！

听，柏林争鸣，最是：
黄莺技巧，知更节奏，鸡雀喈和；
听，“五都市太杀风景，大观园矫揉造作”。
听，“我愿为牧童伴奏”，“我愿为农夫高歌”！
月姑娘，面纱重重，
从天边送来秋波。
她向这里召唤；
“无偿航空，可愿到天宫享乐？”
“不，此间最乐，
不愿受广寒宫的凄凉啊！”
“不，此间最乐，

不愿受清虚府的寂寞啊！”

注：

这是我四十年前对农村农民热爱的写实，曾在当时《北京晨报副刊》登一下。回忆已不是原词了。

岚 儿

1937 年冬

岚儿抗日在陕北，“不胜倭寇誓不回”！①

喜汝坚信持久战，莫负英明总指挥！

注：

① 岚语。

我是中国人

读报见沈钧儒同志《我是中国人》后，至为感动，因仿其体，而广其义，勉拟四章，借以自警。

一

我是中国人

生有中国根

上下千百代

身国不可分

生我同父母

养我终其身

扶我摇篮大

护我金汤恩

我命赖以托

我族赖以存

我业赖以立

我志赖以伸

昆仑五岳石

是我骨之仁
长江黄河水
是我血之轮
如此常自警
至死不变心
此心岂有他
我是中国人

二

我是中国人
生有中国根
根叶本一体
爱国出天伦
真爱无条件
不因国势分
子不嫌母丑
何况土地大
何况宝藏深
何况人民众
何况制度新
安危同休戚
存亡共一身
岁寒知松柏
国难见忠臣
如此常自警
至死不变心
此心岂有他
我是中国人

三

我是中国人

生有中国根
此根深且远
连理通四邻
邻邻皆有国
国国皆有人
人皆爱祖国
普天有同心
因此生国际
我亦有名分
国际与祖国
相益不相损
人人皆爱我
我亦爱人人
世界无产者
天涯骨肉新
如此常自警
至死不变心
此心岂有他
我是中国人

四

我是中国人
生有中国根
国事无大小
我都有责任
祖国要承继
祖国要革新
祖国要保卫
祖国要经纶
立国应有道

无道枉纷纭
此道果何在
主席有雄文
半部治天下
一言定乾坤
我等如不学
何为中国人
如此常自警
至死不变心
此心岂有他
我是中国人

1963.9.24 初稿

喜闻南京长江大桥建成

1969 年作于郑州，双层双轨的南京长江大桥，不请洋专家，不用舶来料，未及三年胜利建成，歌以贺之！

南京长江第四桥，
后来居上品题高。
自力更生人不如，
照照明鉴在江涛。
君不见双层双轨一万米，
世界大桥谁能比？
君不见红宝书下英雄团，
战天斗地默无言！

郾城县青年高级中学沿革

孙发义

郾城县青年高级中学，位于郾城县青年村东头。该校的前身是崇实小学堂，民国2年（1913）由王拱璧之父王梦山[①]先生创办。民国9年（1920），王拱璧从日本早稻田大学毕业返乡，决心从事新村建设与普及农村教育工作。民国9年（1920年10月9日），王拱璧改崇实小学堂为"私立青年公学"。民国21年（1932）更名为"私立青年中学"。1949年，奉商水县县政府指示，改称为"商水县县中"；1952年暑假改为"商水县第二中学"；1955年，元月改为"郾城县第三中学"；1958年县、市（郾城县、漯河市）合并后，改为"漯河市第八中学"；1961年县市分开后，又恢复为"郾城县第三中学"；1968年改为"郾城县砖桥高中"；1982年改为"郾城县青年高级中学"。

"私立青年公学"开始时，学生3班，140人。教师有郭立唐、张俊民等6人，校董张自新，校长王拱璧。

1921年元月，学校附设农民夜学识字班，听课农民达五六十人，3月，为培养新制初级师资和新村干部，设高等师资补习班（简称高补班）。招收进步知识青年及塾师50人，聘请李警辰为主任教师，为期半年，毕业后分任各村初级小学堂校长或教师。9月，举办第二期高补班。招收学员40余名，多培养成为本地区新村制骨干和区政干部。1922年11月王拱璧晋省，由王黄石（王拱璧二弟）襄助，以新型音乐舞蹈游艺形式，募捐600余元，添置图书、仪器。1923年5月，为适应本地各村小学需要，增设夏令体育、音乐师资短训班（简称体音训班），为期半年，两期共培训70余人，聘请沈国栋、贾芳青任教师。毕业后分任各

① 王梦山，即王际泰。

村小学体、音教师。8月，王拱璧晋京，由其三弟王陵南协助，以游艺会形式募捐800元，准备扩建校舍。1924年新建校舍22间。9月，开始增招初中班，招收学生50人，小学已发展为6班。分别以“英、法、德、美、奥、俄”6个国名命名（英级班、法级班、德级班、美级班、奥级班、俄级班）。教职工达40余人，学生400多名。10月，美国、日本两国学者先后来校参观者3人，与王拱璧等座谈乡村教育、农民运动，对王氏办校精神大加赞扬，声言愿与王合作，共同办学，被王拱璧婉言谢绝。是年①，校长王拱璧将学校所在地孝武营村改为“青年村”，庞桥改为博爱桥、东官路改“青漯路”，东河沟改为“青索河”，使青年公学处境大为改观。1925年8月，增设五年制师范科一班，招收学生40余人。10月，青年村为土匪袁英攻破，校舍大半被烧毁。校长王拱璧率师生避走砖桥，学校被迫暂时停课。11月，王拱璧在砖桥主持召开校董会，决定先分别复课。嗣后，王拱璧携眷去开封任职。1926年3月，王拱璧请原青公体育教师胡兆风在砖桥主持复课，校本部由张一岭主持复课。1928年2月，王拱璧之子——王膺民任代校长，将砖桥分校迁回与本校部合并。8月，王膺民离校，刘济生受命主持校务。1930年5月，刘济生去南京商请王膺民主持，邀请南京中华女中、金陵女中等协助，以游艺会演形式募捐500元，修缮校舍、增购图书设备。翌年，增招简师一班。1936年7月，王膺民返校任高中部筹备主任，所有筹备经费由王黄石筹垫。10月，王膺民赴县，请增常年补助费。经县政会议议决，从1937年元月起增补为2500元。1942年王拱璧返校继续任校长，改“私立青年公学”为“私立青年中学”。1945年5月王拱璧接受王陵南建议，为奠定社会舆论、人事政治基础，扩大校董会组织，乃聘请省内外学者及政教两界知名人士郝象吾、孙祥正、万康民、杜子劲、王公度、田家胡、王叔鲁、齐性一、王毅斋、嵇文甫、靳志等30余人为青年中学董事。由王陵南主持，在开封召开了第一次“青年中学董事会”。大会通过了27年校务报告及第一个发展校务五年计划草案。并选任王

① 执笔人窦克武，孙发义《王拱璧先生光辉的一生》中记述孝武营改青年村为1925年。

拱璧为董事长兼校长。7 月，河南救济分署拨美援救济大米 14 万斤及救济衣物药品七大箱。11 月开始建造教学楼，1946 年竣工。1947 年 8 月增招高中一年级一班。1949 年春，商水县人民政府正式接收，开始拨款，并委派苏北老干部，县委委员葛玉怀来校任教导主任，兼党支部书记。此时，小学发展为六级六班，初中三级七班，高中二级二班，在校学生 700 余人。1952 年暑假小学部分设出去，高中毕业一班，剩下的一、二级与郾城高中合并组成漯河高中。初中剩十四班，学生 700 余名。1960 年暑假又增招高中一班，1961 年迁并郾高。1968 年又增招高中班至今。

青年高级中学从创办以来历任党支部书记有葛玉怀（县委）、林西成（区委）、周中民、薛松岗（县委）、陈广恩、李俊葆、刘宪文、李文珍、白庆云、刘瑞铭；历任校长有王拱璧、王膺民（代）、刘济生、张慎行、栾子明、王志田（负责）、王振亚、姚丹村（副）、葛玉怀、石启文（副）、林西成、胡炳衡（代）、周中民、薛松岗、李俊葆、刘宪文、李文珍、白庆云、李北辰（副）、朱留生（副）、韩朝栋（副）、张涵山（副）、王贯丁（副）；历任教导主任有雷逸辰、石启文、张涵山、楚伯林（副）、马润芝（副）、王风山（副）、胡殿卿、李彦文、韩朝栋（副）、郭应臣（副）。

青年高级中学有着光荣的革命传统，校长王拱璧，具有反帝、反封建，提倡教育救国思想，1920 年，学校一创建，王拱璧就为青年中学创作了校歌，《青年公学乐乐乐》，精心设计的校徽是铜质圆形，蓝底青天，下大半边黄色麦穗烘托，内为“众”字，含万众一心，众志成城之意。在第一学期，学校就组织起了宣传小分队，利用课余、假日、节日，四处宣传，破除迷信，移风易俗，剪辫放足，扒庙伐神，劝学息讼等。学校周围村庄，只要一唱戏，校长王拱璧都要登台做反帝、反封建迷信、剪辫放足的演说宣传，校长在台上讲，男女学生在台下见长辫就剪，见姑娘就劝说放足，后来，只要校长一登台讲话，怕剪辫放足的男女群众就跑。学校从剪辫放足运动，发展到扒庙伐神。每到课余，学生集合，高举红旗，携带工具，先后将竹园寺、清凉寺、谷水寺、三官庙、土地庙、火神庙、杨村庙等庙宇寺院的神、佛全部伐倒打光了。先后又将土地庙、火神庙、竹园寺、三官庙、清凉寺等庙宇寺院扒掉。将砖瓦运到学校扩建了校舍。1925 年 5 月 30 日帝国主义在上海制造了震惊中外的“五卅惨案”，消息一传来，学校立即召开声讨大会，并组织七八个宣传队、纠察队张贴“打倒帝国主义”等标语口号，四处检查“仇货”，检查奸商。1929 年春，地下党员李子纯、马腾霞来“青公”学校任教，进行革命活动，5 月发展教师张学六、庞青（工友）入党，接着又发展张九成、王国瑞入党，8 月，发展刘济生、庞凤岐入党，并建立了青年中心支部。1930 年春，在党支部领导下，由马腾霞负责在青年公学成立了“太阳社”学术团体，吸收进步师生参加，编写《绿野》刊物，作为党的喉舌，借以宣传马列主义和党的方针政策。在党支部领导下，革命师生秘密散发传单，张贴“打倒帝国主义，打倒土豪劣绅，分田分地”等口号标语。从此，青年公学引起国民党西华县党部（当时青年公学属西华县）的注意。国民党砖桥区长刘启亭对学校恨之入骨，视学校为眼中钉。1932 年共产党员刘济生、刘少楼、庞凤言、张学六等同志为了迎接我红军主力北上抗日和执行当时党中央“三人也要暴动”的政治路线，召开秘密会议，研究决定于农历腊月二十八日夜，趁敌人过年，发动领导农民暴动，干掉国民党砖桥区长刘启亭，夺取区署政权。当时由李子干（党员）等人通知各村支部，连夜带领革命群众到青年村西地——竹园寺集合，准备统一行动，组织暴动。后因叛徒刘元告密，刘启亭立即率区队数十名武装，包围竹园寺，被我岗哨发现，猛击一枪，正打中叛徒刘元下部，接着敌我双方互相打了一阵枪，然后突围回村，暴动虽然失败了，但给敌人一个很大的打击。

青年中学的革命声威，使国民党极为惊恐。竹园寺农民暴动的第二天，天还没亮，伪区长刘启亭便带区队包围了庞墩、纺车刘，共产党员和革命群众 6 人，学校教师庞凤言（共产党员）被捕。为此，校长王拱璧和地下党组织负责人刘济生，与其进行了针锋相对的斗争，并多方设法营救，另一方面联合各界人士控告伪区长刘启亭。一年后，终于将刘启亭处决了。从此，青年中学党的地下活动更加活跃。学校周围各村庄先后建立十多个党支部。国民党军八师曾扬言要剿灭青年中学，西华县国民党县党部对青年中学极为仇视，欲拔除而后快。1943 年国民党县党部派特务许名远任青年中学教庶务主任，监视党的地下活动。在许名远的支持下，右派教师张中旗向豫南行署密告共产党员刘少楼是地下党员。在校长王拱璧的支持下，为了抵制迫害，闹起了学潮。进步师生将张中旗打跑了。学校将跟张中旗闹事的学生开除了 3 名。

在地下党和王拱璧校长的领导下，青年中学越来越发展，越来越壮大。1948 年，河南各处学校都先后南迁或停办，而青年中学仍在蒸蒸日上，小学已发展为六级六班，初中三级五班，高中一班。学生名额越来越多，每班学生多达 80 余人。临近西华、商水、周口、郾城、上蔡、西平、漯河等地，远至百余里，都有学生在该校就学。

青年高级中学为掩护我党的地下工作，为宣传、发动、领导群众作出了贡献，为民族和人民的解放事业输送了一批又一批的优秀人才。在抗日和解放战争时期，不少师生投笔从戎，奔赴前线。1948 年，人民政府召号参军参干，学校动员全校师生，一举为革命输送军政干部 170 余名，迄今多数已锻炼成为优秀县级以上干部。1949 年新政权建立后，商水县的区、县干部百分之七八十都是青年中学的师生充任的。1951 年寒假，在县委的指示下，青年中学部分教师和高中学生参加土改复查、剿匪反霸等项工作，都能做到立场坚定、旗帜鲜明、大义灭亲。原西华县国民党县党部书记谢廷献的女儿（该校学生）谢婉章将其父被镇压前隐藏的一支手枪交给学校。

青年高级中学从创办以来，广大师生艰苦学习、刻苦钻研。在教学上作出应有的贡献。任课教师都是校长王拱璧先生聘请的有学识、热心教育的人充任的。特别是 1949 年被我人民政府正式接管后，教学力量进一步地得到充实。淮阳专署和县教育科调石启文、朱学焕等 5 人来校任教。校长王拱璧从附近县聘请姚丹村、胡会川、吴希贤、杜汝芳等 9 人，后又从省城开封聘请大学生和有教学经验的教师 8 人来校任教。他们有鲜明的政治立场、高尚的道德品质、严谨的治学精神，为学生树立了良好的榜样。因此，教学质量逐年提高。1952 年该校高中毕业一班 16 人，有 14 人升入大学。初中毕业两班 92 人，大都升入了高一级学校。

1956年许昌地区中等学校统考检查中，该校各科成绩都在郾城各中学首位，特别是物理成绩为全地区第一，1959年被专、县确定为试行“中学工作条例五十条”的学校。1963年郾城高中招生时，该校除部分学生被许昌、漯河高中择优录取外，还有64名被郾高录取，占录取生的80%。

该校在全面贯彻党的教育方针的过程中，除认真抓好文化课的学习外，还积极地开展各项体育活动，坚持两课、两操活动。学校建立有男女篮球队、田径队，发挥骨干带头作用，年年举行春、秋运动会，班级比赛会，把体育活动推向持久化、深入化，增强学生体质、活跃学校生活。多年来在县举行的各项比赛——全民运动会、中学生运动会中都取得了优异成绩，获得许多奖状、锦旗。特别教师篮球队一直（“文革”前）居全县之首。1956年，上级在郾城各中学招航空员7名，青年中学（原郾城三中）就有5名学生被选录，占总额的70%。曾得到县委表扬。县武装部发了锦旗。

1958年为响应祖国支边号召，一次为新疆中等学校输送人才20多名，1959年又输送一批。

该校从1920—1947年（其中包括高补班学生在内）中小学共毕业学生800余人。1948—1982年小学毕业四届四班，176人，初中毕业32届90班，3509人，高中毕业17届48班2868人。

十年浩劫，青年高级中学的校舍、图书、仪器遭到严重破坏，特别是图书，“文革”前11万册，“文革”期间损失9万余册。教学质量急剧下降。

粉碎“四人帮”后，青年中学才又获新生。教学质量有所回升，学校规模也迅速恢复发展。6年来，初、高中学生共毕业36班，2212人，该校现有初中6班，学生300多人，高中6班，学生400人，教职员工87人。

现在学校占地面积为103亩，学校建筑面积4172平方米，教室810平方米。该校校园宽敞，花木繁茂，设备较为完整，是河南省农村中学规模较大的普通中学之一。

选自1987年11月《漯河文史资料》第一辑

周祖训

周祖训先生生平

政协漯河市委员会

周祖训先生于1906年10月出生于河南省安阳市内黄县一个农民家庭。1933年7月毕业于南京中央大学教育系，并于1933年在校学习期间加入了中国国民党。

新中国成立前，周祖训先生长期从事教育事业。1933年8月任河南信阳女子师范学校教务主任；1934年2月任河南内黄楚旺中学校长；1935年2月任河南开封女子师范学校教务主任；1935年8月任南京中央大学教育研究所研究员；1936年2月任河南省教育厅科员；1937年2月任河南省立信阳师范学校校长；1947年1月任开封私立维新中学校长；1948年7月任湖北蒲圻县羊楼洞教育部特设中原临时中学校长。在任中原临时中学校长期间，经过我党的帮助教育，周祖训先生逐渐认识到国民党反动派的罪恶，在好友共产党河南省委负责人吴芝圃的影响与感召下倾向于革命，在江南解放前夕，率学校师生3000余人响应人民政府号召，与反动势力斗争，护校保产，反对学校南迁。1949年5月江南解放，周祖训先生奉命率学校师生返回河南郾城，参加革命工作，任郾城中原中学管理委员会副主任；1949年8月任河南省郾城中学副校长；1953年7月任河南省漯河高级中学副校长；1959年5月任河南省漯河市第四中学教师；1978年12月任河南省漯河市第四中学副校长；1981年12月至1986年9月任政协原漯河市第五、六届委员会副主席；1986年10月至1991年4月任政协漯河市第一届委员会副主席。

1951年，周祖训先生在河南省开封参加中国国民党革命委员会，历任民革河南省委员会委员、常务委员、顾问、祖国统一委员会副主任、民革许昌地区委员会副主任委员、民革河南省委员会直属漯河市支部委员会主任委员、民革漯河市委员会名誉主任委员。他为民革的建设和发展做出了积极的努力。

1957年，周祖训先生被错划为右派，受到冲击，1962年摘掉右派帽子，1979年3月组织对周祖训被错划为右派进行改正，恢复了政治名誉和原相应的工作职务。

周祖训先生的一生是追求进步与时俱进的一生，是为教育事业和政协统战工作默默奉献的一生。他追求真理、追求教育救国，致力于教育事业。他崇尚颜习斋、陶行知的教育学说，重视实践，“五育”并举，身体力行，以“公、诚、爱、严”育人，培养出一大批有用的人才。他的学生中央政治局委员、中央军委副主席国务委员兼国防部长曹刚川，对自己的老师一直满怀崇敬之情，半个世纪以来始终保持着感人至深的师生情谊。在文化教育界，白桦、叶楠、惊涛、阎修篆等许多学生也都为社会作出了杰出贡献，并始终与他们的老校长保持着亲切的友谊。在原漯河市政协和市政协任副主席期间，他勤勤恳恳，兢兢业业，积极参政议政，进诤言，献良策，发挥自身优势，为促进祖国和平统一做了许多工作，为我市人民政协事业的发展作出了重要的贡献。他忠于祖国、忠于人民、一心向着共产党，紧紧跟着共产党走；他学识渊博，品德高尚，淡泊名利，严于律己，胸怀坦荡，光明磊落。他一生坎坷，但追求真理、信仰共产党的坚定思想却从未动摇。他以高尚的人品和人格魅力、以杰出的建树在同事学生和社会各界享有崇高的威望。

选自2006年7月《漯河文史资料》第十四辑

周祖训与漯河民革

民革漯河市委员会[①]

周祖训晚年生涯中浓墨重彩的一笔就是致力于统战事业，漯河民革的创建、发展是周老在这方面的又一贡献。

1986 年前，漯河市是许昌地区所辖的县级市，当时的民革许昌市委只有我市 3 名党员，周祖训是其中之一。那时，德高望重的周老已经是民革河南省委的五届常委。

1986 年，漯河市被区划为省辖市之后，周祖训与我市最早的另两位民革党员张铭岩和张光高一起，积极筹划组建漯河民革。作为继任民革河南省委六届常委、政协漯河市第一届委员会副主席的周祖训先生，从民革党员发展对象的确定培养到与发展对象所在单位进行沟通，到向市委统战部汇报等各项工作，周副主席总是事必躬亲、认真负责。至 1988 年，漯河市已发展 9 名民革党员，当年正式成立了中国国民党革命委员会河南省委漯河直属小组，组长周祖训。从此，八大民主党派之一的民革开始活跃在漯河市政治舞台上。

1988—1997 年，周祖训被聘为民革河南省委七届和八届顾问的同时，一刻也没有放松漯河民革的工作，至 1991 年，漯河民革已有党员 19 人，这时，民革河南省委直属漯河支部正式成立，周祖训众望所归，当选为支部主委。

民革漯河直属支部成立后，已是 85 岁高龄的周主委带领支部成员积极工作，成员陆续发展到 46 人，各方面条件具备，1996 年，民革漯河市委成立，这是我市第一个建立市委的民主党派。这时，周主委甘为

① 执笔人胡吉祥，河南西平县人，1939 年 9 月生，曾任中共河南平顶山市委副秘书长、市政协秘书长、市政府秘书长兼市地方史志办公室主任。

人梯、主动让贤，任民革漯河市委一届委员会名誉主委。

年轻的民革漯河市委发挥自身海外联系面广、教育人才众多的优势，先后创办了《中心书画院》和《中心许慎少儿书画学校》，并于1996年10月成功地举办了《漯河市海峡两岸友好书画联展》，展出书画作品230件，其中台湾书画家作品45件，以画为媒，以画会友，为祖国统一、为我市三个文明建设作出了贡献，漯河民革也以其自身的良好形象赢得了社会各界的广泛赞誉。周祖训功不可没。

选自2006年7月《漯河文史资料》第十四辑

勤奋好学尽瘁教育的周祖训先生

马洪奇[①]

在那烽火连天，国难日深，日寇铁蹄践踏着中原大地的艰难困苦的日子里，在豫南信阳和豫西山乡师岗镇，一所学校在随着时代脉搏的跳动而崛起。这所学校以战时教育为纲，妥善地安排了文化科学知识学习，抗日宣传，军事训练；创办了战时工人教育训练班、国民教育实验区、民众教育班、艺术师范科，利用星期天进行劳动生产，建立了特有的优良校风。这所学校造就出一批批抗日救亡的革命战士；培养出一批批城乡教师和艺术、体育专门人才；还教育出千千万万坚信抗日战争胜利和支援抗战到底的人民大众。这所学校就是原设在信阳，后搬迁内乡县师岗镇的享誉全国的河南省立信阳师范学校。在这块园地里辛勤耕耘10年的主要领导者——校长，就是当时被誉为战时教育家、中等学校教育家、生产劳动教育家，以后又创办了中原临中、省立郾中、漯河高中等校，教绩卓著的周祖训先生。他忠诚于教育事业，新中国成立前后从事中等学校教育工作达50年。现在先生虽逾耄耋之年，依然怀着一颗赤子之心，时刻关注着我国教育事业的改革与发展。

幼承祖训

祖训先生字绍言，1906年生于河南省内黄县周宋村。先生幼年，父母相继辞世，由祖父韵坡公抚养成人，故名祖训。

---

① 马洪奇，河南省沈丘县人，1933年生。1949年毕业于中原临时中学初中部，同年8月参军，先后在军政干校、高级步校学习。曾任军校军事教员、参谋等职，转业后任中学教师、教研宣教研员、记者、教育志编辑、主编等。离休。

韵坡公名余德，韵坡字，清廪生，为内黄名儒，淡泊淳朴，和平端正，终身以教育为业。初在农村设教，继则出长县立女子小学，前后长达数十年，成绩斐然，深受学生爱戴。1936 年，历届男女学生分立德教碑纪念。韵坡公通晓经史，长于办学，治家陶冶子弟也很严谨。长孙祖训先生便是在他的教诲和影响下成为河南教育界耆宿的。

周氏始祖仁美公，据《周氏家谱》记载：是明永乐年间一个小武官，因带兵回京复命，过内黄时定居周宋村。自明永乐至民国初年，约 500 年间，周氏繁衍已成大族。数百年来，全族人均以耕读传家，没有显赫的达官贵人，都是平民百姓。祖训先生为廿代孙，高祖名侨字居安，曾作《家训》曰:“尔读尔书，尔耕尔田。耕读裕后，读书光前。读且明理，耕又致富。由此做去永无差误。”祖父韵坡公禀“耕读传家”之家训，无论在读书、进学为秀才廪生以及在家设校授徒时，虽家道已属小康，但仍布衣素食，自奉俭约；每遇夏秋季节都要参加农业劳动。以后到内黄县城任女子小学校长时，县城距家 40 里，每遇假期回家，都是安步当车。祖训先生当时随祖父在县城上小学，虽在幼年，也随祖父徒步往返。祖训先生因受家族影响，一生自视为平民一员和平民感情相通；生活俭朴，虽常年从事脑力劳动，而从不鄙视体力劳动。

在韵坡公的教育熏陶下，少年祖训即打下了好学和知识基础。五六岁时，已开始从祖父学。家中藏有《十三经》，曾熟读过《四书》《尔雅》《诗经》《孝经》《春秋》《左传》等。当时虽不全懂，但都留下了深刻的印象，至今在用到时，许多句子和段落还能背出。这期间还学了算术，特别是珠算。家藏有《算法统宗》一书，内容除日用算法外，还有开方和计算日月食的算法。祖父还经常给他进行文史教育。家藏《古文观止》《古文喈凤》《聊斋志异》《通鉴辑览》《历代名臣言行录》等，祖父常给他讲解，或引导他自己阅读。对于祖训先生来说，这些早年家教，不仅养成他勤学、俭朴、坦诚、忠厚等中国人民传统的美德，同时也为他以后学习文史和科学知识奠定了基础。

小学苦读

1918 年春季，韵坡公去内黄女子小学任教，继任校长。当时 12 岁的祖训随祖父到县城，先后在县立初等小学和县立高等小学读书。县立初等小学校长张清湘（字衡临）先生，喜欢新学，学校订有当时商务印书馆出版的《东方杂志》《妇女杂志》《学生杂志》和《少年杂志》等刊物，祖训先生常在课余浏览这些杂志。大概因年岁关系，先生特喜爱《少年杂志》，为阅读方便，自己订购一份，常置案头。据先生忆：《少年杂志》内容丰富，包括自然科学、社会科学和文艺等各方面新的知识。装订精致，封面为彩色。月出版一厚册，月初从邮局收到时，急忙把纸封打开，墨香扑鼻。先生爱不释手，从第一页读起，直到读完为止，以后还不时翻阅。该杂志有一篇谈学习方法的文章，题为“三 W 主义”，“三 W”是“What”（什么）、“How”（怎样）、“Why”（为什么）的缩写。“三 W 主义”意思是说：研究任何事物，一定要问个“是什么？”“怎么样？”“为什么？”然后才能把一件事弄清楚。这个学习方法极简单，但对他在小学读书时期帮助很大，至今谈起记忆犹新。先生在小学全部学习期间，因刻苦努力，学习成绩名列前茅，不能不说和这个追问到底的学习方法有关。1919 年秋季考入县立高等小学。时值“五四运动”发生不久，国人爱国主义思潮高涨。先生在该校学习的三年期间，每年都要参加“五七国耻”（日本帝国主义向袁世凯提出二十一条通牒的日子）和“五九国耻”（袁世凯承认日本帝国主义提出的二十一条的日子）的纪念会。并积极投入“抵制日货”运动，走上街头，向市民宣传抵制日货的意义并到县城各商号检查日货，如查出有日货时，即将日货封存或销毁，不准商人买卖。

这期间新文化运动蓬勃兴起，许多新思想新名词，不断通过各种渠道，如报刊登载，假期返里的大、中学生传播等，进入先生的脑海。这些新思想新名词，据先生回忆有“德、赛二先生”（民主与科学）、“提倡新文学，反对旧文学，提倡白话文，反对文言文”“劳工神圣”“打倒孔家店”“教育救国”“科学救国”等。

在这期间，先生的知识能力，因有良师教导，不断得到提高和充实。如在国文方面受到曹秉仁（字子纯）的教益最大。曹先生善古文辞，课堂讲授古文，能引人入胜，先生早年喜爱古文，显系曹先生的教育所赐。先生喜爱作文，不仅能写文言，且能白话，也得力于曹先生的教导。曹先生曾以“观杀人记”为题让学生作文。先生的作文不但细致描述了众人观杀人的情景，而且深究了被杀者——土匪，不畏死的原因，触及了当时的社会问题，大为曹先生所称赞，此文很快传遍了全校。这时教历史课的是孔庆升（字级臣）先生，讲课时绘形绘声，在讲历代忠君爱国的文官武将如韩世忠、岳飞、文天祥、左光斗、史可法、杨继盛等人的故事，先生闻之，常不觉泣下。因之将家藏书《历代名臣言行录》置诸案头，经常翻阅，致使先生在历史知识和人格陶冶方面都获益很大。此外，李殿忠（字靖臣）先生的地理课和谭文绍（字继之）先生的算术课，均能讲解清楚，认真负责。加之祖训先生的刻苦学习，为升入高级学校学习奠定了坚实基础。

志在教育

1922 年暑期，16 岁的祖训先生以优异成绩毕业于高等小学，随报考了安阳河南省立第十一中学与汲县河南省立第五师范学校，并分别以第一名和第二名被录取。当时青年学生都重中学轻师范，认为中学毕业可以升大学，师范毕业做小学教师没出息。先生因受庭训，认为教书育人是高尚的事业，遂毅然弃中学而上师范。

那时学制，师范为五年，预科一年，本科四年。学习科目为国文、数学、物理、化学、生物、历史、地理、外语、体育、音乐、图画、手工、教育学、心理学、教学法、伦理学、论理学等。任课教师多为北京高等师范学校毕业，学识渊博，教学内容，远远高出小学。先生入学后第一篇作文题目为“入师范学校学习之目的”，被国文教师傅先生选作范文印发给全班同学。这样好的学习条件和环境，大大激发了先生的学习热情，学习成绩每期都在前列。先生除尽力学好各门功课外，还在课余阅读大量可以接触到的图书。当时正是“五四运动”发生后不久，新文化运动蓬勃发展时期。先生在小学读书时，仅听到一些新的名词，这时他有机会接触到很多宣扬和讨论新文化的书报杂志、书籍学术论著，有蔡元培的《蔡孑民言行录》；胡适著的《胡适文存》《中国哲学史大纲》；陈独秀著的《独秀文存》；梁启超著的《饮冰室文集》《欧游心影录》《清代学术概论》；梁漱溟著的《东西文化及其哲学》；吴虞著的《吴虞文录》；汇集的讨论文章有《古史辩》和《科学与人生观》等。文学作品有胡适著的《尝试集》；鲁迅著的《呐喊》《彷徨》；谢冰心著的《超人》《寄小读者》《繁星》；郭沫若著的《女神》等。接触到的杂志，除《新青年》外，有“文学研究会”主编的《小说月报》和创造社主编的《创造季刊》《创造月刊》等。当时还有吸引先生经常阅读的两种副刊：一是北京《晨报》的《晨报副刊》，另一是上海《时事新报》的副刊《学灯》。二刊出有合订本，汲县报社有出售，先生一期不间断购买阅读。这几年间，先生如游泳在不同学派、百家争鸣的学海和漫步在不同风格的百花齐放的文苑，而无一家独尊或一花独放的情形，感不到精神上有何压力。在这时出身乡村平民的先生，又在学师范，对晏阳初平民教育活动和陶行知的改造乡村教育运动给予极大的注意。在此期间，参加了孙中山逝世追悼活动。1925 年，上海“五卅惨案”发生后，和同学李育英被学校推为代表，到焦作参加鼓动中福煤矿公司工人罢工，支持上海工人学生反对日、英帝国主义的活动。这些活动增强了先生的爱国思想。

先生在五师求学期间，有两人对他的影响最大，一为国文教师樊伯黎先生，樊先生毕业于北京高等文科，对新旧文学造诣很深，讲课很受学生欢迎。他不用当时书局编的国文课本，完全自选教材，除古文诗词外，新文学作品多为鲁迅、李大钊、沈雁冰、郑振铎、谢冰心、郭沫若、郁达夫、梁启超、章太炎等人的文章。他对先生极为器重，以他珍藏的线装《史记》全书借给先生阅读，在先生的作文上曾批曰“浸浸入古”，号召全班同学学习。无疑对先生起很大的鼓励作用。另一人对先生影响大的，是他的同学，后来成为共产党员并在抗日战争中牺牲的王鸿裔（字舒苗）烈士。王天性颖悟，擅长诗文，富反抗精神，敢与坏人坏事斗争。与先生同住一寝室，相知甚深，共同组织“同志读书会”约友好参加，集资购置新书，书多为“文学研究会”和“创造社”出版的文学书籍。先生本喜读学术理论书籍，因受王影响，也读了许多文学书。王后来参加革命工作，每遇困厄，先生无不竭力相助。

先生在第五师范经五年刻苦学习，收获丰富。他常自谦地说：“五年中虽读过不少书，但博而不精，学无所主。”实际上他五年中除学到不少知识和技能外，他在思想上，如民主和科学思想、反帝反封建的爱国主义思想、平民教育、乡村教育等教育救国思想和办学的兼容并包和兼蓄并收思想等，对他后来从事教育工作都有不小作用。

大学深造

1927 年暑期，先生从第五师范毕业后，即回到家乡内黄县楚旺公立中学附属小学教书，教的科目是国文和理科（自然科学）。在小学教学一年中，深感“得英才而教育之”的乐趣，时也感到“教然后知困”的苦恼。1928 年暑期，先生决定再入大学深造。当时学制规定：四年毕业的旧制中学毕业生到大学必须先学两年预科。旧制五年师范毕业相当于旧制中学四年毕业的资格。所以先生到河南大学升学时，只能报考预科一年级。入学考试成绩优异，与吕宗宾（字景先）、张正祜（字子英）、赵耀亭作为前四名共住一个寝室。大学预科功课为国文、英文、高等数学、物理、化学、历史等学科，为升入大学本科学习的基础学科。任课教师均为大学名师，如黄屺瞻、张邃青、霍渠庭、仇春生诸先生，教学要求严格，一丝不苟，确实能为学生进入大学本科学习奠定坚实基础。1928 年暑期，先生看到南京中央大学招生广告，内有旧制五年师范毕业学生可直接报考该校教育系本科一年级的规定，先生感到在河南大学预科学习虽仅一年，因有名师教诲和同学的切磋琢磨，各科学习进步不小，有把握考入大学本科，在日后学习上也不会感到困难，更重要的是学习教育科学将来从事工作是多年素志，遂决定到南京参加中央大学教育学院教育系的入学考试。未久放榜，先生果被录取。

中央大学的前身是南京高等师范学校和东南大学，中大教育学院的前身，就是南高、东大的教育科，教育科专家辈出，如陶行知、陈鹤琴、孟宪承、郑宗海、俞子夷、廖世承诸名家，均曾在该校教育科任职，现虽已离开该校，但诸先生的流风余韵，仍在该校师生中传颂。先生在中大学习的四年中，亲炙到的教育科学名家学者更不胜数。主要者有艾伟（字险舟）、程其保、韦悫（字捧丹）、陈其修、邰爽秋、常道直、张士一、夏承枫、许恪士、吴南轩、罗炳之、尚仲衣等。先生还曾受教于几位国内著名的心理学家，如潘菽（字水叔）、郭一岑、萧孝嵘、郭任远等。当时心理学系在中大属于理学院，因心理学是教育学的基础科学，为教育系学生所必修，所以当时教育系学生都亲切地把心理学系的教授看成和本系教授一样。

先生在中大四年中，深入学习了十数种必修和选修科目，主要的有教育原理、教育行政、学校行政、比较教育、教学法、教育史、中学教育、社会教育、乡村教育、教育调查、心理学、教育心理、教育统计学、学科心理学、教育与心理测验、新法考试等，此外还旁听一些心爱的科目。先生每学一个科目，除在课堂认真听教师讲授、记笔记和教师质疑问难外，还要买些在当时书肆上可以买到的有关本科的参考书，选一本精读，其余的浏览。如有外文书（指英文）可买到，一定要买一本精读。因此每学一科，都深有所得，为他以后教书、办学打下了深厚的基础。

先生在大学读书时，有几位教授对他影响很大：如艾伟教授即其中的一位，他从艾学过三门课，教育心理学、教育统计学和学科心理学。艾教学要求严格，一丝不苟，留的作业题必须如期完成。艾对学生亲切，常邀学生到他家做客，热情接待，无拘无束地畅谈学术上的一些问题。先生大学毕业论文《初级小学国语教科书文字分量研究》就是在艾指导下完成的。该文是先生在半年时间内，用统计学的方法，对当时流行的五种《初级小学国语教科书》的文字分量进行了研究，得出有价值的科学结论与建议，为编写《初级小学国语教科书》提供依据。艾伟教授特推荐给国立中央大学实验学校出版的《实验教育》《国语科教材研究专号》予以刊载。此后艾教授在他著的《教育心理学》上下两册的专著中引用了先生研究的材料，为学科心理学研究者所重视。再一位影响先生大的是邰爽秋教授，邰教他《比较教育》和《教育调查》两门课。邰在讲授《比较教育》课中，极力赞扬苏联教育。他推荐苏联教育部长品格微茨著的《苏联教育学》英译本给学生看。先生曾买该书通读，在他的教育思想中留下深刻影响。邰在《教育调查》课中组织学生到浙江杭州市做实际调查，先生积极参加，获得不少有关教育的实际知识。1931 年春天，邰奔走南京上海间，倡议每年 6 月 6 日为教师节，在这一天全国举行庆祝，呼吁政府和全社会重视教育，提高教师社会地位，改善教师生活待遇，保障教师职业等，得到全国教师和广大热心教育人士的响应，就在这一年 6 月 6 日，全国各地第一次庆祝了“教师节”。先生在当时是拥护邰倡议较热心者之一，为宣传和筹备举行教师节做了大量工作。邰为抵制外货——特别是抵制日货，还提倡穿土布运动，并身体力行，有人谓之为矫情离俗，独先生对邰的举动特别赞赏。邰奖掖后学，1932 年，“一·二八”日寇侵沪战争发生，南京中央大学因受战争影响未能开学，邰暂到开封江南大学任教，先生也借读河大教育系，在邰指导下，曾翻译英文《教师的品德》一文，载于教育刊物《开封》。

在当时教育思想方面影响先生最大者，可算是陶行知先生。陶先生早年留学美国，研究教育科学。回国先后担任中央大学前身南京高等师范学校教育学教授、教务主任，东南大学教育科主任。1926 年开始从事乡村教育运动，1927 年创办晓庄师范。祖训先生在汲县第五师范读书时，已注意到陶的乡村教育运动，1929 年到南京报考中大教育系时，即想如不被录取，即到晓庄师范学习。及先生考入中大教育系后，系内教师不少是陶的同事和学生，常称道陶的为人和治学精神。先生虽未亲炙陶的教诲，却自许为陶的私淑弟子。他常把 1928 年陶编的教育论文集《中国教育改造》放在案头阅读，并有兴致地阅读 1932 年陶以“不除庭草斋夫”的笔名，在《申报》的《自由谈》专栏连续发表的教育小说《古庙敲钟录》。在 1930 年晓庄师范学校被封闭前，先生常到该校参观学习，陶的教育主张如“生活即教育”“社会即学校”“教学做合一”“手脑并用”“在劳心上劳力”[1] 等在该校完全得到实践。1931 年，先生因受陶的乡村教育的启发，曾深入探讨当时中国教育现状与农民关系的问题，搜集大量资料，写出《我国教育与农民》一文，送上海商务印书馆出版的《教育杂志》发表，因遭上海“一·二八”事变，商务印书馆被毁，该文未得刊出，后发表于《河南教育》第二卷第八期。文章大意指出中国当时的教育与农民的关系：第一是拒农的，即从当时农民经济收入和学生入学所需费用来看，绝大多数农民子弟是被摈在学校门墙之外；第二是出农的，因中国传统的教育是“治术教育”“学而优则仕”的积习难改，农民子弟不入学则已，一入学，学成做官，即进入另一阶级；第三是败农的，即受过当时教育的农民子弟常是羡慕都市而厌恶农村，只学书本知识，鄙视体力劳动，崇尚浮华，破坏农民朴质性格等；总之农民子弟受教育后，对农民不仅不起积极作用，反起消极作用。该文虽未从正面提中国教育应如何对农民起到积极的作用，不难从陶行知先生教育主张中找到答案。

先生在大学四年学习中，不仅学到很多教育科学知识和教育思想，同时结识了很多志同道合的同学和朋友，对以后他从事教育工作和在生活中起到无可估量的作用。其中主要的有以下诸人：如朱宕潜、环家珍（字惜吾）、李永刚（字影桦）、王子龙（字云霄）、徐锡三（字祝峰）、李映藻（字泮生，又名李纯吾）等。朱、环与先生同在教育系学习，在学业上经常切磋琢磨，并联络其他同学组织“中国教育学会”出刊《中国教育》杂志等；二人均曾在信阳师范学校与先生共事，对该校贡献甚大，后朱、环留学美国。朱在美得博士学位，任美印第安纳大学教授；环于新中国成立后自美返国，在西安西北大学任教育学教授，先生与朱、环在学术上保持联系未断。李永刚在中央大学学音乐，造诣甚深。先生任信阳师范校长时，李历任音乐教师、教导主任等职，后继先生任信阳师范校长，对该校工作多有建树。王子龙在中央大学学体

① 本文 P105 有“在劳力上劳心”语，应为互补。——编者注

育，擅长体育理论和技术，身体矫捷，特长体操、网球、游泳、滑冰等，且多谋善断，有治事才能。曾任天津南开中学、开封河南大学和重庆大学等校体育教师。1937年抗战军兴，先生任信阳师范学校校长后最难的时期，聘王到该校任体育教师兼总务主任，在该校遭敌机轰炸和学校迁移中，多赖王擘划经营，化险为夷。王后到甘肃清水国立第十中学任职，不幸于回原籍沈丘途中，遭车祸身亡。在先生主持下，信阳师范学校全体师生曾开会追悼，并筹设子龙体育奖学金，奖给优秀体育见长学生以做纪念。徐祝峰在中央大学学习物理，因勤奋学习，曾获学校奖学金。大学毕业后，一直从事教育工作，忠于职守，大部分时间和先生共事，深为先生倚重。李映藻河南杞县人，早年在开封第二中学读书时，与吴芝圃共同从事革命活动。1928年李考入中央大学经济系研习，读英译本《资本论》手不释卷，与先生在校同住寝室，相处甚得，后在楚旺中学共事，终其生与先生联系不断。此外有二人在中大与先生虽系以偶然机会萍水相遇，但在以后对先生的工作甚至一生都影响很大。一为胡守棻（字梅村），河南汝南人，原在上海暨南大学学教育，1932年"一·二八"，日寇侵上海，暨南大学被迫停课，胡到南京中央大学教育系借读，与先生既系河南同乡，又同学教育，相见恨晚。胡大学毕业后留上海工作，1938年淞沪战争失利，上海沦陷，胡回河南过信阳，先生留胡到信阳师范学校，共同从事战时教育工作。再一人为吴芝圃（当时名吴邃之），1932年春夏之交，吴到中央大学找李映藻，经李介绍，先生与吴认识，并同住一个寝室。时先生正在钻研陶行知的乡村教育主张和颜习斋的习行教育学说，吴对二氏主张都有深刻理解。吴并深好清人章实斋之学，先生对章氏之学虽无深究，在读章著《文史通义》时，极钦佩其"史学、史才、史识"之说。吴勤奋好学，敦厚淳朴，先生感到与吴性格多有近似之处，虽相处时间不长，但对吴留下了深刻印象。先生1934年春，担任内黄县楚旺中学校长后，积极请吴到校相助。1949年新中国成立前夕，先生在湖北任国民党教育部特设中原临时中学校长；吴当时在河南任中原临时人民政府副主席，动员先生脱离国民党参加人民革命行列，决定了先生后半生的命运。先生在南京中央大学读书时，适值1931年“九一八”事变发生，先生在南京积极参加学生反日示威游行，并于9月27日冒雨到国民党中央党部和外交部请愿，激于义愤，殴打了外交部长王正廷。此后不断参加反日救国活动，成为先生以后从事教育工作教育青年学生的重要内容。在中央大学学习四年，不仅获得先进的教育思想，丰富的教育科学知识，还结识了很多品学兼优、志同道合的朋友，为以后做好教育工作打下了坚实基础。

乐育英才

1933年暑期，祖训先生以优异的学习成绩毕业于国立中央大学教育学系。是年秋新学年开始，受信阳女子师范学校新任校长曲桂龄（字仲湘）之聘，担任该校教务主任兼教育心理学教师。先生满怀信心地走上了教育岗位，以求一试所学。该校不久前曾发生一次学潮，校长易人，学生思想不免波动。先生商请校长一方面团结学生信仰的原有教师曾次亮、邹西明等人，另一方面新聘朱宕潜、徐祝峰、丁折桂等到校任教。教学上严格要求，同时开展学生课外阅读和体育活动，很快学校安定下来。寒假开始先生约同教师朱宕潜、丁折桂、徐祝峰等和留校学生王志新、闫博文、王承牛等数十人，组织“寒假师生生活团”，以试行陶行知的某些教育主张。师生以同等身份参加生活团，实行共同生活，自己管理自己，废除课堂教学。生活团活动分为“学习生活”“劳动生活”“康乐生活”。学习生活为读书与问题讨论；劳动生活为自己做饭与全校整洁卫生活动；康乐生活为体育与文艺活动。师生生活生动活泼，《锄头舞》歌声响彻全校，充满朝气蓬勃景象，拟于下期开学后在全校推广生活团活动。正在此时，先生原籍内黄县楚旺中学校董会推派代表甘永和、潘宜斋两次来信阳女子师范邀请先生回县担任楚旺中学校长。经他们再三劝说，先生终于答应回乡担任楚旺中学校长职务。

一、楚旺中学一年

内黄县楚旺公立中学创建于1926年，由地方几位热心教育的人士如李汝骧（字振亚）、孔庆升（字级臣）、张彤云（字季龙）、李汝骅（字剑晨）、李生香（字寒梅）、王鹤鸣（字凌皋）、甘继春（字永和）、潘任（字宜斋）等倡导设立的，共推李振亚担任校长。该校主要经费来源是靠经河南省政府批准，在楚旺厘金局附征的“船舶公益捐”维持。学校经李振亚惨淡经营，成绩卓著，不幸李积劳成疾，于1930年病逝，校长由郜品金（字贡三）继任。1933年末，郜贡三辞校长职，后继乏人；同时学校主要经费来源“船舶公益捐”遭人破坏，于是学校陷入人才和经费双重危机之中；另有楚旺地方豪绅某乘学校之危，企图插手夺取学校领导权以逞个人私欲，学校确实在危难中。先生不忍看很多友好（实亦包括他自己在内）多年千辛万苦创办的学校毁于一旦。还有一重要原因，他想到该校一展他实行陶行知先生乡村教育主张的夙愿。遂毅然辞去信阳女师较高薪给的教务主任职务和城市生活，回到农村担任楚旺中学校长。在先生决定担任楚旺中学校长之后，首先想到的是请吴邃之到该校任教，帮助其推行陶行知的乡村教育主张。他在回内黄途中，特绕道到开封找李泮生问吴邃之的通信地址，即打电报到上海约吴到楚旺中学任教，吴复电应允。先生到楚旺中学后，一方面极力进行学校革新工作，另一方面积极谋求解决学校经费问题。原来企图破坏学校主要经费来源“船舶公益捐”的是设在浚县道口镇一“卫河保安稽查所”所长胡飞。该所隶属于河南省保安处，并有国民党河南省政府主要领导人支持。该所借国民政府行政院明令取消苛捐杂税的机会，严禁在卫河两岸私立关卡收税（这是对的）。但又借口保护船民，向船民征收大量钱财，同时为向船民施加小惠，声言要取消不在苛捐杂税之列，并经河南省政府批准，楚旺中学收的“船舶公益捐”。先生为维持学校生存命脉，经与稽查胡所长交涉，胡有恃无恐，态度蛮横，坚决要将合法税收取消。先生遂约同楚旺中学创办人孔级臣和教育局长张载勋（字季夫）等到河南省会开封上诉之河南省政府和社会舆论。除上呈文给河南省府教育厅、财政厅、保安处等有关部门请查办外，先生并亲写传单揭发胡飞违法敛财和破坏教育经费罪行，在传单最后警告胡飞说：“胡利令智昏，违反国法，如在坟墓上跳舞，而不知死亡将至。”闻者称快，同时还将传单公之报端，以广宣传。胡不自敛，妄想制造船民罢运风潮，以嫁祸学校。1934 年 4 月间，胡收买个别无赖船民，强迫所有过楚旺船只都停在学校收捐处，声言拒缴“船舶公益捐”，不达目的，决不开行。当先生了解到“罢运”内幕后，即商请内黄县长褚怀理下令给楚旺区长左希曾派人将制造罢运船民逮捕送县，其余船民均自动缴捐开船。被捕船民到县供认受胡飞收买，故意制造事端不讳。未久，河南省政府教育厅、财政厅、保安处，安阳专员公署各派委员一人，共五人到内黄县查办此案。当县长褚怀理会同五委员到楚旺时，先生向五委员慷慨致辞，痛陈卫河保安稽查所违反法纪破坏教育情况，听者动容。五委员回省后，经研究决定取消“卫河保安稽查所”，保留了“船舶公益捐”，学校经济困难得以解决。借此机会，先生建议将“楚旺公立中学”改为“内黄县立初级中学”，原来楚旺中学名为“公立”，按其性质，实为私立。校董会大多数校董只是名义，真正热心学校事务的仅是少数，遇经费和人事发生困难不易解决，如改由全县管理，就会好办得多。在学校基础稳固后，先生遂集中精力锐意进行改革。改革需要人才，除已聘到的吴邃之外，又陆续聘到李纯吾、朱宕潜、徐祝峰、焦步仙等到校任教，以上诸人都是品学兼优之士，再加上原有教师王凌皋、李寒梅、甘永和、李浴（字子青）等人的爱校如家，校务改进，进行迅速，但对校务改革最力、贡献最大者，莫过于吴邃之。校务改革中心是实行陶行知之乡村教育主张。改革的措施：①大力宣传陶行知的教育主张，把陶行知写的《我们的信条》《手脑相长歌》《锄头舞歌》用大字写在学校显著墙壁上，要求师生会背会唱。还在集会上向师生宣讲陶行知的教育理论。如“生活即教育”“社会即学校”“手脑并用”“在劳力上劳心”[①] 等。②师生实行同生活、共甘苦，这是陶先生《我们的信条》中“我们深信师生共生活、共甘苦，为最好的教育”的实践。同生活包括同吃、同住、同劳动。师生在大饭厅同桌共吃一个锅的饭；担任班导师的和学生共住一个寝室；劳动也是师生一起。③开展校内劳动，如校院清洁卫生和打扫厕所等均

① 本文 P101 有“在劳心上劳力”。应为互补。——编者注。

由师生担任，还修筑一个新的操场。④指导学生课外阅读，除严要求学生学好功课外，为补充学生知识的不足，规定学生每周、每月和每年一定要读多少页课外书，并写出读书笔记。⑤编印《楚中生活》校刊，登载学校改进的措施和有关理论。⑥对学生进行抗日教育，反对对日屈辱投降，提倡学生读书不忘救国。⑦与楚旺县立第二民众教育馆合办土布展览，提倡穿用土布，抵制日货。⑧与民众教育馆合办民众夜校，以楚中学生做“小先生”，教民众学文化并向民众宣传抗日。在以上各种活动中，吴邃之是最热心的倡导和执行者。在这里要特别提出者，即吴邃之除积极赞助学校改革外，并在先生掩护下积极开展中国共产党地下活动。原来吴邃之是1925年参加中国共产党的老党员，后因和党失去联系，1932年他到南京和上海就是找党接关系的。1934年春，吴到楚旺中学后，通过当时内黄县党的地下组织负责人张增敬，和党接上了关系，于是就积极开展党的活动，在学生中大量发展共产党员。吴通过讲课、学生作文、出壁报，向学生介绍阅读进步书籍和其他一切机会宣传党的主张，学生的革命思想高涨。1935年1月，学生激于义愤，在寨墙上和街道上书写打倒当地豪绅某的标语，引起豪绅的不满，他通过他的亲友中在校学生了解了学校的情况，认为这一定是吴邃之所为，就告吴为共产党于安阳专署方策处，方令内黄县褚怀理查办。褚找先生追查吴的问题，先生矢口否认吴在校有共党活动。当时白色恐怖严重，安阳、内黄两地逮捕共产党员之事，时有所闻。因商之吴邃之，共认为如不早日离开内黄，吴被逮捕和组织被破坏之事，为不可免。适寒假开始，先生遂护送吴邃之离开内黄，同时自己亦很快辞去楚旺中学校长职离内黄赴开封。先生在楚旺中学任职虽仅一年，却被群众称为该校黄金时代。特别是因吴邃之播下的革命种子，发芽成长，如郭绍汤、乔文苑、刘泽民、董芳（又名石雄）、程国璠、张连魁、张绍良（又名邵良）、冯普庆、黎金铭（又名黎涌萍）等均于抗日战争时期先后参加中国共产党领导下的革命工作，为推翻帝官封的统治和建设新中国立下了汗马功劳。

二、在信阳师范学校

先生1935年初离开楚旺中学，2月应老同学、开封女子师范学校校长之聘，任该校教务主任。9月学校易长，先生也去职到南京中央大学教育研究所任研究员，在所长艾伟指导下思考对当时河南教育现状进行研究，尚未取得结果。1936年，又应同学邀到开封河南教育厅第三科任科员。科员的工作，每日是“等因，奉此”，照例公事，和先生平日教书育人素愿，颇多相违。同时先生回想自己大学毕业不到四年而五易工作岗位，宦海浮沉，科员一职，还不知到哪天。遂有参加国民党考试院即将在南京举行的教育行政人员高等考试之意。按当时规定，高考及第，经实习后，必须以“荐任”职任用，在工作中如无大错，不能轻易撤职，有“铁饭碗”之称。先生即到南京应试，果被录取，分发到河南省教育厅实习。1937年2月实习期满，按规定应任为秘书科长或督学等职，时这些职均无空额。恰在此时，河南省立信阳师范学校校长出缺，教育厅任命周祖训先生出任该校校长，先生欣然受命。

河南省立信阳师范学校，原来是两个学校——河南省立信阳师范学校和河南省信阳女子师范学校——于1935年合并成一所学校。合并后男女生仍分开上课，共12班，女生部称为一院，男生部称为二院。在当时河南省师范学校中，是一个规模比较大的学校。

信师成立于清代末年，师生具有爱国和革命传统，在历次爱国和革命运动中，均有积极表现。1931年“九一八”事变发生后，师生参加反对日本帝国主义和抗议政府不抵抗政策的示威和请愿行列。1935年，北京学生爆发“一二·九”爱国运动，信师师生以学校在当地居于“最高学府”（当时群众称该校“大学堂”）地位，带领当地学生群起响应，群众抗日情绪高涨。信阳师范师生这种高昂的爱国精神，深遭内外反动势力之忌，诬陷爱国师生60余人为共产党，于1936年12月由信阳县政府下令逮捕。河南省教育厅闻悉，派员到信阳调查处理，结果部分师生被送到开封反省院审查，余就地释放。事情震动全省，时称“大逮捕事件”。学校遭此大变，师生人人自危，陷入混乱状态。前校长感到无法维持，自动辞职。祖训先生在接任该校校长后，感到在教育事业方面，大有可为；同时也感到在学校善后问题上，是大为棘手的。

1937 年 2 月 14 日，先生到信阳师范学校接钤视事，在 2 月 24 日新学期开始的开学典礼上，痛陈上期大量师生遭到逮捕和引起全校师生不安情况及其危害，要求必须维护安定团结，否则学校前途不堪设想，听者动容。但树欲静而风不息，反动势力是不肯轻易罢手的。反动势力制造事件的目的在于夺权，然后再以权谋私。自先生到信师后，反动势力曾利用各种手段对先生进行利诱威迫，希望能供其驱使，先生不为所动。3 月，他们通过信阳县府又要大捕学生。祖训先生以学校师生去年遭逮捕，元气未复，今年如再大量捕人，学校将不成其为学校为词，拒绝他们的行动，他们不得已，只得抓走陈士尤、陈永甫、袁升堂等几个人了事。接着反动势力又趁着先生赴开封述职的机会，唆使少数学生把随先生同去该校的正、副教导主任二人赶出学校。先生闻讯返回，同时教育厅也派人到校协助处理，风潮很快平息。但此后仍不断有人在校制造混乱，如常发现有辱骂和诽谤先生的匿名传单和标语。也发现有署名共产党发散的“打倒蒋介石”和“推翻国民政府”的标语。其实当时校内不仅无共产党组织，而且共产党已放弃“反蒋”口号，采取逼蒋抗日的方针，这些“反蒋”标语，显然是企图制造混乱，嫁祸于人。学校经过这些变乱，犹如一潭死水，师生噤若寒蝉，鸦雀无声，全校无一张壁报，无一个班会，无人敢看生活书店出版的图书和杂志，大有“黑云压城城欲摧”的情势。先生目睹学校这种反常情况，遂深入教师和学生中间进行了解，得知校内少数人为扩张个人势力，结党营私，利用利诱威迫手段，使师生加入他们的反动组织，如遇到有正义感、有进步思想、不愿和他们同流合污的，即捏造事实，诬陷这些师生为共产党，加以逮捕。先生根据所得事实，申报到河南省教育厅。教育厅根据长时间调查结果，证明两次被逮捕的师生都是无辜的，于 1937 年 5 月决定全数释放，教师另行安排工作，学生回校入原班学习，并令学校将诬告师生的学生某人开除学籍。当先生在全校会议上宣布教育厅这项决定后，学校中邪气受到打击，正气始有所伸张。

1937年7月7日，全国抗日战争开始，国共两党实行第二次合作，全国人民同仇敌忾，精神振奋。是年9月，学校新的一学期开始，招收了六班新生，同时从接近战争的地区，聘来一批年轻有为的教师。如胡梅村自上海来，环惜吾、周瑗（字景邃）自江苏来，缪铖[①]（字彦威）、薛孝宽自河北来，梁冰潜自山东来，李影桦自豫北来，加上原有教师丁折桂、徐祝峰、杨璧人、杨慕陶、刘寅让（字子谦）等，这些人都年在卅岁上下，学有专长，有极强烈的民族意识和爱国主义精神。先生深感学校有这样好的条件，必可大展平日教育救国的抱负。

在8月30日新学期开学典礼大会上，先生讲了抗战形势和最后必胜的道理，提出学校教育要战时化，师生生活要战斗化。师生听后反映强烈，因为当时全国和校内形势完全不同于上学期，乌云消散，不再有被压迫被逮捕的危险，爱国主义精神有如火山一样迸发出来。加以进步的图书报纸通过各种渠道流入信阳，师生得到进步思想的武装，积极要求学校教育措施和师生生活能配合抗战。先生根据当时抗战形势和信阳尚处在抗战后方的情况，决定采取以下几种措施：

1. 暂不改变学校教育体制，照常上课，各科内容增加有关抗日教材以至完全采用抗日教材，并密切与抗日宣传活动相结合。如语文课可讲授有关抗日文告、抗日文学，教学生写抗日宣讲稿，编写抗日战报；史地课可讲日本帝国主义侵华史和侵占我国领土情况；理化课可讲各种武器的构造和防御；教育课讲国难教育措施，向群众进行宣传教育的方法；体育课除正规训练外，增加跑步和爬山训练；音乐课完全教唱抗日歌曲；美术完全教抗日宣传画；军训课除制式训练外，加重实战演习和游击战训练。

2. 组织“国难教育研究社”，探讨根据抗日战争发展的情况，采取相应措施。祖训先生与朱宕潜、胡梅村、环惜吾等在大学都是学习教育专业，对这个问题素极注意，以四人为基础并吸收各科教师代表参加，集思广益，做出决定，对以后学校各项措施贯彻执行起很大作用。

① 或缪钺。见马洪奇《周祖训先生任信阳师范学校校长七年》。

3. 组织各种宣传团体，积极宣传抗日。主要的团体有：①话剧团，领导人朱宕潜，剧目为当时流行的抗日宣传剧，如《三江好》《民族公敌》《天津的黑影》等。最感人的是街头剧《放下你的鞭子》，每次演出，总是引起观众痛哭，有人假戏当真要打卖艺老人。②歌咏队，领导人李永刚，唱的歌曲主要有《义勇军进行曲》《救亡进行曲》《毕业歌》《旗正飘飘》《救国军歌》《中华民族不会亡》《松花江上》《牺牲已到最后关头》《中国人不打中国人》《锄头歌》《保卫黄河》《伏尔加船夫曲》等。③壁报组，由胡梅村领导，校内的大字壁报叫《我们的号音》，内容文情并茂，对鼓舞全校师生抗战热情起了很大作用。每日写有战报，粘到信阳四门，以教育信阳附近群众。④漫画组，由丁折桂领导，画大幅漫画，宣传我抗日情况和日寇暴行，悬挂在校内、街头和宣传场所。⑤讲演组，由环惜吾领导，事前拟好讲词，穿插在演剧和歌咏的中间，对民众讲演。这些宣传组织的活动，先在校内，渐及于校外街道和城郊。

4. 鼓励学生参加国民党和共产党领导下的军队和干部队伍，这些学生以后均成为抗日战争的骨干。

5. 慰问收容在信阳的伤员，除由师生捐赠实物外，并举行文艺慰问演出。

在以上诸种活动中，先生均以极大的爱国主义热情，鼓舞推动并带领广大师生进行，收到了很好的效果。

自“七七”抗日全面战争开始到1937年底，我抗战失利，在全国几个名城相继失守，如北平、天津于7月末失守；太原11月8日失守；上海11月12日失守；12月13日首都南京被攻陷，居民遭到日寇残酷屠杀。在河南，11月5日安阳陷落，接着新乡、焦作等地也相继陷落。豫北以至开封的学校和难民纷纷迁来豫南，增加了信阳的紧张气氛。1938年初，信阳城上空，敌机空袭警报频传，火车站多次遭轰炸，信师一院校舍，用作伤兵医院，二院也有一部分被军事机关占用，两院学生合并在二院住宿和上课。这时在全体师生面前提出一个“我们学校将怎样办”的问题。先生发动师生对这个问题展开讨论，一部分人主张现在办学既有实际困难，不如停办学校，参加实际抗战工作；一部分人主张，克服困难，仍照常上课，课余进行宣传工作。先生根据大家提出的意见，进行分析研究，认为两种主张，均有失偏颇。抗战既是长期的，主张停办学校是不对的；同样主张学校仍照常规办理，也是不合客观实际的：只有改变教学体制，认真实施战时教育，使教学体制，既合当时实际情况，又合乎抗战需要；在一时遭受敌人侵扰，学校不能办理时，即转为战斗实体，对敌进行实际战斗。该校实施战时教育情况，曾于1938年二三月间，载于河南开封出版的《河南民国日报》和汉口出版的《新华日报》。实施概况摘述如后：

1. 1938年1月，学校寒假开始，留校师生70余人，组成“信师战时服务团”作为实施战时教育的试验，先生任团长，亲自领导。除对群众进行宣传服务外，主要是实行严格军事训练，如爬山、远足和军事演习等（详见《河南民国报》1938年2月25日至3月5日连载的《信师战时服务团训练生活片断》一文）。

2. 1938年2月，学期开始，学校完全实行战时教育，要点为：①改变教学体制，上午进行普通训练，即基本知识和文化训练。减少上课时数，删去教科书中无用的内容。学习方法，重视学用结合，集体研究和讨论。下午进行特种训练和服务活动。特种训练包括政治训练、军事训练、特种技术训练等。服务活动有各种宣传和办工人、农民训练班等。②当时上级发给学校一部分退役枪支，供学生军事操练用，经修理尚能进行射击；学校另购一部分完好的枪支，作为师生打靶用；先生倡导教师自购短枪，作为自卫用。这些枪支，在师生进行实战演习和以后学校两次迁移途中都派上很好的用场。③ 1938年初，河南大学文、理、法等学院迁到鸡公山，先生得此方便，先后请河南大学专家学者萧一山、范文澜、嵇文甫、余家菊、余协中、于赓虞、张师亮等到校做学术讲演，以各种不同观点说明抗战必胜的道理，以坚定师生抗战到底的信心。④利用信阳驻军增加，请军事专家讲解军事知识，实行军事演习，远地行军，夜间行军，实弹射击等。⑤抗战愈发展，国家和个人经济愈感困难，在特种训练中包括有适应战时需要的训练，即要养成师生刻苦耐劳的精神和习惯。师生同甘苦，共生活；衣食力求简单朴素，实行自己服役，如自己做饭、洗衣、吹号、扫除校舍；为适应校舍缺乏和躲避空袭，提倡露宿和到野外树林中上课。⑥与信阳国民党县党部配合，举办信阳各业工人战时训练班，先生任训练班主任，师生50余人参加做训练员。训练结束，工人觉悟提高，抗战情绪高涨，愿不避一切艰险，为国家出力（详见1938年3月18日和3月28日《新华日报》)。⑦组织“信阳师范巡回宣传队”配合信阳县长李德纯下乡进行工作。参加巡宣队教师和男女学生五六十人，由教师朱宕潜、胡梅村、环惜吾、丁折桂等领导。宣传形式有话剧、歌咏、漫画、讲演、壁报等，还有深入农家个别访问。李德纯县长原在一战区司令部工作，得到程潜信任。程任国民党河南省主席后，认为信阳是军事要冲，即任李德纯为信阳县长，并拨给他一排装备精良的武装，由李指挥以便工作。李胸怀坦荡，对工作认真负责，极富爱国思想。到任后经常深入农村剿匪并对群众进行安抚工作。先生认为与李配合是难得对农民宣传抗日的机会，嘱师生一定要和李配合好。结果，李视巡宣队为他的耳目和左右手，帮助李做了不少工作；同时巡宣队也得到李的指导和协助，大大扩展了巡宣队宣传作用。

1938年上半年，我抗日战争形势虽然于3月23日至4月7日，在台儿庄取得鼓舞全国人心的胜利，但相隔时间不久，5月19日徐州失陷，6月6日开封失陷。日寇气焰嚣张，6月15日日本天皇召开御前会议，决定进攻武汉。当时作为武汉外围的重镇信阳，从抗战后方，变成抗战前线，敌机频繁轰炸信阳车站。先生估计暑后仍在信阳城上课已不可能，遂于暑假期中将校具图书、仪器等运送到距县城十数里的易家塝和距县城50里的西双河，既可防敌机轰炸并为暑后在农村开学做准备。8月30日，全体师生集中到西双河借祠堂和空房，因陋就简，正式开学上课。9月12日，敌机第一次轰炸信阳城内，信师校舍被毁，会计王潜斋殉职。先生闻讯即赶回县城处理善后问题，留城师生在悲愤中向王会计举行了遗体告别和追悼仪式，并将学校被炸情况报告给迁到南阳的河南省政府教育厅，厅令学校立即迁往豫西南镇、内、淅一带。先生遂通知全体师生回城做西迁准备。当时随校西迁师生约400人，男女生各半，女生部因有三班初中，学生年岁最小的仅有十二三岁，所幸教职员眷属中老弱者均于数月前送到唐河县城居住，无何拖累。先生认为此次学校西迁，是半年来实行战时教育的一种考验，也是难得的一次行军演习。共同约法三章：一、师生绝对遵守行军纪律，听校长指挥，不许有一人例外。二、师生同甘苦、共生活；教师有带领和保护学生责任，遇危难校长应以身先。三、师生完全轻装前进，以便应付突发事件；大件行李，由学校统筹，雇车运输。9月20日晨，先生率全体师生冒雨起程，按行军组织，循信南公路西行，时秋雨连绵，道路泥泞难行，行李车尤难行进。初离信阳时，怕敌机轰炸。过湖北随县境时，有土匪出没，又怕遭匪劫，用学校存的枪支，组织防护团，做防护措施。在行军途中，先生始终走在队伍最后，督率后队前进，同时命学生骑自行车与前队取得联络，不让超越太远，以免失去指挥。途中如发现个别或少数人违反纪律时，即集合全体人员进行教育。当时因逃难人多，扶老携幼，军民杂沓，道路拥挤、常见有破车死畜，弃置路旁，无人过问，一种混乱凄惨情况。先生不放过对师生教育的机会，多次对师生引用老子话说："天地不仁，以万物为刍狗；圣人不仁，以百姓为刍狗。"以说明自然和社会规律的不可逾越，并且是无情的，只有锻炼自己，才能适应和驾驭自然和社会规律，获得胜利。行12日，于10月3日到达安全地区唐河县。大队在唐河休息，先生乘机到南阳向教育厅汇报学校迁移情况，并接洽新的校址，结果选定内乡师岗镇为新校址所在地。当师生大队于10月17日由唐河西行时，先生由南阳迎之于途中，报告校址已经选定，师生自发地热烈鼓掌欢庆。先生常回忆，师生自发地鼓掌，是他近一月亲率全体师生不畏艰险，安全完成迁校任务的收获，感到无上的慰藉。10月23日到达学校新选定的师岗校址，26日开始复课。

师岗是位于内乡南的一个小镇，北西南三面环山，东临邓县平原，人民勤劳朴实，地方士绅及行政领导热心教育，在信阳师范迁来师岗前，已有南阳中学迁来师岗附近的张集，得到地方人士很好地接待和安排。信师到师岗后，地方民团聂相岑团长即将其团部全部让出。团部房舍大门北向，共分三个大院。东院做女生部，西院做男生部，中院做教职员住宿及办公用。大门外有砖砌平台，可做男女生饭场。平台对面有戏楼，楼前有广场；楼上可做演戏舞台和讲台用，楼前可做看戏听讲和运动场用。因有这些方便，所以师生到这里仅三日即可上课。师岗地处抗战后方，不同于信阳，无军事上的干扰，无空袭警报，是一个比较安定的学生读书学习的环境。信阳师范学校迁到内乡将近七年时间中，在先生详尽擘画和惨淡经营下，做了以下在当时颇有影响的工作。

（一）抓紧有利时机，加强学生功课学习。在信阳时实行的战时教育，半日上课，半日实行特种训练和社会服务，是当时信阳形势使然，这时既有安定环境可供学习，不仅要学现有的东西，还要补学过去失去的东西。那时学习条件和生活条件都是相当困难的，为不让学生时光虚度，到师岗三天，即开始上课，不过那时学生是坐在砖头上听课的，后来才用长案做桌，长凳做座。每案可对面坐 8 人，既可听课记笔记，又便于集体讨论。晚自习用桐油灯照明，勉强可以读书写字。学生每日三餐，早餐苞谷面（玉米）煮红薯，不限量；午餐限量，每人一个杠子白面馍，约半斤重，白萝卜菜或青菜；晚餐混汤面条，不限量。在这样简陋的学习生活条件下，教师都能勤奋备课，改作业；改进教学，倡导自学辅导教学方法；严格考试，实行异班参生，异科同考办法。因此学生无不严格要求自己刻苦学习，学习成绩均在前列，很少有不及格的情形发生。

（二）读书不忘抗日，积极进行自我训练和抗日宣传。自信师迁来师岗后，即定学校到师岗的 10 月 23 日为“迁校纪念日”，每年这一天，全体师生开会纪念。先生在每次纪念会上，都要大声疾呼“安勿忘危”“读书不忘救国”。自我训练除平日严格军、童训和露营演习外，每年至少要举行一次修学旅行，实际就是远途行军，如曾旅行到淅川的上集、香严寺、荆紫关，湖北武当山、内乡西峡口等。每次旅行师生都自背简单行李，吃饭及洗刷用具，规定每生都必须带一尺多见方薄木板挂在身上，可随时做写生、记笔记和听课用。先生每次旅行都和师生同样参加，并随时对学生进行教育。在抗日宣传方面，渗透在学校各种活动中，每期举行的演讲比赛、歌咏比赛，都离不开抗日宣传内容；每年举行大型的新年游艺活动，抗日宣传是重要组成部分。

（三）开展社会服务活动。为社会服务是信阳师范的优良传统，如在信阳主办的“工人战时训练班”和“信阳师范学校巡回宣传队”，都属于社会服务范围。1939 年 1 月 23 日起无偿代内乡县办“小学教师讲习班”，历时两月，到 3 月 18 日结业。全体教师参加讲课，先生主讲“现代教育思想”课，并在《内乡县小学教育讲习会同学录》上亲撰序文，赞扬内乡实行地方自治的成绩和参加讲习会学员学习的成果，受到地方人士的重视。在教导副主任胡梅村辅导下，学生自治会办有儿童工学团、妇女识字班、民众问询处、民众宣讲会等，实际收效甚宏。1941 年 7 月创办附设国民教育实验区，由附属小学校长芮秀芝（字轶群）兼任主任，以附属小学作为“中心国民学校”，并选派信师优秀毕业学生担任实验区干事和区内各国民学校校长，为改进地方初等教育作出大的贡献。1942 年 8 月受河南第六区行政督察专员公署（设南阳）委托兼办“六区联立师范”，招收新生两班。1943 年 9 月附办私立菊潭初级中学女生一班。1944 年 4 月起，日寇大举进攻中原，郑州、许昌、鲁山、洛阳等地相继沦陷，大批教师学生流亡到师岗，教育厅在师岗设流亡教职员学生登记处，登记收容。先生督率全体教职员为这些流亡师生服务，乘暑假期间给流亡学生补习功课，给教师补习教育学和教学方法，受到社会的极大称赞。在学校为社会服务的同时，当地社会人士也给学校以极大的助力，自学校迁到师岗，师岗地方士绅以聂相岑、王文轩为首除把团部住房无偿让给学校外，还逐年督率群众为学校修建校舍。到 1944 年 10 月，他们为信师在师岗东南部建立一所像样的校舍，内有平房百余间做寝教室，还建楼两座，一做图书馆和办公室，一做音乐教室和大门。全校师生为答谢地方人士代建校舍，于 1939 年 12 月，在新建校舍大门外水塘中间，建筑一亭，名“乐育”，以表示地方人上和全体教职员乐育人才的意思。

（四）建立优良校风。建立优良校风，为先生教育思想一个重要组成部分。先生常称：“一个好的学校，一定要有好的校风。好的校风一旦养成，学生进到这个学校，就如‘风行草偃’都会变成好的学生。”所以学校到师岗不久，就筹划如何建立优良的校风。优良的校风不是凭空建立的，必须具备有建立优良校风的基础。信阳师范学校经过一年的战时教育，特别是在学校迁移时行军的实践，全体师生在思想、品德和互相关系方面，都得到了锻炼。这就是建立优良校风难得的基础。在这个基础上，首先订出为全校师生共同遵守的校训，于 1938 年 12 月公布。校训为“尚诚朴，耐劳苦，勤学问，习服务，重团体，养正气”，六项品德都是师生或多或少已具备的，定为校训是让大家时时服膺加以巩固和发展，并不断传递下去。其次，于 1939 年 1 月 20 日制订校歌，先生作词，李永刚作曲。词曰：“寇患未已，国难方殷，我们要努力前进！训练自己，教育大众，是我们的责任；诚朴、耐劳、勤学、服务，是我们的精神。我们要重团体、养正气，相亲相爱。互励互信，向着三民主义的理想，抗战建国的大道，努力，前进！努力，前进！”歌词前三句，说明国难当头，要努力不懈；次三句说明师范学生两大任务，一是训练自己，再是教育大众；以下从诚朴到养正气，是提出随时不忘校训；再下“相亲相爱，互励互信”是说明师生间相互关系；最后提出：“向着三民主义的理想，抗战建国的大道，努力，前进！努力，前进！”在当时国民党并不热衷于实行“三民主义”和“抗战建国纲领”，但对国人来说，尚不失为一种努力方向。先生深信“移风易俗，莫善于乐”的道理，特作《校风集》歌曲集，均由先生作词，李永刚作曲。《校风集》于 1940 年编成，印刷成册。集内歌曲八首，第一首为《校歌》，其次为《尚诚朴》《耐劳苦》《勤学问》《习服务》《重团体》《养正气》六首，阐述校训每项的含义。最后一首为《我们是人生路上的伴侣》，说明师生在人生的道路上，要互相勉励，做一个正直的人，一个真正的人。先生为把《校训》规定能贯彻到每一人，由全体师生反复讨论，拟订行为规范共 200 条，定名为《我们的校风》印刷成册，于 1941 年 3 月 2 日召开学生自治会全体会员大会，举行履行《我们的校风》宣誓，当年 11 月 1 日并举行履行《我们的校风》的竞赛。每期评定学生操行成绩时，以《我们的校风》200 条作为评定标准。由于学校多年对于建立优良校风的重视和措施得力，全校师生确从整体上养成了良好风气。社会舆论和部、厅派员到学校视察，无不认为信师校风优良，以至于誉之为全省学校之冠。1942 年 1 月，教育部督学陈宽正到校视察时说：“信师校风优良，对学生影响很大。记得欧阳修论胡瑗（字安定）说：‘遇士人，观其言行，不问即知为安定弟子。’我在国民教育实验区内，看到各国民学校校长的言行和工作精神，不问就知道是从信阳师范学校毕业的。”信师的校风是诚实朴素之风，刻苦耐劳之风，勤奋好学之风，团结友爱之风，热心服务之风，纪律严明之风，劳动生产之风，民主进取之风，工作认真之风，坚持正义之风，爱国爱校之风。信师在日军的进犯面前，两次长途迁徙，历经万苦千辛，赖有优良校风，最终克服困难，得达坦途。

（五）建立学生自治会，开展各种课外活动。先生非常重视课外活动，认为课外活动为课内学习的不可少的补充，并可培养学生领导和组织能力，发展学生某些专长。学生自治会不仅本身为课外活动组织，且为发动一切课外活动的总机关。但在中等学校组织学生自治会，当时国民党教育部是明令禁止的。其理由为中等学校学生年龄幼稚，易为别人利用，误入歧途。先生认为青年最富正义感，最能辨别是非，如能领导得当，必能沿着正确道路前进，所谓“误入歧途”，不过是桎梏青年的借口。先生不管教育部的规定，为开展教育工作需要，毅然让学生组织学生会进行活动。学生会组织，由各班学生选出代表组成委员会，委员会推举一人为主席总揽会务。委员会下设生活、学术、康乐、服务四个部，每部设干事若干人，分理各部事务。首任学生会主席孙克恭（新中国成立后才知道他当时是中共地下党支部书记），品学兼优，为先生所器重。先生在校 10 年，从不调查共产党的地下组织和活动，平时只知某生思想进步，至其是否为中共党员完全不知，孙克恭的情形也是如此。在白色恐怖下，只有在学生言论行动危及学生本人和学校时，才加以干预，所谓干预，也只是劝诫和教育。如有学生遭到诬陷和逮捕，先生即挺身而出为之辩护和援助。在先生的支持下，历届学生自治会多为有进步思想的学生所主持，开展的课外活动是富有成绩的。如自治会生活部管理全校伙食，每分钱、每粒粮都用在学生身上，廉洁奉公，井然有序，大家满意。学术部组织各种研究会、读书会，如组织的社会科学研究会，经常讨论宪法问题，并印有《中国宪法研究》专刊，每学期组织有演讲比赛、歌咏比赛、绘画展览、各科学习成绩展览，培养出不少有专长的人才。服务部办有儿童工学团、妇女识字班等，前面已经讲过。特别要提的是康乐部主持的活动，每期要举行一次全校性运动会，规定每生至少要参加一项田径竞赛项目，还有班级的篮、排球比赛，体育运动普及每一个学生。每年要举行一次大型新年游艺会，这些大型游艺会，内容丰富，有歌咏，有宣传抗日的独幕剧，有旧剧，主要是大型话剧。多年中演出的大型话剧，在师岗演出的有曹禺的《雷雨》《日出》《家》《蜕变》《北京人》，于伶的《杏花、春雨、江南》，沈浮的《金玉满堂》，宋之的《雾重庆》等。在复员到信阳以后，演出的大型话剧有袁峻的《万世师表》，于伶的《长夜行》，陈白尘的《升官图》等。这些剧的主题，或反映半封建半殖民地社会腐烂与罪恶；或反映国民党统治下的罪恶现状；或歌颂沦陷区的知识分子与人民的对敌斗争；或歌颂教师在抗战时期艰困的环境中坚守教育岗位，不为另谋出路的建议所动；或歌颂医生，在抗战爆发后，热诚地为伤兵贡献出一切力量。这些有鲜明进步意义的话剧，在该校能顺利演出，与先生的思想认识和领导是分不开的。通过这些大型话剧的演出，锻炼了师生的组织才能，演者观者，认识都有提高。

（六）创建艺术师范科。自信师迁来师岗后，先生深感中小学体音劳美教师缺乏，抗战宣传也急需大量音乐美术人才。而当时信阳师范学校有一批很好的体音劳美教师，如体育教师先后有杨壁人、戴文骏、杨芝三、乔连和、刘融九、黄仲元等；音乐教师先后有李永刚、周瑗[①]、嵇振民、张子瑜、王润琴等；劳作教师有梁冰潜、马植文等；美术教师先后有丁折桂、李浴、周中孚、陈希庐、刘鲁也等。这些教师大多是专科以上学校毕业，学有专长热爱自己的专业，乐育人才。先生认为社会既

① 或周媛，见马洪奇《周祖训先生任信阳师范校长十年》。

急需体音劳美师资，而信师又富有培养这些人才的条件，遂于 1940 年 7 月呈准教育厅在信师增设艺术师范科一班，于本年暑期开始招生。艺术师范科招收初中毕业的男女学生，学习三年毕业。第一年合班上课，从第二年起，按学生的学习兴趣和专长，分为体音、劳美两组，上课有分有合。

艺术师范科课程设施：第一学年体音劳美全学，第二、三学年分组授课。体育组：体育课有球类、田径、体操、童子军等；音乐课有声乐、键盘、乐理、视唱、和声、作曲、指挥等。劳美组：劳作课有泥工、编织、剪纸、印染、印刷、木刻等；美术课有素描、水彩、工艺美术、中国画、透视学、色彩学、构图法、美术史等。信师每期举行的运动会，歌咏比赛、美术工艺展览等于艺术科学生学习成绩考核；每年一次举行的新年大型游艺会更是对艺术科学生学习成绩的大检阅，在演大型话剧时，舞台精美的布景、道具和音响，都是艺术科师生精心制作出来的。自从 1940 年信师艺术师范科建立到 1949 年 10 年中，培养出不少体音美人才，遍布祖国各地。

（七）从 1940 年 2 月开始，信师学生利用星期日从事生产劳动。其原因：一是源于先生生产教育思想，先生研究世界各国教育无论资本主义国家英、美、德、意和社会主义国家苏联，无不重视生产教育，中国虽亦提倡生产教育，因不切实际，收效甚微；二是学生经济生活上的实际需要，当时物资缺乏，物价高涨，生活困难日增，国家和家庭无力供给，极需参加生产工作获得一些报酬自给。由于工具少，学生多，遂规定各班学生轮流过星期日，愿参加生产工作的学生，可参加生产，不愿参加生产工作的学生，可以休息。这样生产工具可以不停转动，参加生产工作的学生人数可成六七倍增加。参加生产工作的学生，每月可作四天工，每天工资约一元五角，每月得工资六七元（根据梁冰潜同志回忆），可解决学生部分经济困难。为实行以上办法，须求得政府、社会人士和全体师生的支持，先生曾亲撰《中等学校学生利用星期日从事生产工作建议》一文，油印散发，后为“中华职业教育社”采登在重庆出版的《教育与职业》杂志上。该文分三部分：一、缘由。内分四点：一为教育上的目的；二为经济上的目的；三为过去中国生产教育失败的原因；四为利用星期日从事生产工作办法的优越性。二、办法。内亦分四点：一为工作时间安排，主要说明使学生如何轮流过星期日；二为工作种类，有校事服役、工艺、畜养、园艺、家事等；三为工作管理，主要是在学校行政组织教导、事务二课外，增设生产课，负责计划管理并指导学生生产工作；四为推行程序，要求先试行，然后全校推行，进而全省推行。三、问题与解决。主要是解决在师生讨论这个办法提出的问题，问题有四个：一为星期日应否工作？二为工作是否影响学生发育？三为工作人员每日更替是否影响工作效率？四为学生对工作是否感觉兴趣？先生在文中对以上四个问题都做实事求是的、有充分说服力的解答。因该文说理充分有力，对该校学生利用星期日从事生产工作起了很大作用。在推行过程中，在学生思想上还多少存有中国传统的轻视劳动的问题，为此，先生特请曾在美国留过学的化学教师王新甫讲述美国大学生靠劳动维持学业的情形；同时还在种蔬菜园地的外面题曰“学圃园”，表示与孔子反对“学圃”的思想唱对台戏。这个办法从1940年初起，到1945年学校西迁时止，实行长达五年，效果显著。历年教育部和教育厅对该校视察时，均称“利用星期日从事生产工作的办法，不仅富有教育价值，而且使战区和贫困学生，在经济方面也可得补助。所以在当时有很多人誉先生为‘生产教育家’”。

（八）创办“信阳师范学校国民教育实验区”。1940年，当时的中央政府曾通令全国实施国民教育，当时河南省虽三面临敌，亦力谋国民教育的普及。当时公布的《国民教育法》规定，每保应有一国民学校，每乡、镇应有一中心国民学校。唯中心国民学校及国民学校之行政、设备、训育、教学诸端，应如何设施？中心国民学校及国民学校之失学民众补习教育应如何办理？以及中心国民学校应如何辅导国民学校？《国民教育法》中，没有具体的规定，所以怎样办好中心国民学校和国民教育以提高国民教育质量，是实施国民教育中非常重要的问题。先生有鉴于此，即于1941年7月呈准教育厅在信阳师范学校附设国民教育实验区，主要目的是实验国民教育实施上各项具体方法，并公布所得以供各地参考。另外还有附带的三个目的：一是本校师范生实习；二是辅导本校毕业生；三是辅导地方国民教育。实验区主任由附属小学校长芮秀芝（字轶群）兼任。实验区范围包括本校附属小学及内乡县师岗镇与张集乡中心国民学校 4 所和国民学校 27 所。实验区实验办法，乃依照教育原理、国民教育法令及地方实际情况将有关办理中心国民及国民学校各种法令，先行设计，印发实验区所辖各校从事实验。每经一月，分别将实验情形报告实验区，再开会研讨，加以修正，即为实验结果，然后将实验结果编印成书，因实验成绩显著，1943 年 8 月，该区奉教育部令改为部办。实验进行三年时间，至 1944 年 12 月印成三书，即《怎样办理中心国民及国民学校》《中心国民及国民学校怎样办理民教部》和《中心国民学校怎样辅导国民学校》。三书共数十万言，发行全省。1945 年 3 月，日寇进犯宛西，信师于 4 月迁至陕西，实验区停止。1945 年 8 月，抗日战争胜利，11 月，信师复员到信阳，实验区亦恢复工作，省内外各处纷纷函该区购买以上三书，因存书已尽，苦无以应，因先修订《怎样办理中心国民及国民学校》一书，交由中国文化服务社河南分社印行，发行全国。

1945 年 2 月，信阳师范寒假开始，当时河南省政府教育厅设在内乡县赤眉镇，厅长王公度（字海涵）因科长出缺，想邀先生担任教育厅三科科长，先生不愿做官，婉言谢绝。恰在这时张广舆（字仲鲁）在淅川荆紫关担任河南大学校长，又邀先生到河南大学担任教育系副教授兼课外活动组主任。先生在中央大学读书时和张仲鲁有师生之谊，后张曾任河南大学校长和河南建设厅长，先生和他常有来往，并深钦张的为人。先生当时认为到河大任教可将多年办学经验加以整理，写成讲义。况教导主任李永刚在信师任教多年，能力卓越，很受全校师生爱戴，先生离校后，必能将校长大任担起来，遂决定向教育厅辞去信师校长职，到河南大学任教并推荐李永刚继任信师校长。也许教育厅王海涵仍想先生到教育厅任科长，未让先生辞职，只准李永刚代理校长。先生于寒假结束后，到河南大学任教，开课《学校行政》，已上课一周。当时学校聘名学者冯友兰、冯景兰昆仲到校讲学，为听冯先生讲学，全校停课。1945

年3月22日，学校得到日寇向豫西南发动进攻紧急消息。翌日学校命先生护送冯先生兄弟赴老河口转重庆，同时先生也要过师岗接眷属到荆紫关，随校迁移。当日到西坪镇，因局势急剧变化，先生安排两位冯先生赴西安再转重庆，自己赴师岗，25日傍晚抵达，学校已奉令在紧张准备向西迁移中。先生到师岗后，本来可以带着自己的眷属至荆紫关河南大学随校迁移，自己的责任轻，事情也很简单。如在信师带整学校迁移，不仅困难重重，而且敌人进攻迅猛，容易遇到危险。这时代理校长李永刚，因儿子欧梵患重病很难丢开不管，极力请求先生复职，同时诸多同事和学生也感到先生复任校长领导学校迁移，驾轻就熟，于学校有利。先生考虑自己在信师任职已八九年，一直视学校如家庭，师生在危难中，应与大家患难与共，不忍独去陕西，遂毅然重担校长重任，积极投身迁校领导工作。3月26日夜12时全体师生整队西行，先生留校处理善后工作。3月27日先生离师岗时，已听到敌人大炮和飞机轰炸声，晚到淅川城。28日，淅川已危，夜渡丹江去滔河。29日在滔河临时住所先生召集了全体教职员会议，研究再向西行计划。因从滔河西行到荆紫关，都是山路，牛车已不能通行，而且没有其他交通工具，为大队行动方便，遂决定“携眷同人以暂留滔河为原则，如愿同行者，不影响大队行程”。先生感到祖父母都已到耄耋之年，妻子又必须留下随侍祖父母，而先生则要带大队西行，在此公私不能兼顾的矛盾心情下，不觉大痛，引起全体参加者痛哭。先生强抑悲痛，以全体学生为重，舍小我而成全大我，同时委托留在滔河的李永刚偕同其他留下的同人对家眷妥为照顾。1945年3月30日，大队自滔河向荆紫关出发，先生殿后，督促全体前进，不准落伍。幸平时师生远途行军训练有素，未发生大的困难，于4月13日到西安，借住在私立仁川中学。到西安后，先生忙于安置师生生活，并找临时校址，后找到武功县大庄镇。大庄离陇海路的普集站三里，原为繁华的集镇，陇海路筑成后，商业都移到普集车站，原来街道两旁店铺，均保存无毁，并少人居住，无大困难就可把几百学生和几十家教师眷属安顿下来。4月25日全体师生到达大庄，28日正式复课。

在安顿了师生食宿并上课后，这时先生最担心的事是一部分同事和眷属留在滔河山中与敌人遭遇的情况，当时谣传纷纷，先生忧心如焚。为得到确实情况，先生于5月间乘车经宝鸡过秦岭到汉中，遇到很多从战区逃出的熟人，他们谈到信师同人的眷属在淅川山中遭到敌人的追赶，险遭不测，衣物尽失，幸有惊无险，脱险到安康，拟由山路翻秦岭赴西安。先生听后稍安，在汉中略事休息，由原途返回大庄临时校址。

学校到大庄后，住宿虽不成问题，但因法币贬值，物价高涨，学生伙食不能果腹，因学生的勤奋学习和严明纪律，感动了地方人士，自动捐助学校一部分粮食，解决了一时困难。7月17日，学期结束未放假，学生照常上课，以补迁移途中缺课损失。8月初，河南联合中学正式成立，师范学校联合为一分校，信师为第一部，先生被任为第一分校校长兼第一部主任。1945年8月15日，日本政府宣布无条件投降。消息传到大庄，师生欢喜若狂，鸣放鞭炮庆祝。

先生回忆自1937年2月就任信师校长以来，经过半年对校内外的腐恶势力的折冲斗争，又经过八年抗日战争，学校两次搬迁，遭遇很多困难和危险。先生在困厄前面无退缩，与广大人民和师生风雨同舟，艰苦奋斗，战胜一个个险阻达到坦途；在困难中还为学校教育事业做出不少成绩，创造不少经验。先生以“而立”之年把旺盛的精力全部投入学校工作，在品德、学识和工作能力诸方面得到很大的锻炼和提高，赢得了广大师生爱戴和社会人士的赞誉。先生想信阳经敌人多年占据，校舍破坏自在意中，不久学校复员回到信阳，仍不免一番战斗。

1945年11月10日，信师奉令复员回河南原址。全体师生及眷属11日自普集车站上车，行至闵底镇，因铁路遭到破坏，尚未修复，只得徒步东行。步行虽很是艰苦，但沿途只见投降日兵在劳动，再无受日寇残杀的恐怖。到郑州改乘火车于11月27日到信阳原校址，11月30日正式上课。

信师在战前一、二两院共有用房486间，沦陷期间被敌人毁坏370间，仅剩116间。一院校舍，大致尚完好，二院偌大建筑群只有教学楼未毁，被国民党军队占用。在复课时，男生只有借住在信阳西关义光中学校舍，每天早晨跑步来一院上课，直到1946年8月，驻军才把二院校舍让出，做男生寝室用。

信阳师范复员回信阳后，受到广大校友和社会人士的欢迎，校友于1946年新年欢宴全体教职工。他们特别对先生在几年抗战艰苦环境中，两次于学校遭遇危难时，亲率全校师生迁移，公而忘私，不畏一切险阻，安全到达目的地，表示无限钦敬。原该校毕业学生，后到西北师院学习的管家骅，毕业后又回到信师任教，于课余导演袁峻编写的《万世师表》一剧，于1946年6月16日举行三年级学生毕业典礼时，在信阳县大会堂公开演出，以表示对先生坚贞不屈，尽瘁教育事业的敬意，引起广大社会人士的重视。

1946年4月，国民党河南省要建立省参议会，由各县县参议会选举省参议员。先生原籍内黄县参议会，因省参议员候选人问题发生争执，众以先生多年在外工作，与本县人无利害冲突，且品学兼优，为乡人所瞩望，力劝先生参加竞选，果以得票多数当选。当时规定省参议员不得兼任公立学校校长职，于11月1日，先生呈准教育厅休假一年，校长由教导主任李永刚代理。11月27日，学校举行“建校四十周年校庆及周校长长校十年纪念大会”。到会的信阳各级首长、校友以及师范、附小、实验区全体师生等共千余人。会场上布置有银盾、木质和布质匾额及其他纪念品，充溢肃穆融和气象。会议首由李永刚致辞赞誉先生长校以来，十年如一日，视学校如家庭，对学生如子弟，“艰苦朴素”“公诚爱严”教人。其次来宾致辞。最后先生讲话，扼要阐述信师校风或称信师精神“公、诚、爱、严”的含义，勉励全体师生要维护和发扬。庆祝活动共进行两日，除庆祝会外，有音乐会，公演《长夜行》四幕话剧，展览会、球类表演、游艺等，在信阳为一盛举。

三、在开封私立维新中学

先生担任河南省参议员后，一年仅参加全体会议两次，既规定不准担任公立学校校长，并已呈准休假，脱离信阳师范学校校长职务；但先生是不愿一天离开教育工作岗位的，遂极力设法在开封创所私立学校。这时有位叫牛乾初的通过先生老同学张昆山找先生，说他曾在南京中央大学实验中学上过学与先生有前后同学关系，他曾任过张岚峰的财务处长，受张委托，以张在敌伪时期创办的开封私立维新中学无条件交给先生办理。张岚峰曾任日伪军军长、集团军总司令、方面军总司令等要职，煊赫一时。日本投降后，张投靠国民党，经过整编，势力大不如前，只求自保，无心再办学校。学校本身也问题很多，主要是学校声名不好，因该校创办于敌伪时期，又名叫“维新”中学，大家目之为“汉奸学校”，学生裹足，学费收入减少，学校经费困难，作为学校董事长张岚峰不愿再出钱维持该校。再者校舍也成问题，校舍在开封沦陷前，原为另一私立学校所有，开封沦陷后为维新中学占用，胜利后前私立学校负责人一直要索回校舍，张岚峰无力应付，学校有被关闭危险。张让出该校，实非得已。先生既决定要办私立学校，这样轻而易举地接办该校，是一难得的机会，遂于 1946 年末接任该校校长。张岚峰辞去该校董事长，先生另请他的老同学，当时任国民党河南省政府财政厅长的孟昭瓒（字叔玉）为董事长。同时聘原任校长的张岚峰之侄张景栻为副校长。未久张景栻辞职他去，改任原教务主任武友石为副校长。

先生任职后，发现该校校舍、设备、教职人员以及学生素质，在私立学校中，均属上乘，特别学生的体育运动，成绩突出。先生任职不到半年，学校声誉鹊起，学生大量增加，经费困难解决，校舍纠纷亦无形搁置，无人再提。先生当时曾想以该私立学校为基础，在文化教育方面有所建树，如:（一）以“中华”代替“维新”，改“私立开封维新中学”为“私立开封中华中学”；并在中学基础上逐渐扩充改为“河南私立中华大学”。（二）创设工读中学，为此先生曾在《河南民国日报》星期专论栏发表题为“创设工读中学刍议”的文章，做舆论准备。工读中学设置目的在于使学生一面读书，一面工作，工作所获工值，可用作求学之用。设置要点为：①学校组织：校长下设读书、工作两部，各有专人负责。读书部之组织，同普通中学；工作部如自设工厂时，可仿工厂之组织。②教学与训导：亦与普通中学同。在教学方面，应特别提倡自动学习，使学生能利用工余时间自修；在训导方面，应注重劳动精神与工作责任心之培养。③工作种类与场所：工作种类，视社会需要而定；工作场所，最好能自设工厂，除学生可得工资外，尚可以盈余补学校经费之不足，否则可商请公私营工厂，让学生参加工作。④工作与时间分配：为便利教学及不影响工作效率计，可将各年级学生平均分为两组，按周轮流工作及读书，教学与工作可不致间歇，较普通半日读书半日工作之办法，其便利及经济之处甚多。⑤修业期限：学校假日完全废除，以补读书及工作时间不足，必要时可延长修业期限半年至一年。⑥学生选择：校初创，学生工作习惯不易养成，故招收新生时，应择家庭清贫，能吃苦耐劳，并具读书及工作之决心者。（三）创立“中华教育学会”，吸收热心教育事业的人士参加，以从事教育学术研究，并创办教育事业。当时已订章程，吸收不少人参加。（四）集资创设“中华出版社”及印刷所，购买印刷机，已出版一册梁冰潜编著的《美术图案集》。

先生为使自己所创办的教育事业得到政治上的保证，曾于1947年参加国民党的行宪国大代表华中区教育学会代表的竞选，结果以得票多当选，唯以先生不在国民党指定的当选名单之内，被迫以“谦让”名义让给江西人青年党某君。先生未参加1948年在南京召开的行宪国大，但在后来被迫“兼让”的代表均被承认其国大代表资格时，先生也领到了当选国大代表当选证书。先生多年来对国民党政府政治腐败，社会风气不良，深恶痛绝；但昧于对国家大势的深刻理解，总认为“教育可以救国”，以致理想流为幻想。

四、在中原临时中学

1948年6月22日，河南省会开封第一次解放，部分师生不了解共产党政策，逃到南京、汉口，各2000余人，要求教育部收容救济。教育部经与河南旅京绅耆（立法、监察委员等）商议，决定在宁、汉两地分设学校收容，每校暂定50班。祖训先生适在南京，被推荐担任设在汉口的“教育部特设中原临时中学”（简称“中原临时中学”）校长。任校长职当时面临经费、校舍、管理三大困难。由于先生矢志教育工作，面对这样多需要教育的青年学生，深切感到教育他们义不容辞，遂下决心接受了中原临时中学校长的任命。

1948 年 7 月初，学校奉令成立。初在鸡公山暂借校舍上临时课，继在汉口以南找到固定校址两处。于 8 月 26 日将初中学生 22 个班，1100 余人迁于湖北省咸宁县柏墩镇，称中原临时中学分校；10 月 1 日迁高中及师范部 32 个班，1600 余人于湖北省蒲圻县羊楼洞，称中原临时中学校本部。先生住校本部主持校务。

中原临中学生劳动生活之一打柴归来（1949 年）

校址既定，先生即以惊人的魄力和在抗战艰苦岁月办好信师的成熟经验，经过精心组织、擘画经营，克服重重困难，很快把这个已有很长时间无人管教、打架闹事时有发生、混乱不堪的流亡学生集团，收容起来办成了一个颇具规模，教学秩序井然的学校。

1949 年初，在湖北濒临解放的关键时刻，中原临中师生面临是随国民党继续南逃，还是投入共产党领导的革命洪流，每个人都必须做出抉择。特别是先生，这个抉择不仅关系个人前途，也将影响三千师生的命运。在这历史的转折关头，影响先生最大者，除大的形势促使先生在国民党统治下教育救国的思想幻灭外，重要的是吴芝圃对先生的关怀与帮助。此外，河南国民党要员张轸、刘积孕等酝酿的反蒋起义对先生也有一定影响。先生遂毅然决定把中原临时中学留在湖北迎接解放，不再南迁。先生坚定的立场，明确的态度，团结了绝大多数师生，只有极少数南逃。

在湖北咸宁地区解放后，周祖训先生即电中原临时人民政府吴芝圃副主席，报告学校情况。吴复电表示慰问，并令先生率全体师生迁回河南开封。后因开封找不到校址，河南省教育厅派刘科长持吴副主席亲笔信迎先生及全体师生于漯河，并决定把校址改设在郾城。郾城当时尚未设县，受漯河市人民政府领导。经教育厅刘科长与市政府协商，成立中原临时中学新的领导机构“中原中学管理委员会”，漯河市教育科长李恒位任主任委员，周祖训先生任副主任委员。委员会除管理师生生活外，主要是领导师生学习。6 月底学习结束，教育厅决定在郾城成立河南省立郾城中学。中原临中回来后，尚剩余经费 800 余元（银圆），均交给省立郾中用于购买教学仪器了。当时经办人是颜森、赵家祥。中原临中的师范部与许昌师范合并。中原临中至此结束。

这里要特别提出的，是当时南去的师生、学校很多，而新中国成立后能全校师生整体有组织回到解放区的，唯有周祖训先生领导的中原临时中学一所学校。

五、创建省立郾中和漯河高中

1949 年暑假后，在中原临时中学的基础上，河南省立郾城中学正式成立。许昌专署李庆伟专员兼任校长，周祖训先生任副校长；主持全面教学工作。

1953 年暑期，上级决定将郾城中学、淮阳中学、商水县青年中学三校高中部学生和部分老师迁漯河，创建漯河高中，先生继任副校长。

1949 年 7 月 1 日，祖训先生由漯河到开封汇报工作，住在他一直担任校长名义的开封私立维新中学。当晚7时应吴芝圃主席约到省人民政府晚餐。饭后与吴芝圃同志互谈别后十数年来的生活及工作情况。吴主席勉励祖训先生认真学习毛主席近日发表的《在新政治协商会议筹备会上的讲话》和《论人民民主专政》两篇重要文献，提高认识，以为今后工作的指南。这次谈话，给祖训先生留下了深刻印象。先生长期以来养成记日记的习惯，根据“过去种种譬如昨日死，以后种种譬如今日生”之义，从即日起，决定将自己的《求己记》改名为《新生日记》，以纪念中国共产党诞生廿八周年和与老友吴芝圃重逢，同时也标志着周祖训先生在政治和思想上大的转折，迈出了重要一步。

省立郾中和漯河高中都属新建，这在战火刚过，硝烟始散，百事待举的新中国成立之初，更是困难重重。一贯艰苦奋斗、勤奋节俭的周祖训先生，并不以眼前的困难为意，他决心把学校办成“为无产阶级政治服务，与生产劳动相结合”的教育园地。两校建设除上级拨款外，祖训先生都是亲率师生劳动建校，一草一木，一砖一瓦，一桌一凳先生必观其成。

新中国成立后，祖训先生对党的教育方针和新的教学方法更是精心研究，向师生宣讲，并力求贯彻实行。回忆这一段教学生涯，时任漯高语文教师的郑临先生写道：“当时，正是一边倒，倒向苏联，学习苏联建设的高涨时期。凯洛夫《教育学》是教育工作者的圭臬，是师生授受间的‘圣经’。教材是借鉴苏联的，教法是五段教学法，五分制记分法，还有量力、循序渐进，巩固提高等五项指导原则。当此，教育起划时代转变的关键时刻，校长（指周祖训先生）力摒旧的因袭，吐故纳新，以辩证唯物主义观点，学习贯彻《教育学》，改进学校管理，提高教学质量。”

“苏联教材是结合其实际，内容要求较高深。新中国成立初期，我国正处于恢复发展阶段，仿苏联编审的一套教科书，特别是理科，与学生的接受能力，是有距离的。校长是‘内行’校长，学教育兼通数理文，既有‘状元’之能，又有‘秀才’之才。分管教学，于备课、听课、检查作业，师生座谈中总是把凯洛夫《教育学》的量力性、循序渐进性突出出来，响亮提出认真贯彻复习、巩固、深入浅出，改进教学。参照‘凯’的直观性原则，校长很注意培养学生的形象思维和逻辑思维。语文课着重于形象思维，把学生的政治思想教育贯穿到字、词、句、章的全教学过程中。……数、理、化及地理教师自制许多教具以配合教学，在讲清基本概念的基础上，培养学生的分析、判断、推理的逻辑能力。”郑临老师的回忆，真实具体地再现了祖训先生在郾中、漯高认真抓好教学的情景。

周祖训先生，在郾中、漯高主持校政共计八年，在校党支部的领导下，他积极学习贯彻党的教育方针，根据新的政策精神，并结合苏联的教学原则与教学法，以及自己过去多年的办学经验，使得两校均较快发展，教学质量迅速提高。1957 年漯高应届毕业生参加高考，成绩在全省名列前茅，随后漯河高中被河南省教育厅确定为省属重点高中，由此步入名校之林。

周祖训先生创办中原临中、省立郾中、漯河高中三校，前后时间不足十年，但这时期在中国历史上确是天翻地覆的新旧两个时代。半封建半殖民地的旧中国灭亡，新的人民共和国诞生。两个时代，两种学校的性质当然也迥异。周祖训先生自然也要经过“阵痛”，以弃旧图新。先生对此是有思想准备的，自参加革命工作始，他即在努力做好工作的同时，积极学习马列主义、毛泽东思想和党的各项方针政策；积极参加新中国成立初期开展的土改镇反、抗美援朝、肃反等历次政治运动。以改造自己的思想、立场、观点，转变自己的教育思想和人生观、世界观，以适应新社会新时代的需要。

对于周祖训先生的政治学习与思想改造，吴芝圃、李庆伟、纪登奎（时任中共许昌地委宣传部长）等领导都十分关心，为鼓励祖训先生学习，吴芝圃同志还专门找出自己珍藏的在战争年代认真研读过，并在书上写满批语的一整套《资本论》送给周祖训先生，对此，祖训先生十分感动，但考虑到这份礼物太珍贵，未予接受，随即自己到书店买了一部学习。

1951 年在许昌参加镇反学习，地委宣传部长纪登奎亲自找祖训先生谈话说：“你的情况我们都清楚，吴主席和我们讲过，你可以解除一切顾虑，交代清自己的历史。”祖训先生对领导的真诚与关怀深为感激，在学习会上把自己在旧社会的历史，全部交代清楚。所写的交代材料，得到主持学习班的地委宣传部臧自修科长的充分肯定。当时漯高党支部书记、校长边成武同志对祖训先生说：“地委已下决心，不论花多少钱，走遍全国也要把你的问题弄清楚。”

1954年，《中华人民共和国宪法》颁布，选举人民代表，祖训先生当选市人民代表、市政协常委。

1965年肃反运动开始时，边校长代表市委向祖训先生表示：你不去参加会，只管写材料，应付好全国来外调的人员。你写的材料组织上放心，并转达地区领导的意见说：你的历史交代清楚，就不必再派人到全国调查了。后来先生只写了一个肃反总结。经过肃反运动，原担任校长的党外人士都下去了，只有周祖训先生仍然是漯高副校长，先生深感这是党对自己的信任。

经过历次政治运动，周祖训先生明白了一个道理，即世界是物质构成的，物质是发展变化的，物质发展变化是有规律的，规律是物质本身具有的，规律是可以认识的。这一认识对祖训先生以后的工作、思想都有重要的指导作用。后来看到毛主席的《实践论》《矛盾论》两篇重要哲学著作，使他的认识又提高到一个新的高度。祖训先生一生不信鬼神，不迷信，深信一切事物都可以找到其固有的规律，一切事物都能够被认识。

1957年春季，中国共产党整风开始，毛主席在最高国务会议上发表了重要讲话，在这个讲话中提出：革命时期大规模的急风暴雨式的群众阶级斗争基本结束，在这个时候提出正确处理人民内部矛盾问题，以便团结各族人民进行一场新的战争——向自然开战，发展经济、文化事业。并提出“百花齐放，百家争鸣”和“长期共存，互相监督”的方针。毛主席的讲话，给周祖训先生以很大鼓舞。作为一个知识分子和民主党派成员，出于帮助共产党整风的诚意，在漯河市政协全体会议一次发言中，对党提出了几点意见。主要有三点：第一，要鼓励知识分子敢讲话、多讲话。因为在旧中国历史上，历代的文字狱，使得旧知识分子信奉《金人铭》上说的："勿多言，多言多败；勿多事，多事多患。"养成了慎言谨行、明哲保身的积习。所以党要鼓励知识分子讲话，特别鼓励他们讲不同意见的话。古人"千人之诺诺，不如一士之谔谔"的说法，是有道理的。"防民之口，甚于防川，川壅而溃，伤人必多。"禁止人讲话，结果是不好的。第二，党和知识分子间的隔阂问题。新中国成立后，党正确贯彻了对知识分子团结教育、改造的方针，党和知识分子间的关系是好的，但个别党员与知识分子间的矛盾也是有的。根据春秋责备贤者之义，应由党员多负责任并主动解决。第三，知识分子有职无权，虽是个别现象，也应解决。1957年7月周祖训先生到许昌参加地区反右派斗争学习，经群众揭发、批判、斗争，说上述问题都不存在，完全是对党的诬蔑，引用历史和古人语言意味着借古讽今。总之，是反党言论。最后组织处理时，祖训先生以为，党对自己的处理是严峻的，同时也是宽大的。严峻的是划为极右分子，降职、降薪，留校察看；宽大的是，把敌我矛盾作为人民内部矛盾处理，保留了选举权和政协委员名义，还给予比一般右派更高的工资。这样处理，祖训先生感觉对共产党有威可畏，有德可感，为其以后顺利接受改造打下了基础。周祖训先生被错划为右派分子后，在校内参加各种体力劳动，无不尽力做到好处。对当时批判他的一些事实和言论虽思想不通，但丝毫未动摇他对共产党的信赖，相信党和群众最终会了解自己的。

六、调到漯河四中

1959年5月，周祖训先生被调到四中。开始主要是接受"改造"，不停地劳动。后来分配他教物理兼管全校电器修理和安装。当时学校领导担心学生不接受"右派分子"讲课，纪律不好维持。祖训先生当学生时，文理知识基础虽然都很好，但从未教过物理课。对此，他不畏惧，遂买来许多参考书，刻苦钻研，认真备课讲课。为使理论与实际结合，先生亲制实验仪器，亲率学生实习电工，并以50多岁高龄，爬高上低装修电灯。不久学校让改教英语，祖训先生过去虽在中大读书时，英语就有较深的造诣，但那时采用的是韦氏音标。现改学国际音标就要下很大功夫去学习掌握，并在教学中试行“直接教学法”，教学生先听说后读写。由于周祖训先生干一行爱一行，且学识渊博，注意方法，事事力求干好，所以学生愿意听他讲课，课堂纪律和教学效果都好。有学生在私下议论说：“这个周老师真有学问。课讲得好，听起来有兴趣，平时爱做小动作的同学也不捣乱了。”

1962 年 2 月，经群众讨论党组织批准，为周祖训先生摘掉“右派”帽子，改任学校图书馆工作。四中在本市成立较晚，图书室藏书及设备均较他校为差。经先生数年辛苦整顿经营，其规模几与他校相埒。在图书室为教学服务，实行开架阅览，便利师生教学和学习等方面，至今仍为师生所乐道。

1966 年“文化大革命”开始，政策多变，先生感到难以理解，唯对党的“实事求是”的政策，则坚信不疑。在“清理阶级队伍”期间，外调中原临中“青年救国团”问题的人员，日有数起。不少人以“逼、供、信”方式，逼周祖训先生承认该校有这个反动组织，企图把该校师生都打成反革命分子。先生坚持“实事求是”原则，无视利诱威迫，以当时中原临中校长身份，列举种种事实，驳斥妄说该校有“青年救国团”组织的无稽之谈，使该校三千师生免受冤抑。

经过反右派斗争和“文化大革命”20 余年的风风雨雨，坎坷不平的道路，祖训先生并未为这不幸遭遇所压倒，反而锻炼出一种心胸开朗，从容坦荡，不计荣辱得失，一心为人民服务的坚强性格。1976 年，先生在《七十有感》一诗中写道：“七十老翁何所求，每日工作不知休，只求有益于人民，荣辱得失脑后丢。”语虽近俚俗，却真实地表达了先生当时的心态和工作情况。

1978 年 12 月，在落实知识分子政策中，周祖训先生被任命为漯河四中副校长。1979 年 3 月，中共漯河市委决定：1957 年周祖训先生系被错划为右派分子，予以更正。1979 年 7 月，省教育厅选先生参加优秀教师暑期参观旅游团；10 月，作为代表参加河南省教育学会成立大会，当选为理事。

周祖训先生的错划右派问题得到彻底纠正，并恢复了中学副校长职务，无异于获得了第二次解放，使他重新焕发出青春活力。上任伊始，他即走进教研组和课堂，深入师生中间了解教学及生活情况。耳闻目睹到许多教学秩序混乱，纪律松弛，学习成绩及道德风尚不佳等由祸国殃民的林彪、“四人帮”酿造的恶果，令其触目惊心。他决心面对现实，拨乱反正，按教学规律办事，尽快把四中办好，为国家培养出德智体全面发展的合格人才。

1979 年 3 月，祖训先生经过深入地调查研究，大胆提出整顿校纪、校风的“两则一办法”，即“学生守则”“课堂规则”“师生考勤办法”。在校党支部的支持下，“两则一办法”在教育部颁布的“中学生守则”公布半年之前，即已印发全校贯彻施行。

祖训先生制定出办法，首先自己严格贯彻执行，他到校在师生之前，离校在师生之后。操场、课堂、早晚自习，到处都有他的身影。他说:“校长在校工作时间，应当‘包住’师生在校的时间。只有这样，才能把师生的一切活动，都置于自己的眼下和心中。”也只有这样，才能发现先进及时推广，存在问题迅速解决。常言说:“其身正不令而行。”在祖训先生处处以身作则，事事认真督促检查下，四中师生的精神面貌，教学秩序，均有大的改观，学生学习成绩也有明显提高。

祖训先生在大力整顿教学秩序的同时，又及时提出学校工作的本与末问题。先生认为：学校工作应以提高教育质量为本，而提高教育质量又以提高教师业务水平、改进教学方法为本；那种频繁考试、题海战术，不适当的奖惩等是舍本逐末。后来，祖训先生把这一认识整理成文，以“试论学校工作中的本与末”为题，发表在市科教办编印的《科教动态》上。文中提出：学校领导必须把主要力量放在教师工作上，首先要认真贯彻执行党的知识分子政策，做好思想政治工作，调动教师的积极性；其次要做好教师进修工作，激发教师的责任感与求知欲，不能“以其昏昏，使人昭昭”。再次，领导要深入教学第一线、具体帮助教师改进教学。再其次，使教师认识自己的工作应包括“传道、授业、解惑”，既教书又教人，努力做好学生的思想政治工作。最后，学校后勤工作要跟上，把教师从家庭琐事中解放出来，解除后顾之忧，才能使其全身心地投入教学工作中去。这篇文章不仅有力地指导了四中老师的业务进修，为提高教学质量创造了有利条件，而且对其他学校的教学工作，也产生了积极影响。

接着，祖训先生又对出现大批“双差”（学习、纪律）生的大环境，进行深入的调查研究。发现多数学生因受十年“文化大革命”的影响，知识基础未打好，以致不到初中毕业程度，甚至不到初中一、二年级程度的学生，也要招收到高级中学来。尤其是像四中这样的普通中学，历年录取的新生，各科入学成绩很少及格，其中数、理、化、外语更甚。尽管如此，还要与重点中学一样，采用统一教材、统一进度、统一要求，所谓“三统”的办法。结果必然造成因学生程度高低相差太远，多数学生不愿学也学不懂，教师不愿教也教不会的局面。有鉴于此，祖训先生提出要承认学生学习成绩差异的现实，采取因材施教，循序渐进，按学生程度分班，发挥各自的优势，因势利导，让学生向多方面发展，各得其所的办法，让学生走出考上大学是唯一出路的误区。经过辛勤的耕耘，全校上下一致的努力，一年后，部分学生的各科成绩由开始的10分、20分提高到60分、70分，学生、家长交口称赞，也博得了全市人民的好评。

后来，周祖训先生把自己独到的见解和做法整理成文，题名“只有坚持因材施教和循序渐进的原则，才能面向全体学生，使学生德、智、体全面发展——从一斑看全豹”。文章受到国家和省、市教育研究机构的重视，曾在全国教育研究会出版的《教育研究会通讯》第五期以“中学教育改革的几点设想”为题择要发表，并在河南教育研究会摘要宣读。

1981年，祖训先生当选为漯河市第六届人民代表大会代表及常务委员，同时当选为第五届政协漯河市委员会委员及副主席。

正当周祖训先生满腔热情地在漯河四中大力整顿教育秩序，力争全面提高教学质量的时候，一项新的任命，使得76岁高龄、在教坛辛勤耕耘了50个春秋的祖训先生，不得不怀着无限依恋的心情，从此脱离开自己极其热爱、并倾注了全部心血的学校教育事业。

七、调市政协参政议政

1982年9月，中共漯河市委决定调周祖训先生到市政协主持日常工作，由此走上了参政议政的岗位。1984年9月，先生继任第六届政协漯河市委员会副主席。1986年2月，漯河升级为省辖市，同年10月，政协漯河市第一届委员会建立，祖训先生被选为副主席，分管文史资料研究委员会工作。在政协工作岗位上，一种新的使命感、责任感油然而生。他广泛听取意见，积极参政议政，在认真学习中央精神，深入调查研究的基础上，先后提出许多有独到见解的意见和建议。有的还写成文字材料在会议上宣读，或送报刊发表。其中主要有：①《解除顾虑，努力为祖国统一大业作出贡献》（1984年11月）；②《奋起直追把我市政协文史资料工作搞上去》（1987年5月）：③《试论如何完善共产党领导下的多党合作和政治协商制度》（1988年）；④《谈谈民主党派参政问题》（1989年4月）；⑤《我对中学德育工作的意见和建议》（发表于《河南教育》1990年第7—8期合订本首篇）；⑥《对选拔非中共人士在政府任职的建议》（1991年4月）。以上文章和建议，均受到领导机关的重视，而且许多已被采纳。

祖训先生早在1951年初即参加了中国国民党革命委员会组织，先后担任过民革河南省委员会委员、常务委员和省民革祖国统一委员会副主任、民革河南省委员会顾问，并建立了民革河南省委直属漯河市小组及支部，担任领导职务。工作中，他教育民革成员，认真学习《中共中央关于坚持和完善中国共产党领导的多党合作和政治协商制度的意见》，始终坚持共产党的领导，不断加强民革的思想建设、组织建设。为使民革党员都能树立良好的形象，祖训先生亲自制定了《民革漯河市支部党员思想行为准则》，有力地推动了民革组织的健康发展，在多党合作事业中发挥了积极作用。

祖国统一是民革工作的重点，也是政协工作的重要组成部分。祖训先生对此项工作非常重视，经常研究祖国统一的方针政策和台湾现状。

从20世纪80年代起，他即利用自己在国民党时期曾任河南省参议员和国大代表的特殊身份和经历，为大陆与台湾实现三通和完成两岸的统一大业奔走呼号。同时，还以通信、电话等形式，与在欧美港台的同事、同学、同乡及朋友进行广泛的联系。在他们回国探亲时，又总是不顾自己年事已高，必亲往他们的驻地热情接待，促膝谈心，宣传祖国的大好形势，和祖国对海外同胞的亲切关怀。通过上述活动，使得海外和台湾友人增进了对中国共产党的知识分子政策的了解，破除了反动势力的造谣诬蔑；使得思乡心切的海外游子与我们一起努力，促进祖国统一大业。早日与亲人团聚；提高他们对祖国的认识，增强他们对祖国的向心力，进而为祖国经济文化建设献计出力。祖训先生深有体会地说：一个人联系的人数虽然有限，但是把每一个人联系的人集合起来，就会无穷无尽。涓涓细流，可成江河，最终要汇成祖国统一的浩瀚大海。

1991年，周祖训先生因年事高离职休养，时年85岁，本可安享天伦之乐，颐养天年。可是他已有新的打算：利用离休后摆脱了行政事务，有了较安静的环境，撰写回忆录，整理已发表和尚未发表的自己及海内外友人、学生寄来的大量信函和文稿；回顾走过的历程，总结50余年的教育思想和办学、教学实践经验，反省自己，启迪后人。同时也充分利用其“桃李满天下”的优势，为祖国的统一和繁荣富强，为漯河的招商引资和文化交流继续发挥余热，作出新的贡献。所以，离休时即以《老有所为》诗自勉：“离休志不休，事业作寄托。以忙为自在，将寿补蹉跎。”诗的后两句，借用唐代诗人刘禹锡《步夜咏怀》一诗中的名句。刘诗原句是：“以闲为自在，将寿补蹉跎。”先生将“闲”改“忙”，虽仅一字之差，从中确可见祖训先生的心境与情怀。

1996年9月8日，周祖训先生90寿辰。他特作组诗《九十行》，以概述90年的生活和奋斗历程。在该诗题记中写道：“九十行者，九十老人行不止也。”在励志篇中他高唱：“年已九十不觉老，每日忙碌意兴高，回忆一生平凡事，无愧无悔示后曹。”“人生百岁半九十，今后更须勤磨砺。夕阳的是无限好，万丈霞光值暮时。”诗中抒发了先生虽已逾耄耋之年，依然乐观进取不稍懈，一心向上行不止的奋斗精神。

正当周祖训先生90华诞前夕，1995年金秋十月，先生被评为“第四届全国健康老人”。喜讯传来，广布大江南北、海峡两岸以及旅居欧美许多国家的挚友和学子，纷纷以书画、函电颂赞相祝贺，并相约云集漯河，隆重举办海峡两岸书画展，热烈庆祝老校长90大寿。他们虽都已年逾花甲、古稀，许多人戴着著名专家、学者、作家、艺术家以及军政要员的桂冠，但到老校长身边，个个仍如同游子回到久别的家园，激动不已。大家不约而同地回忆起母校的既艰苦又优良的学习环境和周祖训老校长“视同事如手足，待学生如子弟；以五育并进施教，以公诚爱严陶熔；自奉俭约，甘之如饴；诲人不倦，数十年如一日，至情至性精神”（江鸿恩:《北望云天忆母校》）。他们深感“是学校给他们以优秀的道德品质，给他们以健康的体魄和各种才能，也给予他们以自立于社会的信心。几十年后，还是十分怀念战时信师那种有巨大向心力的优良校风，要珍惜自己有幸成为信师一分子那段难得的人生经历”（王永泽、傅辉蘅:《珍惜与怀念——苦中有乐在师岗》）。

政协河南省委员会文史资料委员会，寓知这一盛举，多次派专人前来协商，拟将已收集整理的信师师生的回忆文章和书信，汇编为《抗日战争时期的河南省立信阳师范》一书。后经共同努力，于1997年冬，以《河南文史资料》专辑（1997年第4辑，总第64辑）出版，发行全国。

周祖训先生高寿九五。跨越两个世纪，历经清末、民国、社会主义新中国三个时代。他一生追求进步，向往光明，与时俱进，永不言止。终于从信奉资产阶级改良主义，跃进到无产阶级共产主义。他把全部心血都献给了教育事业和社会主义建设事业，遍植桃李，开花结实。而他自己则一直保持着简朴的生活，布衣素食，不近烟酒和早年养成的黎明即起，进行体育锻炼的习惯；至今饮食正常，睡觉香甜，背不驼，腰不弯，耳聪目明，思维敏捷。每日读书看报书写、接待来访不倦。先生在《七九自励》诗中说：“生命不息，战斗不已，多活几年，多做些事。”又在《八十自寿》诗中写道：“七十逢盛世，八十力有余；撰写回忆录，致力大统一。九十友生会，大庆在期颐。”先生在诗中提出的四项期望，两项已经实现。即“撰写回忆录”“九十友生会”。关于信师的回忆录已如前述；中原临中，省立郾中、漯河高中、漯河四中的师生回忆录，也即将出版发行；“九十友生会”的诗歌、书法、绘画精美画册，也已印刷完毕，很快即可邮寄出去。

衷心祝福周祖训先生健康长寿，共庆百岁华诞；同贺祖国统一，繁荣昌盛，早日跨入世界强国之林！

2001 年 8 月 20 日

附注：本文系依据周祖训先生的著述、自传、回忆录和其同事、学生的有关文章编写而成。初稿写成后，中原临中以前部分，曾经周老增删校改，中原临中、省立郾中、漯河高中部分，因本书所载周老及诸位老师、校友的文章，记述翔实，为节省篇幅，本文仅予概述。另，本文中引用许多师友的文字，未能注出，特此说明，并致谢意，望予谅解。

马洪奇　启

选自 2002 年 1 月《漯河市文史资料》第十辑

周祖训先生任信阳师范学校校长十年

马洪奇

周祖训先生，字绍言。1906年生于河南省内黄县周宋村。父母早亡，由其祖父韵坡公抚养教育成人，因起名祖训。1929年考入中央大学教育系，1933年夏以优异成绩毕业。受聘于信阳女子师范学校任教。是年冬，先生原籍内黄县楚旺中学派代表力邀先生回原籍任该校校长，就职一年，被誉为楚旺中学黄金时代。因该校教师中共地下党员吴邃之（吴芝圃同志）从事地下党的活动，被地方豪绅告发，有被逮捕的危险，先生迫不得已于1935年初学校寒假开始时，护送吴邃之安全离开内黄，自己也随即辞去校长职务，赴河南省会开封。2月，应开封女子师范聘请，任该校教务主任。9月，学校易长，先生去职赴南京中央大学教育研究所任研究员。1936年2月返河南省任教育厅第三科科员，每日"等因、奉此"虚应事故，与先生教书育人之夙愿颇多相悖。先生又感大学毕业不到四年而五易岗位，职业无保障，遂参加国民党考试院在南京举行的教育行政人员高等考试。按当时规定，高考及第，经实习后，必须以"荐任"职任用，在工作中如无大错，不能轻易撤职，有"铁饭碗"之称。先生一战而捷，分配到河南省教育厅实习。1937年2月实习期满，按规定应任秘书、科长或督学等职，时均无空额。恰在此时，河南省立信阳师范学校校长出缺，教育厅任命先生任该校校长，先生欣然受命。

河南省立信阳师范学校创建于1903年（一说1906年），是一个历史比较悠久在当时省内规模较大的学校。共12班，男女生分开上课，女生部称为一院，男生部称为二院。该校有良好的爱国和革命传统，在历次爱国和革命运动中，均有积极表现。1931年，"九一八"事变发生后，师生为反对日本帝国主义和国民政府不抵抗政策，为要到南京请愿，曾结队到火车站卧轨。1935 年北平学生爆发了“一二·九”爱国运动，信师师生以当地“最高学府”（群众称该校为大学堂）地位，带领信阳各校学生群起响应，几千名学生聚集于车站，要求赴南京请愿，铁路当局不允，学生卧轨拦车，使交通中断一日一夜。信阳师范师生这种高昂的爱国精神，深遭校内外反动势力之忌，罗织罪名，诬陷爱国师生 60 余人为共产党员，于 1936 年 12 月由信阳县政府下令逮捕。河南省教育厅闻悉派人到信阳调查处理，结果部分师生被送到开封反省院审查，其余就地释放。事情震动全省，时称“大逮捕事件”。学校遭此大变，师生人人自危，陷入混乱状态。原校长赵邦俊感到无法维持，自动辞职。先生在此情势下受命接任该校校长后，一方面感到在教育事业方面大有可为；另一方面也看到在学校善后问题上颇为棘手。

1937 年 2 月 14 日，先生到信阳师范学校接钤视事。在新学期开学典礼大会上，痛陈上期大量师生被逮捕和由此引起的全校动荡及其危害，要求师生为学校前途，要共同维护安定，加强团结，同舟共济，听者动容。但树欲静而风不止，反动势力制造事端的目的原在于夺取校政大权。先生来校以后，反动势力心有不甘，以各种手段威迫利诱，软硬兼施，企图先生供其驱使，先生不为所动。3 月，他们通过信阳县政府，以诬陷手段再次大捕学生，先生挺身而出，以上年捕人元气未复，今年再捕，学校将解体为词加以拒绝。但反动势力一意孤行，仍然强行抓走了陈士龙、陈永甫、袁升堂等几个学生。接着又趁先生赴省教育厅述职之机，唆使少数学生将先生新委任的正副教导主任二人赶出学校。先生闻讯返回，同时省教育厅也派人到校协助先生处理，风潮始告平息。但此后仍不断有人在校制造混乱，如常发现有辱骂、诽谤先生的匿名传单和标语，还发现有署名共产党散发的“打倒蒋介石”和“推翻国民政府”的标语。其实当时校内并无共产党组织，而共产党在当时的方针是逼蒋抗日，这些“反蒋”标语，显系别有用心，企图嫁祸于人。学校一再发生捕人事件，师生噤若寒蝉，校园犹如一潭死水。全校无一张壁报，无一个班会，无人敢看生活书店出版的图书杂志，大有“长夜漫漫何时旦”的情势。这种反常现象，先生睹目痛心，遂深入教师和学生中间进行调查了解，得知校内极少人为扩张个人势力，结党营私，以利诱威迫手段，驱使师生加入他们的反动组织，遇有思想进步、有正义感、不愿和他们同流合污的，即捏造事实，诬之为共产党以构陷之。先生根据所得事实，具文申报河南省教育厅。教育厅在长时间调查后，证明两次逮捕的师生纯系无辜，遂决定于1937年5月全部释放，教师另行安排工作，学生回校入原班学习，并令学校将诬告师生的学生某人开除学籍。当先生在全校会议上宣布此项决定时，师生愁容为之一扫，正气得到伸张。从此，学校逐渐开展一些对学生身心有益的活动，如举行班会、到鸡公山旅行、毕业学生到江南参观等。

1937年7月7日，全国抗日战争开始，国共两党实行第二次合作。全国人民同仇敌忾，精神振奋。是年9月，学校新学年开始，招收了四班新生，同时从接近战争的地区，聘来一批年轻有为的教师，如胡梅村自上海来，环惜吾、周瑗（字景蘧）自江苏来，缪钺[①]（字彦威）、薛孝宽自河北来，梁冰潜自山东来，李影桦（字永刚）自豫北来，朱宕潜、王子龙自河南大学来，加上原有教师丁折桂、徐祝峰、杨壁人、杨慕陶、刘寅让（字子谦）等，这些人都在30岁上下，学有所长，有强烈的民族意识和爱国主义精神。先生为学校有这样好的师资可以大展平日教育救国的抱负感到十分高兴。

8月30日，在新的学期开学典礼大会上，先生做了抗战形势和我国最后必胜的讲话。发出学校教育要战时化，师生生活要战斗化的号召，师生听后反应强烈。此时，全国和校内形势与上半年完全不同，师生不再有被压迫、被逮捕的危险，保卫国家，保卫家乡的爱国主义激情犹如火山一样迸发出来。许多进步的图书报纸流入信阳，广大师生竞相购阅，校园内外，讨论国事，关心战局，积极要求学校教育措施和师生生活能与抗战相适应。先生根据当时抗战形势和信阳尚处在抗战后方的情况，决定采取以下几种措施。

1.暂不改变学校教育体制，照常上课，各科内容，增加有关抗日教

① 或为缪钺，见马洪奇《勤奋好学尽瘁教育的周祖训先生》。

材以至完全采用抗日教材，并密切与抗日宣传活动相结合。如语文课可讲授抗日文告、抗日文学，教学生写抗日宣传稿，编写抗日战报；史地课可讲日本帝国主义侵华史和强占我国领土情况；理化课可讲各种武器的构造和防御；教育课可讲国难教育措施和向群众宣传教育的方法；体育课除正规训练外，增加跑步和爬山；音乐课完全教唱抗日歌曲；美术课完全教画抗日宣传画；军训课除制式训练外，加重实战演习和游击战训练。

2. 组织“国难教育研究社”，探讨抗日战争发展的大趋势和应采取的相应措施。先生与朱宕潜、胡梅村、环惜吾等在大学都是学习教育专业，对这个问题素极注意，因以四人为基础并吸收各科教师代表参加。集思广益，研讨方案，对以后学校各项措施起到很大作用。

3. 组织各种宣传团体，积极宣传抗日。主要有：①话剧团，领导人朱宕潜。演出当时流行的抗日宣传剧《三江好》《民族公敌》《天津的黑影》等。最感人的是街头剧《放下你的鞭子》。每次演出，总是围观群众失声痛哭，甚至有人要打剧中执鞭之卖艺老头。②歌咏队，领导人李永刚。教唱的歌曲主要有《义勇军进行曲》《救亡进行曲》《毕业歌》《旗正飘飘》《中华民族不会亡》《救国军歌》《松花江上》《牺牲已到最后关头》《中国人不打中国人》《锄头歌》《保卫黄河》《伏尔加船夫曲》等。③壁报组，领导人胡梅村。壁报名称《我们的号音》，致力抗日宣传，不做无病呻吟，文情并茂，版面新颖，对鼓舞全校师生抗日热情起到很大作用。此外，每日写有战报，粘到信阳四门，用以宣传信阳群众。④漫画组，领导人丁折桂。编制大幅漫画，辅以简洁说明，鼓舞民众斗志，揭露日寇暴行。漫画悬挂校内、街头，以视觉艺术教育群众。⑤讲演组，领导人环惜吾。事前拟好讲演词，穿插在演剧和歌咏中间，对民众讲演。这些宣传活动，始在校内，而后渐及校外街道和城郊。

4. 鼓励学生参加国民党和共产党领导下的军队和干部队伍。这些学生后来均成为抗日战争的骨干。

5. 慰问、收容在信阳的伤员。学校将一院师生与二院师生合并，让出一院校舍做伤兵医院，并组织师生捐赠实物，举行文艺演出慰问伤员。

以上诸种活动，先生均以极大的爱国主义热情，组织、推动并带领广大师生进行。以上只是该校实施战时教育的初步形式。

自“七七”抗战到1937年底，由于敌强我弱，战争节节失利。全国几个名城如北平、天津、太原、上海、南京等相继沦入敌手，河南省的安阳、新乡、焦作等城市也先后被日寇占领。豫北以至开封的许多学校和难民仓皇迁至豫南，增加了信阳的战时紧张气氛。1938年初，信阳城上空，敌机空袭警报频传，火车站屡遭轰炸。这时，信阳师范一院校舍既已用作伤兵医院，二院校舍也有一部分被军事机关占用，全体师生面临“我们学校将怎样办”的问题。先生发动师生对此展开讨论，一部分人主张，现在办学有实际困难，不如停办参加抗战实际工作；一部分人主张，克服困难，仍照常上课，课余进行抗日宣传。先生分析研究了两种意见，认为二者皆有失偏颇。抗战既已定为长期之战争，主张停办学校是不对的；反之，主张学校仍照常规进行，也与客观实际相悖。当前只有改变教学体制，认真实施战时教育，使教学体制既吻合实际情况，又适应战时需要，在一旦遭受敌人袭扰学校不能办理时，即可转为战斗实体，对敌人进行实际战斗。该校实施战时教育情况，曾于1938年二三月间，载于在开封出版的《河南民国日报》和在汉口出版的《新华日报》。现将实施概况摘述于下：

1.组织“信师战时服务团”，作为实施战时教育试验。1938年1月，学校寒假开始，将留校师生70余人组成服务团。先生亲任团长，直接领导。战时服务团的任务，除对群众进行宣传服务外，主要是实行严格军事训练，如爬山、远足和军事演习等（参见本辑《信阳师范战时服务团训练生活片断》一文）。

2. 1938年2月，学期开始，全校实行战时教育。要点为：①改变教学体制，上午进行普通训练，即基本知识和文化训练。减少课时，删去教科书中无用的内容。在方法上，重视学用结合，集体研究和讨论。下午进行特种训练和服务活动。特种训练包括政治训练、军事训练、特种技术训练等。服务活动有各种宣传和办工人、农民训练班等。当时，学校的服务活动受到了汉口《新华日报》的注意，曾于1938年3月18日以“信阳各业工人战时训练班毕业”和3月28日以“信阳工人的战时训练”为题加以报道。报道说：“信阳师范自开学以来，即将全部课程改变，实施战时教育，上午普通训练（基础知识的训练），下午为特种训练（应付战时的一切训练）。”“信阳各业工人战时训练班，第一期典礼于13日在省立信师举行。虽曾连遭警报，但大会仍热烈进行，信师内各组亦各表现其所能……会中周训练主任（信师校长）等皆有恳切讲话，并由歌咏队、讲演队做种种宣传。最后，话剧组演出《三江好》《民族公敌》《天津的黑影》等剧，感人之深，甚至有喊打（打剧中人）‘金浪人’者。直至下午7时，始尽欢而结束信阳本年度首次举行之一大民众集会。”“训练的结果，他们抗敌情绪很高涨，知道最后胜利一定是属于我们，并且愿在这时期，不避一切艰险，替我们国家出力。因之，他们自己商议的结果，凡是军队在信阳站上下的货物，工钱只收半数，这一点是尽忠国家的表现。”②当时，上级发给学校一部分退役枪支，供学生军事训练用，经修理尚能进行射击；学校分别另购一部分完好的枪支，作为师生打靶用；先生倡导教师自购短枪，作为自卫用。这些枪支，在师生进行实战演习和以后学校两次大迁移途中都派上很重要用场。③1938年初，河南大学文、理、法等学院已迁至信阳鸡公山，先生得此方便，先后请河南大学专家学者萧一山、范文澜、嵇文甫、余家菊、余协中、于赓虞、张师亮等到校做学术讲演，从各种不同观点说明抗战必胜的道理，以坚定师生抗战到底的信心。④利用信阳驻军增加，请军事专家讲解军事知识，实行军事演习，远地行军，夜间行军，实弹射击等。⑤抗战愈持续，国家和个人经济愈感困难，在这种训练中包括有适应战时需要的训练，即培养师生刻苦耐劳的精神和习惯。师生同甘苦，共生活，求简单朴素，实行自己服役，如自己做饭、洗衣、吹号、清扫校舍；为适应校舍缺乏和躲避空袭，提倡露宿和到野外树林中上课。⑥组织“信阳师范巡回宣传队”，配合信阳县长李德纯下乡进行工作。参加巡宣队教师和男女学生五六十人，由教师朱宕潜、胡梅村、环惜吾、丁折桂等领导，宣传形式有话剧、歌咏、漫画、讲演、壁报等，还深入农家个别访问。李德纯县长原在一战区司令部工作，得到程潜信任，程任河南省主席后，认为信阳乃军事要地，即任李为信阳县长，并予李一排装备精良的部队，必要时在信阳开展敌后游击战争，由李指挥以便工作。李胸怀坦荡，工作认真，极富爱国思想。到任后经常深入农村安抚群众，并动员群众参加抗战。先生认为与李配合是对农村宣传抗日的难得机会，嘱师生一定要和李县长密切配合。结果巡宣队帮助李做了不少工作，李视之为他的耳目和左右手。同时在李的指导和协助下，巡宣队也大大发挥了它的宣传作用。

1938 年上半年，我抗日战争形势，虽然于 3 月 23 日至 4 月 7 日在台儿庄大会战中取得鼓舞全国人心的胜利，但时隔不久，徐州、开封相继失陷。日寇气焰嚣张，日本天皇于 6 月 15 日召开御前会议，决定进攻武汉。作为武汉的外围重镇信阳，从抗战的后方，变成抗战的前线，敌机频繁轰炸信阳车站。先生估计暑假后仍在信阳城内上课已不可能，遂于暑假期中将校具、图书、仪器等运送距县城 50 里的西双河，既可防敌机轰炸，并为暑假后在农村开学做准备。8 月 30 日，全体师生集中到西双河，借当地的祠堂和空房，因陋就简，正式开学上课。9 月 12 日，敌机第一次轰炸信阳城内，信师校舍被毁，会计王潜斋殉职。先生闻讯赶回县城处理善后，留城师生在悲愤中举行了与王潜斋遗体告别和追悼仪式。随后先生将学校被炸情况报告已迁南阳的河南省教育厅，教育厅命学校立即迁往豫西南镇（平）、内（乡）、淅（川）一带，先生遂通知全体师生回城做西迁准备。当时随校西迁的师生约 400 人，男女生各半。女生部有三班初中，学生年岁最小的仅十二三岁。所幸教职员眷属中老弱者均于数月前送唐河县城居住，无何拖累。先生认为，此次学校西迁，乃半年多实行战时教育的一种考验，是难得的一次行军演习。因共同约法三章：一、师生绝对遵守行军纪律，听从学校指挥，不许有一人例外。二、师生同甘苦，共生活，教师有带领和保护学生的责任，遇危难时校长应以身先。三、师生完全轻装前进，以便应付突然事件，大件行李由学校统筹，雇车运输。9 月 20 日晨，先生率全体师生冒雨起程，按行军组织，循信南公路西行。时秋雨连绵，道路泥泞难行，行李车尤难行进。初离信阳时，又怕敌机轰炸，过湖北随县境时，有土匪出没，又怕遭匪劫，因组织防护团，以学校所存枪支，做防护措施。在行军途中，先生始终走在队伍最后，督率后队前进，同时命学生骑自行车与前队取得联系，不使队距拉得过远，以免失去指挥。途中一旦发现有人违犯纪律，即集合全体人员进行教育。当时因逃难人多，扶老携幼，军民杂沓，道路拥挤不堪，常见有破车死畜，弃置路旁，一种混乱凄惨景象，触目心伤。先生不放过对师生教育的机会，多次对师生引用老子的话说“天地不仁，以万物为刍狗；圣人不仁，以百姓为刍狗”以说明自然和社会规律的不可逾越和无情，只有锻炼自己，才能适应和驾驭它并获得胜利。行 12 日，10 月 3 日才到达安全地区唐河县。大队在唐河休息，先生乘机至南阳向教育厅汇报学校迁移情况，并接洽新的校址，结果选定内乡县师岗镇为校址所在地。当师生大队于 10 月 17 日由唐河西行时，先生由南阳迎之于途中，宣布新校址已经选定，师生自发地热烈鼓掌欢迎。先生每忆及此，常慨然以为师生自发地鼓掌，是他近一个月亲率全体师生不怕艰险，安全完成迁校任务的收获，感到无上的慰藉。10 月 23 日师生到达师岗，26 日开始复课。

师岗是位于内乡南部的一个小镇，北西南三面环山，东临邓县平原，人民勤劳朴实，地方士绅及行政官员热心教育。在信阳师范迁师岗前，已有南阳中学迁至师岗附近的张集，得到地方人士很好地接待和安排。信师到师岗后，地方民团聂相岑团长即将其团部全部让出。团部房舍大门北向，共分 3 个大院，东院做女生部，西院做男生部，中院做教职员住宿及办公用。大门前有砖砌平台，可做露天饭场。平台对面有戏楼，戏楼与平台之间为广场。戏楼可用作演剧或讲台，广场可以看剧听讲和做体育运动场。因有这些方便，所以师生到这里仅三天即已复课。师岗地处抗战后方，无军事上的干扰，无空袭警报，是一个比较安定的学生读书学习的环境。因此信阳师范得以在内乡办学长达 7 年，这 7 年中，先生惨淡经营，运筹擘画，做了以下在当时颇有影响的工作。

一、抓紧有利时机，加强学生课业学习。在信阳时实行的战时教育，半日上课，半日进行特种训练和社会服务，是当时信阳形势使然，这时既有安定环境可供学习，则不仅要学好现有的东西，还要补学过去失去的东西。开始，学习条件和生活条件相当艰苦，学生是坐在砖头上听课的，后来才有了长案做桌，长凳为座。每案可对面坐 8 人，既可听课记笔记，又便于集体讨论。晚自习以桐油灯照明，勉强可以读书写字。师生同灶吃饭，晴天在大门前平台画地为桌，编 1、2、3……号码，席地就餐。早餐苞谷糁煮红薯，不限量，午餐每人一个杠子白面馍（约半斤重），副食品为白萝卜和青菜，晚餐混汤面条，不限量。在这样简陋的学习生活条件下，教师都能勤奋授课，改进教学，倡导自学辅导方法，并严格考试，实行异班参生，异科同考办法。因此，学生无不严格要求自己刻苦学习，成绩均在前列，很少有不及格的情形发生。

当时，学校进步空气浓厚，教学中，除开设《伦理学》《形式逻辑》外，还讲唯物辩证法，开办《劳动教育学讲座》介绍苏联劳动教育制度。师生阅读进步书刊成风，校园内充满了琅琅的读书声。

二、读书不忘抗日，积极进行自我训练和抗日宣传。信师自迁至师岗，定学校到师岗的 10 月 23 日为“迁校纪念日”。每年这一天，全体师生开会纪念，先生在每次纪念会上都是一再强调：“安勿忘危，读书不忘救国。”自我训练除平日严格军童训和露营演习外，每年至少要举行一次修学旅行，实际就是远途行军，如曾旅行到淅川上集、香严寺、荆紫关、湖北武当山、内乡西峡口等。每次旅行师生都自背简单行李、吃饭及洗刷用具，规定每生都必须带一尺多见方薄木板挂在身上，可随时作为写生、记笔记和听课用。先生每次旅行都和师生同样参加，并随时对学生进行教育。在抗日宣传方面，渗透在学校各种活动中，每期举行的演讲比赛、歌咏比赛，都离不开抗日内容；每年举行大型的新年游艺活动，抗日宣传是一重要组成部分。

三、开展社会服务活动。为社会服务是信阳师范自抗战以来的优良传统，如在信阳主办的“工人战时训练班”和“信阳师范学校巡回宣传队”都属于社会服务范围。1939 年 1 月 22 日起无偿代内乡县办“小学教师讲习班”，参加的小学教师达 150 人，历时两月，到 3 月 18 日结业。全体教师参加讲课，先生主讲“现代教育思想”课，并在《内乡县小学教育讲习会同学录》亲撰序文，赞扬内乡实行地方自治的成绩和参加讲习会学员学习的成果，受到地方人士的重视和称许。在教导副主任胡梅村辅导下，学生自治会办有儿童工学团、妇女识字班、民众问询处、民众宣讲会等，均收效甚宏。1941 年 7 月，创办了附设国民教育实验区，由信师附属小学校长芮秀芝（字铁群）兼任主任，以附属小学作为“中心国民学校”，并选派信师优秀毕业学生担任实验区干事和区内各国民学校校长，为改进地方初等教育作出了巨大的贡献。1942 年 8 月，受河南第六区行政督察专员公署委托，兼办“六区联立师范”，每年招收新生两班。1943 年 9 月，附办私立菊潭初级中学女生班，每年招生一班。1944 年 4 月起，日寇大举进攻中原，郑州、许昌、鲁山、洛阳等地相继失守。大批教师、学生流亡到师岗，教育厅在师岗设流亡教职员、学生登记处，登记收容。先生督率全体教职员为这些师生服务，乘暑假期间，给流亡学生补习功课，给教师补习教育学和教学方法，受到社会的极大称赞。在学校为社会服务的同时，当地社会人士也给学校以极大的帮助，师岗地方绅士以聂相岑、王文轩为首，逐年督率群众为学校修建校舍，到 1944 年 10 月，在师岗镇东南部建成寝教室俱全的平房百余间，大楼两座：大楼一做图书馆和办公厅，一做音乐教室和大门，学校的办学条件有了很大改善。为感谢地方人士对信师西迁后的热心帮助，学校早于 1939 年 12 月，即在后来新建校舍大门外水塘中间建筑一亭，名曰“乐育”，用以表示对地方乐育人才的纪念。

四、建立优良校风。建立优良校风，为先生教育思想一个重要组成部分。先生常称：“一个好的学校，一定要有好的校风。好的校风一旦养成，学生进到这个学校，就如‘风行草偃’都会为好的校风潜移默化。”所以学校到师岗不久，就着手建立优良的校风，优良的校风不是凭空建立的，必须具备建立优良校风的基础。信阳师范经过抗日战争后一年时间的抗日战争宣传，战时服务，战时教育实施，特别是在学校迁移时的行军实践，全体师生在思想、性格和互相关系方面，都得到了锻炼。这是建立优良校风难得的基础。在这个基础上，首先制定为全校师生共同遵守的校训，于 1938 年 12 月公布。校训为：“尚诚朴、耐劳苦、勤学问、习服务、重团结、养正气。”六项品德都是师生或多或少已具备的，定为校训是让大家时时服膺加以巩固发展并不断传递下去。其次，于1939年1月20日制定校歌。先生作词，李永刚作曲。歌词大意：首先提出“寇患来已，国难方殷”的国家大势；其次提出“训练自己，教育大众”是师范师生应尽的责任；再次要求履行《校训》规定六项道德标准；最后要求“相亲相爱，互励互信”团结一致，以求抗战建国的胜利。学校规定在每日早晚升降旗和大小集会，都同唱《校歌》，所以《校歌》在该校犹如暮鼓晨钟，唤醒大家切勿忘国难当头，一定要努力奋斗。先生深信“移风易俗，莫善于乐”的道理，于1940年编印《校风集》，内收歌曲8首，教学生歌唱，歌曲均由先生作词，李永刚谱曲。第一曲为《校歌》，下依次为《尚诚朴》《耐劳苦》《勤学问》《习服务》《重团体》《养正气》6首，阐述《校训》每项的含义。最后一首为《我们是人生路上的伴旅》，说明师生在人生的道路上，要互相勉励，做一个正直的人，一个真正的人。先生为把《校训》贯彻到每一个人，在全体师生反复讨论后，根据校训6项规定拟定行为规范200条，定名为《我们的校风》，于1941年3月2日召开学生自治会全体会员大会，举行履行《我们的校风》宣誓，当年11月1日组织了《我们的校风》竞赛。规定每学期评定学生操行成绩时，均以《我们的校风》200条作为评定标准。因之，信阳师范校风优良，成为当时来校视察人员和社会人士对该校的公评。

五、建立学生自治会，开展各种课外活动。先生一向重视学生课外活动，认为它是课堂学习的必不可少的补充，可以培养学生的领导和组织能力，发展学生某些专长，学生自治会不仅本身为一课外组织，且为发动一切课外活动的总机关。但在中等学校组织学生自治会，当时国民党教育部是明令禁止的。理由是中等学校学生年龄尚幼，易为别人利用，走入歧途。先生认为青年最富正义感，最能辨别是非，如领导得当，必能沿着正确的道路前进，所谓“误入歧途”者不过是桎梏学生的伎俩。先生不顾教育部规定，为开展教育工作需要，毅然让学生组织学生自治会进行活动。学生自治会由各班学生选出代表组成委员会，委员会推举一人为主席总揽会务。委员会下设生活、学术、康乐、服务四个部，每部设干事若干人，分理各部事务。首任学生会主席孙克恭，是中共地下党支部书记，品学兼优，为先生所器重。先生在校从不调查共产党的地下组织与活动，平日只知某生思想进步，至其是否中共党员则从不过问。对孙克恭的情形，也是如此。在当时的白色恐怖下，只有在学生的言论行动危及学生本人和学校时，先生才加以干预，所谓干预，也只是劝诫和教育。如有学生遭到诬陷和逮捕，先生即挺身而出为之辩护和援救。在先生支持下，历届学生自治会多为有进步思想的学生所主持。开展的各项活动是颇有成绩的。如自治会生活部管理全校伙食，每分钱每粒粮食都用在学生身上，廉洁奉公，井然有序，定期公布账目，大家感到满意。学术部组织各种研究会、读书会。研究会有“社会科学研究会”“文艺研究会”“美术研究会”，办起了“社会科学”“自然科学”和“文艺”三大墙报。并印有《中国宪法研究专刊》。社会科学墙报曾出辩证唯物主义专号，文艺壁报曾连载《无花的蔷薇》，讽刺当时的不合理制度。读书会一周活动一次，学生阅览不少进步书籍，讨论时事政治，交流学习心得。此外，每学期组织有演讲比赛、歌咏比赛、绘画展览和各种学习成绩展览，培养出不少有专长的人才。服务部办有“儿童工学团”“妇女识字班”“民众教育馆”，由学生轮流值班，馆内设有问讯处，（写信）代笔处、阅览室。阅览室挂有“每日抗战地图”，图上用各种符号表示每日抗战情况，馆内另陈有书报杂志，供群众阅览；学生还公布每日收录的新闻简报借以激发人们关心战事。教导主任朱宕潜、胡梅村还到校外办农民夜校，进行抗战宣传。特别要提出的是康乐部主持的活动，每学期要举行一次全校性的运动会，规定每生至少要参加一项竞赛项目。还有班际篮、排球比赛，使体育运动普及每一名学生。此外，每年要举行一次大型新年游艺会，游艺会内容丰富，形式多样，有歌咏、有抗日小剧、有戏曲，主要是大型话剧，多年中演出的有曹禺的《雷雨》《日出》《家》《蜕变》《北京人》，于伶的《杏花春雨江南》、沈浮的《金玉满堂》、宋之的《雾重庆》等，在复员回信阳以后，演出的有袁峻的《万世师表》，于伶的《长夜行》，陈白尘的《升官图》等。这些当代名作，或反映半封建半殖民地社会的腐烂与罪恶，如《雷雨》《家》《金玉满堂》等；或揭露国民党统治下的黑暗与压迫，如《雾重庆》《升官图》等；或歌颂人民对敌人的英勇斗争，如《杏花春雨江南》《长夜行》等；或颂扬教育战线的园丁如《万世师表》等，这些有深刻进步意义的话剧，在当时能顺利演出，与先生的思想和支持是分不开的。通过这些演出，提高了师生的认识，培养了师生的艺术和组织才能。

六、创建艺术师范科。信师迁师岗后，先生深感中小学体音劳美教师缺乏，抗战宣传也急需大量音乐美术人才。而当时信阳师范有一批很好的体音劳美教师，如体育教师先后有杨壁人、戴文骏、杨芝三、乔连和、刘融九、黄仲元等；音乐教师先后有李永刚、周媛、嵇振民、张子瑜、王润琴等；劳作教师有梁冰潜、马植文等；美术教师先后有丁折桂、李浴、周中孚、陈希庐、刘鲁也等。这些教师大多是专科以上学校毕业，学有专长、乐育人才。遂于 1940 年 7 月呈准教育厅在信阳师范增设艺术师范科一班于当年暑假开始招生，以后逐年续招。招生对象为初中毕业的男女学生，学制三年。第一年合班上课，体音劳美全学，从第二年起，按学生的学习兴趣和专长，分体音、劳美两组，上课有分有合。体音组体育课有球类、田径、体操、童子军等；音乐课有声乐、键盘、乐理、视唱、和声、作曲、指挥等。劳美组劳作课有泥土、编织、剪纸、印染、印刷、木刻等；美术课有素描、水彩、工艺美术、中国画、透视学、色彩学、构图法、美术史等。信阳师范每学期举行的运动会、歌咏比赛、美术工艺展览等于对艺术科学生的成绩考核；每年一次新年大型游艺会更是对艺术科学生的学习大检阅。在演大型话剧时，舞台精美的布置、道具和音响，都是艺术科师生精心设计和辛苦制作出来的。自 1940 年艺术科建立以来，培养出不少体音劳美人才，学生遍布祖国各地，在我国经济文化事业中作出了贡献。

七、创建勤工俭学制度。那时不叫勤工俭学，而叫“利用星期日从事生产工作”，起始于 1940 年。建立的原因，一是源于先生的教育思想，先生研究世界各国教育，看到无论资本主义国家英、美、德、意还是社会主义国家苏联，无不重视生产教育。中国当时虽亦提倡生产教育，但因不切实际，故收效甚微。二是学生经济生活上的实际需要。抗战后物资缺乏，物价高涨，生活困难日增，国家和家庭无力供给，极需参加一些生产劳动获得若干报酬以自给。采用利用星期日从事生产工作的方式，主要是因为生产工具少，参加生产工作的学生多，为全面安排，规定各班学生轮流过星期日，愿意参加生产的学生，可参加生产，不愿参加的学生，可以休息，这样生产工具可以不停地转动，参加生产工作的学生人数可以成六七倍增加。参加生产的学生每月可做四天工，每天工资约一元五角，每月可得工资六七元（根据梁冰潜同志回忆），可解决学生部分困难。为实行以上办法，须求得政府、社会人士和全体师生的支持，先生曾亲撰《中等学校学生利用星期日从事生产工作建议》一文，油印散发，后为“中华职工教育社”采登在重庆出版的《教育与职业》杂志上。该文分三部分：一、缘由。内分四点：一为教育上的目的。二为经济上的目的。三为过去中国生产教育失败的原因。四为利用星期日从事生产工作办法的优越性。二、办法。内亦分四点。一为工作时间安排，主要说明使学生如何轮流过星期日。二为工作种类，有校事服役、工艺、畜养、园艺、家事等。三为工作管理，主要是在学校行政教导、事务二课外，增设生产课，负责计划管理并指导学生生产工作。四为推行程序，要求先试行，然后全校推行，进而在全省推行。三、问题与解决。主要是解决在师生讨论这个办法时所提出的问题。问题有四：一为星期日应否工作？二为工作是否影响学生发育？三为工作人员每日更替是否影响工作效率？四为学生对工作是否感觉兴趣？先生在文中对以上四个问题一一做了实事求是，有充分说服力的解答。因该文说理充分有力，星期日从事生产工作的办法遂在学校推行。当时，中国传统上轻视体力劳动的思想在学生中还时有反映，为进一步解决认识问题，先生特聘请在美国留过学的化学教师王新甫讲述美国大学生靠劳动维持学业的情形，同时还在种蔬菜园地的外面题曰“学圃园”，表示与孔子反对“学圃”的思想对抗。这个办法从 1940 年初起到 1945 年学校西迁时止。实行长达五年，效果显著。历年教育部和教育厅对该校视察时，均称“不仅富有教育价值，而且还使学生学到生产技能，培养了劳动习惯，经济方面得到了补助”。时人曾誉先生为“河南生产教育专家”。

八、创办“信阳师范学校附设国民教育实验区”。1940 年，国民党中央曾通令全国实施国民教育，当时河南虽三面临敌，亦力谋国民教育的普及。当时公布的《国民学校法》规定：每保应有一国民学校，每乡、镇应有一中心国民学校。唯中心国民学校及国民学校之行政、设备、训育、教学诸端，应如何设施？中心国民学校及国民学校之失学民众补习教育应如何办理？以及中心国民学校应如何辅导国民学校？《国民学校法》未作具体规定，所以怎样办好中心国民学校和国民学校以提高国民教育质量，是实施国民教育中非常重要的问题。先生有鉴于此，即于 1941 年 7 月呈准教育厅在信阳师范学校附设“国民教育实验区”。主要目的是实验国民教育实施以上各项具体方法，并公布所得，以供各地参考。另外还附带三个目的：一是供本校师范生实习；二是辅导本校毕业生；三是辅导地方国民教育。实验区范围包括本校附属小学及内乡县师岗镇与张集乡所有中心国民学校和国民学校 27 所。实验区实验办法，乃依照教育原理，国民教育法令及地方实际情况，将有关办理中心国民学校及国民学校各种具体办法，先行设计，印发实验区所辖各校从事实验。每经一月，分别将实验情况报告实验区，再开会研讨，加以修正，即为实验结果，然后将实验结果编印成书。因实验成绩显著，1943 年 8 月，该区奉教育部令改为部办。实验区进行三年时间，至 1944 年 12 月印成三书，即《怎样办理中心国民学校及国民学校》《中心国民学校及国民学校怎样办理民教部》和《中心国民学校怎样辅导国民学校》。三书共数十万言，发行全省。1945 年 2 月，日寇进犯宛西，信师于 4 月迁至陕西，实验区停止。1945 年 8 月，抗日战争胜利，11 月，信阳师范复员到信阳，实验区亦恢复工作。省内外各地纷纷来函购置以上三书，因存书已尽，苦无以应，因先修订《怎样办理中心国民学校及国民学校》一书，交由中国文化服务社河南分社印行，发行全国。

1945 年 2 月，河南省教育厅（驻内乡县赤眉镇）厅长王公度邀先生任教育厅第三科科长，先生不愿做官，婉言谢绝。恰在这时张广舆（字仲鲁）在淅川荆紫关担任河南大学校长，亦邀先生到河南大学担任教育系副教授兼课外活动组主任。先生在中央大学读书时和张仲鲁有师生之谊，后张在河南任河南大学校长和河南建设厅厅长，先生和他经常有来往，并深钦张的为人。此时先生认为，到河南大学任教可将多年办学经验加以整理，写成讲义。况教导主任李永刚在信师任教多年，能力卓越，很受全校师生爱戴。先生遂决定向教育厅辞去校长职务，并推荐李永刚继任信师校长。结果未允先生辞职，只准先生休假由李永刚代理校长。先生于寒假结束后，到河南大学任职，开课《学校行政》，上课一周。学校聘著名学者冯友兰、冯景兰昆仲到校讲学，为听冯先生讲学，全校停课。1945 年 3 月 22 日，学校得到日寇向豫西南发动进攻的紧急消息，翌月学校命先生护送冯先生兄弟赴老河口转重庆，同时先生也要到师岗携眷回荆紫关随河南大学迁移。当日到西坪，因局势急剧变化，先生安排两位冯先生赴西安，自己赴师岗，25 日傍晚抵师岗，信师已奉命紧张准备向西安迁移。先生本可携带自己的眷属到荆紫关河南大学随校迁移，责轻而事简，但看到信师整个学校西迁，不仅困难重重，而且敌人进攻迅猛，容易遇到危险。这时代理校长李永刚因儿子患重病，左支右绌，极力请求先生复职，同时诸多同事和学生也以先生领导学校迁移驾轻就熟，对学校有利相劝。先生考虑在信师任职已八九年，视学校如家庭，家庭在危难中，应与大家患难与共，不忍独去陕西，遂慨然领导校务，积极投身迁校组织工作。3 月 27 日晨，先生离师岗时，已可听到敌人大炮和飞机轰炸声。当晚抵淅川城。28 日，淅川亦危，夜渡丹江去滔河。29 日在滔河临时住所，先生召集全体教职员会议，研究西行计划。因从滔河西至荆紫关，都是山路，牛车不能通行，也没有其他交通工具。为使大队行动方便，决定：携眷同人以暂留滔河为原则，有愿同行者，不得影响大队行程。而先生的祖父母均已耄耋高龄，妻子须随侍祖父母，家属必须留下，先生则不得不舍眷带大队西行，在此公私不能兼顾的矛盾心情下，不觉大恸，引起全体与会者痛哭。先生强抑悲痛，舍小我而成全大我，委托留在滔河的李永刚和其他留下的同人对家眷妥为照顾，于 1945 年 3 月 30 日率大队向荆紫关出发，先生殿后，督促全体前进，不准落伍。幸平日师生远途行军有素，未发生大的困难，于4月13日抵达西安，借住在私立仁山中学。到西安后，先生一面安置师生生活，一面找寻临时校址，最后将校址选定在武功县大庄镇。大庄镇距陇海路普集站三里，原为繁华集镇，陇海路通车后，商业都移到普集站，大庄镇日渐冷落。但原来街道两边店铺均完好无毁，又少人居住，可以无大困难地把几百名学生和几十家教师眷属都安顿下来。4月25日全体师生到达大庄镇，28日正式复课。

先生在安顿师生食宿并迅速复课后，这时最担心的事是一部分同事的眷属和自己的眷属留在滔河山中与敌人遭遇的情况。当时谣言纷纭，先生忧心如焚。为得到确实消息，先生于5月间乘车经宝鸡过秦岭到汉中，在汉中遇到很多从战区逃出的熟人，他们谈到信师同人的眷属在淅川山中遭到敌人的追赶，险遭不测，衣物尽失，幸有惊无伤，已脱险到了安康，拟由山路翻秦岭赴西安，先生听后稍安。在汉中略事休息，即由原途返回学校。

学校到大庄镇后，住宿虽不成问题，但因法币贬值，物价高涨，学生伙食不能果腹，因学生的勤奋学习和严明纪律，感动了地方人士，自动捐助学校一部分粮食，解决了一时困难。7月17日，学期结束，不放假，学生照常上课，以补迁移途中的缺课损失。8月初，河南联合中学正式成立，师范学校联合为一分校，信师为第一部，先生被任为第一分校校长兼第一部主任。

1945年8月15日，日本政府宣布无条件投降。消息传来，师生欢喜若狂，鸣放鞭炮庆祝。

自1937年2月先生就任信阳师范学校校长以来，经过半年对校内外的腐朽势力的折冲，又经过十四年抗日战争，学校两次搬迁，遭遇很多困难和危险。先生均能临危不惧，沉着应付，团结广大师生，风雨同舟，艰苦奋斗，战胜各种艰难险阻达到坦途。在抗日战争的困难办学条件下，为学校教育事业做出很大成绩，创造了不少有益的经验。先生以“而立”之年把旺盛的精力全部投入教育事业，品德、学识和工作能力都得到了很大的锻炼和提高，赢得了广大师生的爱戴和社会人士的赞誉。

1945年11月10日，信阳师范奉命复员回河南原址。全体师生及眷属11日自普集站上车，行至闵底镇，因铁路遭到破坏，只得徒步东行。沿途只见投降日兵在劳动，再无受日寇残杀的恐怖。到郑州改乘火车于11月27日到信阳，11月30日正式复课。

信阳师范在战前一、二两院共有用房486间，沦陷期间被毁370间，仅剩116间。一院校舍，大致尚完好，二院则只有教学楼未毁，被国民党军队占用，余则一片瓦砾。在复课时，男生暂借住信阳西关信义中学校舍内，每天早晨跑步来一院上课。直到1946年8月，驻军始将二院校舍交还作为男生寝室用。

信阳师范复员回信阳后，受到广大校友和社会人士欢迎，并于1946年新年欢宴全体教职工。他们特别对先生在十四年抗战艰苦环境中，两次于学校遭遇危险时，亲率全体师生迁移，公而忘私，不畏一切险阻，安全到达目的地，使弦诵不断，表示无限钦敬。原校毕业生、后又到西北师范学院学习的管家骅，毕业后又回到信阳师范任教，于课余导演袁峻创作的《万世师表》一剧，于1946年6月16日举行三年级学生毕业典礼时，在信阳县大会堂公开演出，以表示对先生坚贞不屈，尽瘁教育事业的敬仰，引起广大社会人士的重视。

1946年4月，国民党河南省要建立参议会，由各县县参议会选举省参议员。先生原籍内黄县参议会，因省参议员候选人问题发生争执，众以先生多年在外工作，与本县无利害冲突，且品学兼优，声望甚隆，力劝先生参加竞选，果以得票多数当选。因当时规定省参议员不得兼任公立学校校长职，于11月1日，先生呈准教育厅休假一年，校务由教导主任李永刚代理。11月27日，学校举行“建校四十周年校庆及周校长长校十年纪念大会”。信阳各级首长、校友以及师范、附小、实验区全体师生等共千余人参加，会场上摆放着各界赠送的许多银质、木质和布质的匾额和纪念品，赞誉先生，其中有云：“百年大计，首推树人。三分岁月，已过一分。濂溪周子，实司其成。星霜屡易，桑海曾经。栽培启迪，桃李成荫。心香一瓣，属在公门。”会场充溢着肃穆融和气氛。会议上由李永刚致辞，称先生长校十年如一日，视学校如家庭，对学生如子弟，以“坚苦朴素”和“公诚爱严”的精神在教育事业上作出了贡献。次由来宾致辞。最后先生讲话，扼要阐述信师校风或信师精神“公诚爱严”的含义，勖勉全体师生维护和发扬。庆祝活动其进行二日。除庆祝会外，有音乐会、展览会、球类表演、游艺并演出大型四幕话剧《长夜行》，在信阳为一时盛举。庆祝会后，先生离开信阳前往开封。在开封，先生接办了开封私立维新中学，为广培桃李、教育英才开始了新的征程。

信阳师范“乐育亭”

选自 1988 年 12 月《漯河文史资料》第二辑

忆中原临时中学

周祖训[①]

一、就任中原临时中学校长

1933年7月，我从大学毕业。到1948年7月，我在国民党统治区做了15年教育工作，其中大部分时间是担任师范和中学校长。1946年3月，河南省内黄县参议会选举我为河南省参议会参议员。按当时国民党政府的规定，省参议员不能担任公立学校校长职务。我只得于1946年末离开我曾任校长10年的河南省立信阳师范学校，到开封私立维新中学担任校长。1947年，国民党进行“行宪国民大会”代表进举。我参加华中区教育会国大代表竞选，以得票多当选，只因我不在国民党内定当选人员名单之内，不得不把当选资格“谦让”给江西省“青年党”某人。所以，我未参加1948年3月29日到5月1日国民党召开的“行宪国大”。

1948年5月，河南已大部解放，河南省参议会召开全体会议。在会议的最后一天，突然有人临时动议，要全体参议员赴南京请愿，请求派兵增援河南。这样一个动议，竟一哄通过，并决定即日起行。我随全体参议员到南京，得知在“行宪国大”开会期间，被迫“谦让”的国大代表大闹国民大会会场，国民党当局只得给所有“谦让”的国大代表补发了国民大会代表当选证书。我到南京，虽“行宪国大”已经开过，也照例领了当选证书，当上了国大代表。

① 周祖训，河南内黄县人。1906年生。1933年毕业于南京国立中央大学教育系。曾任漯河市政协一、二、三届副主席。

1948年6月22日开封解放。开封部分教职员、学生不了解共产党的政策，有2000余人逃到南京。学生到南京后，包围国民党教育部，请求收容救济。教育部负责人不敢出来接见，以致停止办公。在这以前，豫中、豫南学生逃到汉口的也有2000多人。旅汉河南同乡函电交驰，请求南京教育部收容救济。教育部迫不得已，才召集河南旅京绅耆（立法、监察委员等）商议，决定在南京、汉口两地分别设立两个学校，收容河南学生。两校学生各暂定50班，2500人。河南绅耆推荐二人分任两校校长。设在南京的学校叫“教育部特设豫州临时中学”，派王纶青任校长；设在汉口的学校叫“教育部特设中原临时中学”，派我担任校长。

当时任中原临中校长有很大困难。国民党打内战，经济已到崩溃边缘。用大量经费收容这些流亡学生，本非情愿，只是怕学生在后方骚乱，迫不得已才这样做的。一个师生近3000人的流亡学校，设在远离南京的汉口，一旦经济不继，将怎么办？当时在汉口这样的大城市，想找到能容3000师生的校舍，是不容易的。学生流亡到汉口，已有很长时间无人管教，过着流浪生活。打架闹事，时有发生，很多人提到这些学生就摇头叹息。一旦设校收容，对这些学生怎样管理？又想教育部长朱家骅是我在南京中央大学读书时的校长，他担任国民党中央组织部长和行政院教育部长后，极力提拔中央大学毕业的学生。当时的教育部，就有我认识的很多同学在里面任职。这些人连朱在内，会帮我解决些困难。我是河南省参议员和国大代表，对解决学校困难可能有些帮助。我在多年学校工作中，对学生心理有较多了解。我认为只要学校领导人真心实意地为学生设想，必能得到学生的拥护。我反复权衡不利条件和有利条件。最后我想，教育这些流亡学生是自己义不容辞的责任，决定接受中原临中校长的任命。

1948年7月初，学校奉令成立。7月中旬，我带着教育部发给的建校筹备费乘船赴汉口。在汉口，为便于接触学生和一部分教职员，就住在收容流亡学生的鄱阳街小学。为收容流亡学生，该小学早已放假，全部校舍被流亡学生占用。因流亡学生无人管理，校舍被糟蹋得不成样子。该校校长见到我，只是摇头叹息，希望中原临中赶紧成立，把校舍让出来。我到后，即召集部分学生谈话，听取他们的意见。他们反映说，大多数学生来到汉口，不只是避乱，主要是为了读书。他们学校原在战区，因受战争影响停课了，听说这里要成立国立学校，可以公费上学，就跑来了；也有学生原校不在战区，他们专为上公费学校到这里来了。

要建校，需要有校舍。在南京，第五绥靖区司令官张轸曾带我去见华中军政长官白崇禧，白表示，在武汉想找到能容纳这么多学生的校舍很困难。到汉口，我还想请华中军政长官部设法。找到白的参谋长某，他答复毫无办法。当时，汉口的河南同乡会有好心人向我建议，把学校设在同乡会馆。我到那里一看，不要说设学校，就连办公人员也住不下。估计到武汉附近地区找校舍有可能，但缓不济急。我看到学生白天到处流浪，晚上躺在马路两沿睡觉，心中实在过意不去。我召集到汉口的教职员商议并征求学生的意见，决定把学校暂时设在鸡公山，再徐图解决固定校址问题。

鸡公山在信阳南边不远，风景秀丽，为避暑胜地。很多富商大贾、外国传教士以及军政要人在那里建有别墅。后因战争关系，许多别墅很少有人住，仅留佣人看守。第五绥靖区司令官张轸利用山上别墅，办了私立中正中学。时值暑期，师生均已离校。我商得张轸同意，借中正中学作为校址。我当即在汉口各报纸刊登广告，宣布中原临中在鸡公山成立，要在“战区学生辅导处汉口工作队”登记过的学生限期持证明到鸡公山报到。学生奔走相告，很快都到鸡公山办了入学手续。

学生报到后，学校就按他们原来的学历，分编为高中、初中及师范三部。然后再按年级分班。每班由教师二人（一人为班导师，相当今天的班主任）负责管理。女生不分部别，同住在一起，由女教师负责管理。学生食宿均由导师带领，离班时须向导师请假。学生生活很快就大致就绪，8 月中旬开始上临时课。

学校突出的问题为每月经常费用及固定校舍如何解决。我从南京来时，仅带有筹建学校费，开学后，学生伙食及教职员薪给需要大宗经费。学生报到入学的越来越多，到8月食米断绝，只得向第五绥靖区借米维持。打电报到南京教育部催拨经费，没有回音。不得已，我只得亲赴南京，才领到七、八、九月经费，困难得以稍纾。固定校舍问题，经友人介绍，在汉口南找到两处，一处在湖北蒲圻县羊楼洞，一处在湖北咸宁县柏墩镇。两地皆盛产茶叶，制茶工厂（本地人叫茶庄）把茶叶压制成茶砖，行销国内外。经多年战争，两地茶山荒废，很多茶庄倒闭。羊楼洞当时仅有两家茶庄开工，其余厂房（多为楼房）多闲置不用。柏墩镇茶庄不如羊楼洞多，时均停业。柏墩镇还有小学一所及祠堂多处，愿无偿借给学校。二处均位于山地，盛产竹木，环境宁静适于读书。且邻近粤汉路，交通亦称便利。遂决定于8月26日迁初中学生22个班1100余人于柏墩镇，称中原临时中学分校；于10月1日迁高中及师范部共32班1600余人于羊楼洞，称中原临中校本部。我住在校本部，学校大部分办公人员也在此。

二、学校的情况

中原临中共存在了10个月。1949年3月该校油印的《在艰苦中前进的中原临时中学》的小册子，反映了该校的情况。兹摘录其中（五）（六）（七）（八）四节：

（五）本校的学生

本校共有54班，学生2700人。本部32班，学生1600人；分校22班，学生1100人。学生各方面的情形，约略如下：

甲、早晨的生活：每晨五时半起床。整理内务，打扫寝室后，即各携带毛巾、牙刷赴河边，就河水盥漱。六时早操。在广大的运动场上，各部学生分别由教官领导跑步。各处、部主任职员及导师并参加行列。六时半全体集合升旗，由各班导师分别点名。升旗后，由校长或导师训话。

乙、上课的情形：本地竹木丰富。各班课桌、课凳，迁校后不久，即赶制完备，极便学习。课本平均四人一套，主科两人一套，由学校供给。本期功课特加紧，国文、英文择要须熟读背诵，并按时习作。物理、化学须有演算、实验。理化仪器本部及分校各购有一组。数学则须认真演算习题。其他各科，亦各督令做笔记，随时检阅。

丙、自习的情形：每日早自习一节，晚自习两节。自习时有导师监堂，各处主任巡察并点名。学生因功课紧张，常感自习时间不足，倾心学习，故秩序至佳。晚自习中学校供给汽灯。每届其时，数十只汽灯大放光明，辉煌灿烂，使僻陋之山地生色不少。

丁、劳动生活：劳动生产为本校重要主张之一。一以发扬劳动精神，一以生产物资，稍补实际之困难。本校学生已有之劳作事项，为集体打柴、开荒种菜、整修教室、平治操场、修筑道路、担运食米，等等。

戊、康乐生活：体育方面有各部、各班之排球队、篮球队，经常练习，并时作比赛。娱乐方面有音乐队、歌咏队，时假各种集会公开表演。戏剧团又分话剧、曲剧、京剧三组。在本年新年时，本部及分校曾各在当地公演名剧，至得观众好评。

己、阅读与写作：本校为流亡学生集团，读书与吃饭并重。故在万分困难之中，撙节一部经费，购置图书2000册，成立本校图书馆，供给学生精神食粮。又为练习学生写作能力，提倡各班级刊，每周发行一次。各刊命名如《洪流》《莽原》《爝火》《星光》《朝阳》《茁壮》《萌芽》……如百花怒放，争奇斗艳。而学生自由组织之刊物，尚有《学习月刊》《艺文半月刊》《文汇周报》《中原周报》等数种。

庚、各种集会：学生集会除每日之升旗早集外，尚有每日之降旗、晚集及每礼拜一之周会。此数种集会，均系全体参加，由教师领导者。而礼拜六的各班班会，则为分别举行，由学生自己主持，内容为生活检讨，读书报告、讲演练习及游艺，等等。

辛、吃饭：本校学生吃饭，按日由学校发给主食米24两，副食费随时调整，现为每人每月20元。每200—300人共一伙。每伙购买菜、柴，领米，监厨，保管用具，记账，结算，俱由学生按旬轮流组织伙食团经理之。每日两餐，定时开饭，定位入席，并有教官、导师参加伙食，随时监察，故秩序尚佳。唯金元贬值，副食不足，对学生营养不无影响。

壬、疾病治疗：本校设有医务室，聘医师及护士各3人。诊治时间，每日上午10时至下午3时。药品由学校供给，不收费。学生患病，以疥疮等皮肤病为最多，眼疾、肠胃病次之。皮肤病除在校治疗外，并分组至附近温泉沐浴，5日可愈。

癸、睡眠：本校学生寝室系分部、分班、分队依序排定。居楼上者，就楼板界出铺位。居楼下者，特制两层床，每床可容16人。每晚9时半熄灯就寝。由各部主任及教官巡查清点，督令安静睡去。

（六）本校的教职员

本校现有教职员189人。在本部者122人，在分校者67人。教职员的生活撮要叙述如下：

甲、导师跟着学生：本校实行导师制，每班学生由一导师率领，如同一个家庭。除上课外，如早操、升降旗、自习、吃饭、打柴、运动、集会等均有教师跟着。总之师生同起，共甘苦，生活上打成一片，感情上也融洽无间。

乙、职员变成劳工：本校经费拮据，而各项设施，又不容不办，于是采用自力更生原则。凡能自己做的事，都由职员自己动手，如和泥垒墙、劈竹编笆、锯木造桌凳。本期开课以来，已完成几处简陋的房屋，制出不少的粗糙家具。先生既以身先，学生自亦不甘落后了。

丙、教员诲人不倦：加紧课业进行，为本期设施要点之一，教员相约不请假，万不得已而请假，亦必须预先商定同人代上，其他科目，随后调补，总不使有空堂。自己的功课，认真准备。学生的作业，认真批改。因为他们觉得流亡学生求学不易，生活愈是艰苦，时间愈是珍贵，不得不认真使用。

丁、微薄的待遇：教职员的待遇，仍是以前的15倍数。2月份调整到75倍，至今款尚未拨到。3月份调整数更无拿到希望。现在教职员生活的维持，由学校每人每旬借米15斤，银圆一枚，暂免饥饿而已，其他一切费用无从说起。有眷属的，更是困难万端，每日唯仰屋兴叹。

（七）本校的困难

甲、部定米粮不足果腹：教育部规定每生每月食米三斗三升，即每日每生食米 18 两。因副食费少，佐食之品，几等于无，18 两之数不足果腹。现实发每日每人 24 两，勉可维持。照此计算，部定四人之米，仅可供三人食用。实际上本校每日在校学生将请假者除外，超过之名额尚甚多，此项亏空，将用何法弥补？

乙、部发米价与市价悬殊。食米亏空，除上述每生超领之数外，而巨大亏空为部发米价与市价悬殊，常不逮十分之一。因此不敷之米，计民国 37 年 11 月及 12 月份共 258 石，民国 38 年元月份共 429 石，二月份共 413 石，以上四月共亏 1100 石。

丙、部款迟到，金元贬值：部款到得太慢，金元价值贬得太快。如去年 11 月份及 12 月份米价差额至今尚未补发，本年元、2 月份差款何时补发更渺无希望，3 月份员工薪饷及学生副食，仍是前发的 15 倍数。3 月份已到下旬，除前发员工薪饷 15 倍数外，所有经费未来分文。而近二三月来，金元贬值，物价高涨由 15 倍而百倍以至千倍。想将来补发款到，金元恐要变成废纸了。

丁、就绪愈早，困难愈多：本校创设之始，即特别重视学生课业，因既称学校，终究求学是最后目的。何况不上课，连管理亦无从说起。故本校一收容学生，即上临时课，略就绪，即上正式课。本期更是自习、作业、实验及其他各种活动应有尽有，无异平时学校。因此本校教职员数额及学生数额足，设备多，消耗大；虽与其他临时学校同样领款，而本校困难则特别严重。

戊、剜肉补疮，借债度日：经济困难既如上述，又不忍见师生断炊，听其解散，于是只有奔走呼号，借债度日。而借到者又为米与银圆。如借到蒲圻县食米 300 石，咸宁县食米 300 石，至今不能归还。米价愈高，还愈不易。所管银圆，虽随借随还，因受银圆黑市影响，损失亦不在少。

己、消耗巨大，崩溃堪虞：经济虽困难，而巨大的消耗，日亦不可少。本校员工及学生数约3000，每日食米约需30石，每月900石，需银币约万元。此外员工薪饷及办公费，如照“八一九”（国民党政府于1948年8月19日发布金圆券发行办法，以1∶3000000的比价收兑法币，并规定银币和金圆券比值为1∶2，同时限定各地物价，冻结在1948年8月19日的水平上）时之标准，约合银币1.5万元。共计需银币2.5万元。每日约合800余元。若折合金币，数目可观。一旦部款不继，借贷无门，学校随时可能解体，3000员生将重过流亡生活。

（八）在艰苦中前进

本校虽处在重重困难中，但为着青年的前途，国家的未来，不容我们放弃责任，畏缩不前。只要一天有饭吃，就要加紧读书与训练，并要打破困难，冲出困难的重围。我们要在艰苦中前进！所以本期特制定校务实施三要点及应付困难三原则。

甲、校务实施三要点

子、加紧课业：一方面依照教务处规定之“教员请假补课办法”使应上的课必须上，缺了的课必须补；一方面严格考查学生出缺席，严格考试，并限定其作业，使学生忙于学习，不敢懈怠。

丑、整肃校风：积极方面，规定“公、诚、爱、严”为校训，并制定校歌及训练标准，使学生思想行为有所依趋。消极方面，则针对现下一般流亡学生之恶习，实行“三不主义”，即不吸烟、不打架、不赌博，以矫正之，使优良校风逐渐养成。

寅、劳动生产：劳动生产为当前教育上主要思潮，今后社会上再不容许劳心与劳力者分家。况在经济困难下，物价飞涨，为保障及改善目前的生活，亦非实行劳动生产不可。所以我们要实行打柴、种菜、养猪、修路、盖屋、运米等劳动。

乙、应付困难三原则：

子、精诚团结：“团结就是力量”，想渡过艰难困苦，要“人和第一”。在校内，学生与学生团结，教师和教师团结，教师和学生团结；进而至校外与地方民众各界人士团结。大家要一心一德，互信互谅，以谋解决学校困难。

丑、自力更生：国家财源枯竭，社会经济破产，必有一日政府及社会之经济均不可恃。要想读书，须靠自力维持生活。本校倡行劳动生产，即是自力更生计划初步实施。

寅、刻苦节约：降低个人生活标准，节省公家一切消耗；要使一人作两人用，一钱作两钱用。能够节省一分经济，便多为学校延长一分生机。

三、我思想上的转变

人民解放战争迅速走向胜利，国民党政权眼看就要失败，我不能不有所抉择。我幼读孔孟之书，青年时读了陈独秀、李大钊、鲁迅、蔡元培、胡适、梁启超等人的著作，对我思想上影响最大的是蔡、胡、梁诸人的文章。我在南京中央大学读书时，醉心于陶行知先生的教育思想，以后我从事教育工作，几无时不在求陶的某些思想观点在工作中贯彻实行。我也接触到不少进步人士和共产党人，但只是钦佩他们的为人和治学精神。我身为国民党员，长期担任学校行政工作，同国民党的关系是比较深的。对我来说，要脱离国民党投身共产党是比较困难的，必须经过大的转折。

我了解一点中国共产党的政策，受到过共产党人的关怀。1932 年，我在南京读书时，经同学李泮生（又名李映藻）介绍与吴芝圃（当时名吴邃之）认识，有一个时间同住一室。我极钦佩吴品学过人。1934 年春，我任内黄县楚旺中学校长后，即聘吴为该校国文教员。吴在学生中发展中共党员，并做革命宣传。1935 年初，反动政府要对吴进行迫害，我助吴脱险，我也因此离校他去。此后我与吴一直保持着私人友谊，并通过友人常互通信息。1948 年 6 月 22 日开封第一次解放，吴曾派人到开封私立维新中学找我表示慰问。1948 年 10 月 24 日开封第二次解放后，吴任中原临时人民政府副主席兼任开封市人民政府市长，老同学李泮生任开封市财政局长。来往开封、汉口间的友人对我说，吴眷念故人，很希望我能回开封工作，并说曾虚某职以待我。

张轸等酝酿的反蒋起义，对我也起了不小的影响。在旧社会，我和国民党军人很少有联系。我不喜欢他们飞扬跋扈，他们也不喜欢我书生气十足。我和张轸的关系是例外。我知道张轸是 1937 年。那时，张轸是豫北师管区司令，他办有一个“军政干部训练班”。有一次，我遇到一个在该班受过训练的青年，谈到张经济公开，政治民主，对张很钦佩。1938 年秋，我以信阳师范学校校长身份，带领学生从信阳迁校到内乡时过南阳，在南阳中学见到张轸，谈话时间虽不长，但发现他平易近人，对读书人很尊重。1942 年秋，我在重庆国民党中央训练团受训时，张任该团教育长，我曾拜访张，尊称他为张先生，成了师生关系。1945 年抗战胜利，我率信阳师范学生复员回信阳。1946 年张在信阳任豫鄂皖三省边区清乡司令部总指挥，我和他接触很多。同年 11 月，信阳师范举行“学校成立四周年校庆及周校长长校十年纪念大会”，张在大会上讲话，誉我生活艰苦，能主持正义。我任中原临中校长时，张在信阳任第五绥靖区司令官，又兼任河南省政府主席。中原临中在鸡公山能很快建立起来，得到了张的助力。张轸酝酿起义，我是通过好友《大公报》特约记者张了且知道的。张了且多年任张轸的秘书，积极策动张轸起义，并亲赴解放区与解放军联系。张了且不时向我谈起义进行情况，我很受鼓舞。我也向张了且谈到我和吴芝圃的关系，以及准备回开封参加工作。张了且劝我等湖北解放后带全体师生回开封，那样对人民事业更为有利。我听后极以为是。以后不久，我见到张轸，决定中原临中决不再南逃，留原地迎接解放的计划，并言如遇危难，愿随他的部队行动。他听后极表赞同。1949 年 5 月 15 日，张轸在湖北金口率军宣布起义。他的夫人被白崇禧部冲散，那时羊楼洞尚未解放，她带着一个小外孙和两个卫兵到羊楼洞找我，我安排她住下。羊楼洞解放，张轸派人持他亲笔函找我，把他的夫人接去，说明他的夫人来羊楼洞避难，是他们事先约定的。

对我转变起影响作用的，还有刘积学和张仲鲁等。我在南京中央大学读书时，刘积学任国民政府立法委员。刘被在南京的河南人尊为长者。我常和友人去看望他，言谈间知道他对国民党最高当局多有不满。当时人称他是“不发言的立法委员”。抗战期间，刘任河南省临时参议会议长。抗日战争胜利，河南省参议会成立，刘继任议长。我这时已任河南省参议员，与刘接触较多属于拥刘派。1948 年 10 月，参议会随河南省政府迁信阳。12 月 31 日，刘以河南省参议会名义，发出“亥世电”。（编者按：电文见《河南文史资料》第十一辑），逼蒋下野，措辞激烈，轰动汉口各界。我作为河南省参议员，事前虽未参与，事后非常赞成。刘在开封第一次解放和信阳解放时，均留原地迎接解放。

张仲鲁在南京中央大学任总务长时，我尚在该校读书，我和他既系河南同乡，又有师生之谊，所以多有来往。张为人清廉俭朴，对同乡同学，愿多提携。我大学毕业后回河南工作，张不久也回河南，曾任河南省建设厅长，并两次任河南大学校长。1944 年冬，张任河南大学校长后，曾聘我任该校教育系副教授。1949 年初，我在汉口见到张，张对我说：他受中国共产党委派，准备在武汉解放后负责接收工矿企业工作，嘱我介绍在工矿企业工作的中央大学毕业同学给他帮助。我向他讲了我准备把中原中学留在原地迎接解放的计划，他极表赞赏。

张轸、刘积学、张仲鲁都是老国民党人，比我和国民党的关系都深得多，他们背离国民党走向人民一边，这就更坚定了我参加革命的决心。

四、艰苦支撑，迎接解放

当时，要使大部分师生留下，迎接解放，并非易事。需要对师生进行宣传教育。但在国民党统治势力尚未退出的情况下，并不能公开进行宣传，只能隐约其词。我作的校歌的歌词是：“巍巍中原，大国之风。嵩岳黄河，山水钟灵。聚三千学子一堂，应自奋发为雄。为人第一，手脑并用；精诚团结，自力更生。校训曰公诚爱严，吾辈应时时服膺。奋发为雄，奋发为雄！”我作的《打柴歌》的歌词是：“兄弟姊妹一齐来，大家上山去打柴。打得柴来好烧饭，好饭吃得真香甜。不劳动者不得食，一切都要靠自己。从此世界号大同。要想吃饭先作工，各取所需各尽能，世界人类皆平等。”歌词里一些语句的含义，是不言而喻的。我向同学们讲话时常说，今后再不容许把个人的幸福建在别人的痛苦之上，等等。这些语言都是想向同学们暗示：我们将进入一个新的社会。

学校从第二学期开始，正值蒋介石宣告引退，李宗仁代理总统并酝酿和谈。国民党放松了对文化的控制。汉口书局从香港进了些进步书刊发售，我曾买了不少交学校图书馆借给师生阅读。我记得有艾思奇著的《大众哲学》、赵树理著的《李有才板话》《李家庄变迁》等。在临近解放时，教师孙克恭主持油印的《新民主主义论》、进步歌曲《团结就是力量》《没有共产党就没有新中国》在师生中秘密传阅、歌唱。

学校设在汉口联谊里11号的办事处，为师生到汉口时聚会之所，备有收音机，可收到解放区电台的广播。学生不断把通过各种渠道得到的解放区的消息在所编的壁报上披露。

越接近解放，学校困难越多，特别是3000师生将吃不到饭。打电报向南京教育部催拨经费，不意教育部正在向广州和成都两地迁移。汉口华中军政长官部下有政务委员会，分管华中几省的政务。政务委员会设有经济、教育等处。国民党教育部在汉口附近设的一些临时学校，有事常找教育处解决，教育处还曾派人到这些学校视察。教育处处长仉渭卿是南京国立东南大学教育系毕业，和我是前后同学，我就利用这个关系，在学校与南京教育部联系断绝时，请仉以教育处名义通知中央银行汉口分行暂借给学校一部分经费，俟教育部欠校款拨到再行抵还。这样借到了3月以前的欠款，还预借了4月、5月一部分经费。

从各地解放的情况看，在“真空时期”（当时称国民党军队已撤退，解放军还没有到来的时候为“真空时期”），国民党军队的散兵游勇，地方的莠民、土匪常乘机抢劫。恐师生受到损害，我们做了自卫准备。当时，有些地方武装南逃，变卖枪支做逃亡旅费。因此学校买到长短枪30余支，还有手提花眼机枪及冲锋式各一支，为以后学校成立自卫队做了准备。

中原临中留原地迎接解放，是国民党反动势力所不允许的。1949 年初，从浙江、江西等地来的河南临中和联中来的学生说：国防部曾派有教官到他们学校，准备于当地解放前把学生带走。1949 年 3 月底，国防部派汪曙光、曹光有、马恒山等教官到校本部见我，汪说他还兼任副校长，并带有国防部给他的委任状，我当即对他说："这个学校是属教育部管的，你拿的是国防部的委任状、我未接到教育部通知，你们暂不能就职。"我并对汪讲："你如就任副校长，我不在校时，你要代理我，学校经济困难，靠借贷度日，3000 师生向你要饭吃，你有啥办法应付？"他们在学校住下，未就职，全体师生也不知道有副校长这个人。他们在校没有任何活动。当武汉快要解放时，汪等看到学校无南逃准备，就职无望，乃自行南去。马恒山是河南淅川县人，在河南大学读过书，未随汪南去。湖北解放后，马征得我的同意，以中原临中教师身份，随校回河南，到开封中原大学学习后，参加教育工作。在 1958 年审干和 1968 年"清理阶级队伍"期间，外调同志对我讲，经查国民党档案，汪曙光到中原临中原是为建立"青年救国团"反动组织的，汪当时到该校既未就职，他也未向我讲过要建立那个反动组织，自然不可能在该校建立那个组织。

张轸起义后，张的部下赵子立南撤经过赵李桥时，派他的政工处长到羊楼洞，劝我带全体师生随他们一起走。我向他说明南撤的困难，他又要召集全体师生讲话，我说："师生心情很不安定，集合很困难。"他到学生中劝说，效果很少。他在羊楼洞住了一夜，带十几个学生去了。

湖北解放前夕，校内师生在留下和南迁的问题上曾有过斗争。而学生的留与迁，多以教师的态度为转移。要坚决留下来的教师，大都属于刚从大学毕业的青年。他们在大学读书时，从事民主运动，与共产党地下组织有联系或倾向共产党。这些青年教师在校本部的有孙克恭、汪剑虹等，在分校的有潘荻、胡麟祥、尤克文等。中老年教师中，因有子弟早年参加革命，现革命即将胜利，坚决留下与子弟相会的有高中一部主任袁宝松（字俊峰，其弟袁宝华参加革命很早）、师范部教师刘耀南（其女刘郁芬与侄刘泽民都是 1938 年到延安参加革命工作的）等。他们不仅自己坚决主张学校留下，还积极向主张学校南逃者作斗争。在一次讨论学校去向的全体教职员会议上，个别主张南逃的人说学校不南迁是想拿3000师生给共产党送礼，甚至说是想把师生送进虎口。教师刘耀南闻言极为愤慨，进行驳斥。我在汉口闻讯，及时回校，向全体师生讲明学校南迁的困难：无迁移经费，无交通工具，无新的校址，南迁是不可能的。同时，我分别向主张南迁的教师讲明当时形势，主要讲了河南闻人如张轸、刘积学、张仲鲁等的动向。他们听了，有的就改变了主张，有的仍坚决南迁，但表示不再在师生中进行宣传鼓动。学生还有几十人坚决要南迁的集合起来见我，向我提出质问，问我解放军就要过江，学校不南迁是否要把他们资敌？要南迁的极少数教师提出发些旅费的要求。我就给他们每人预发一个月的生活费。他们去后不久，有些人因食住都很困难，又转回羊楼洞。我欢迎他们回来。

在咸宁分校，以分校主任李浴（字子青）为首的分校领导，包括教务主任李士奎、训导主任杨芝三、总务主任甘永和，都坚决主张学校留在原地迎接解放。青年教师潘获、尤克文，胡启祥与中共汉口地下党有联系。我考虑分校在咸宁柏墩镇，离城市较远，平时即有土匪出没，在混乱时期，师生安全更堪虑，遂与分校主任李浴商定，分校师生全部离开柏墩，按志愿分移两处：一部分师生到咸宁县城，另一部分到校本部。当时咸宁县立中学师生已逃散，校舍空闲，遂由李浴率领一部分师生移住咸宁县中，其余师生由分校训导主任杨芝三带领到羊楼洞。在羊楼洞的湖北省立蒲圻师范学校已迁往湖南，迁来师生即住在该校。

在公开场合，我只讲学校南迁有困难，没讲学校绝对不南迁。我还派人到广州找国民政府教育部领学校经费，并向教育部请示学校是否迁移和如何迁移，以缓和学校局势。我和国民党方面的关系，全体师生都清楚。我和吴芝圃的关系，在师生中也广泛流传。我除将我决心北返的意图明白告诉我认为可以告诉的人以外，还把我的眷属送到即将解放的武昌。在我听到部分师生对回解放区有顾虑时，我公开在全体师生集会上说："像我这样社会关系复杂的人，如果到解放区还不怕这怕那，你们比我简单得多了，还有什么可怕的？"大家听了，都会心地笑了。

1949年5月15日，张轸率部于武昌以南的金口宣布起义。5月16日，人民解放军解放汉口，5月17日，解放武昌。当国民党全部自湖北撤退后，羊楼洞一带一度处于“真空状态”。这时，我感到平时的学校机构，已不足应付这个非常的局面。我在汉口时，曾看到报载南京4月23日解放前夕，以南京金陵女子大学校长吴贻芳为首，组织了“南京应变委员会”负责维持社会秩序并解决可能发生的问题。我感到这个组织也可适用于学校。遂与教师商量，决定组织“中原临时中学应变委员会”。应变委员会以学校各处、部主任为当然委员，并选教职工代表若干人为委员，我任主任委员。应变委员会成立后，提出24字方针：“坚定意志，充实生活；严密组织，加强自卫；团结内部，和睦地方。”我多次向全体师生讲，“坚定意志，充实生活”是应变的根本。“坚定意志”，是指坚决留下来，迎接解放。“充实生活”是指加强学习。“严密组织，加强自卫”是防范坏人乘解放军未到、地方秩序混乱的机会，对师生加害。为达到以上目的和要克服生活上遇到的困难，特别是吃饭问题，“团结内部，和睦地方”是非常必要的。

应变委员会下设训练、自卫、总务三股。训练股由教导主任王九如主持，具体工作由孙克恭和一部分青年教师进行。孙克恭是我任信阳师范学校校长时的学生，在信阳师范多年担任学生自治会主席，思想进步，曾领导同学组织各种研究会，创办民众夜校，举办抗日宣传活动等。孙克恭在应变委员会训练股主持刻印《新民主主义论》，教唱革命歌曲，组织学生举行生活讨论会，指导学生编写壁报，改学生编的《中原周报》壁报为《中原新闻》，油印在师生中散发等。自卫股由高中一部主任袁俊峰负责。下设自卫队，选教师、学生中熟悉枪法者组成。每部（高中二部、初中师范及女生部）有队员一二人守卫，发生意外时，可鸣枪示警。大部分队员集中在办公处守卫，不时有一小队人到各部巡逻。并应地方人士邀请，到大街上巡逻，以安定全镇人心。总务股由代理总务主任刘秉衡负责，主要工作是筹措食米。学校应变委员会成立后，羊楼洞仿效学校办法，也成立了“羊楼洞应变委员会”。

吃饭越来越成为大问题。地方士绅吴季人闻状，介绍学校派人往见湘鄂赣边区司令员沈万选（沈万选为国民党军地方团队负责人，后起义），蒙慨允借给学校米谷 60 石，并廉价售给谷米 25 石。

1949 年 5 月末，人民解放军四野郑团进驻羊楼洞，学校全体师生和地方群众张贴标语，鸣放鞭炮，表示热烈庆祝和欢迎。我趋访郑团长汇报学校留原地迎接解放的经过，并请派人到校接收学校自卫用的枪支，同时请郑团长到校向全体师生讲话。当日下午郑团长和团政委马胜到校，全体师生集合表示欢迎。郑团长和马政委对学校保护公共财产，维护地方秩序，迎来解放，表示嘉许。咸宁县城早于羊楼洞的解放。分校主任李浴派甘永和、潘荻到汉口以我的名义打电报给开封中原临时人民政府副主席吴芝圃，吴复电表示慰问并指示将学校迁往开封，同时电武汉军管会协助学校迁返。接着，分校教师潘荻偕四野龙江部队随军工作团李队长前来学校。李队长对全体师生勉慰有加，为学校解决了各种困难问题。在学校迁返河南前，教师孙克恭、潘荻、黄仲元、尤克文、胡启祥、卢大地、高文荷 7 人首先报名参加解放军，接着学生踊跃参军者在 200 人以上。仅签名给学校留念者即达 154 人。

当时，平汉铁路从羊楼洞到河南信阳，被国民党军队破坏尚未修复。学校决定以部为单位北上。大队行至咸宁时，驻当地的解放军奏军乐表示欢迎。大队到信阳后，改乘火车北上。6 月中旬到达漯河，漯河市教育科传达河南省教育厅指示：原定中原临中迁往开封，因开封找不到校址，将校址改在郾城。郾城当时尚未设县，受漯河市人民政府领导，城内仅设有小学，有不少闲房，略加修缮，即可做中原临中校舍使用。师生已长时间远离家乡，乐得早日在郾城安居下来。

漯河市教育科长李恒位具体负责安置工作。河南省教育厅并派刘科长来漯主持此事。刘来漯时带有吴芝圃给我的亲笔信。教育厅刘科长与漯河市人民政府协商，成立中原临时中学新的领导机构“中原中学管理委员会”，李恒位任主任委员，我任副主任委员。委员会除管理师生生活外，主要是领导师生学习。6 月底学习结束，教育厅决定在郾城成立河南省立郾城中学。中原临中至此结束。

7 月 1 日我由漯河到开封，下榻我一直担任校长的开封私立维新中学。晚 7 时应吴芝圃约，到省人民政府晚餐。饭后与吴芝圃主席长谈。我和他于 1935 年初同时离开内黄县楚旺中学，此后一别十数年。斯晚互谈别后十数年的生活及工作情况。最后，吴主席勉我认真学习。从那天起，我决定将我的《求己日记》改名为《新生日记》，以纪念中国共产党诞生 28 周年和与老友吴芝圃的重逢，也标志我一生在政治和思想上的新起点。

1986 年 1 月

（本文曾发表于 1987 年 3 月出版的《河南文史资料》第二十一辑）

附录：

1949 年 5 月中原临时中学教师、学生在湖北参加四野龙江部队政治部随军工作团名单（根据签名留念簿抄）。

教师七人：孙克恭　黄仲元　高文荷　卢大地　潘　荻　尤克文　胡启祥

学生 154 人（内有 8 人签名字迹不清，未列入）：

陈德永　周　钧　白彦斌　张　修　王天恩　马恒甫　靳太甫
陈高哲　杨端名　张学花　卢尚斌　李建华　张之楼　张志侠
洪敬修　杜纯性　王逢任　刘振亚　李　君　申含英　刘翠云
马秀玲　杨永基　刘新元　邱家详　朱国严　赵馨泉　李兆恒
徐应慧　陈冠群　卢成亚　黄凤桐　刘希仁　王泽周　高英汉
刘佑民　刘承宪　董　蔚　吕云鹏　赵知恕　马瑞栋　刘桂元
杨德禄　王玉祥　陈国灿　王瑞亭　张向悌　任振刚　赵永宝
钟宝琦　李玉民　程爱华　王堂申　孟广烈　仝允坤　许慧文
袁晴环　解文成　黄德隆　李　津　马树奇　王兰润　胡启英
郭长安　贾保光　刘振兴　罗荣宗　黄斌中　王新敏　吴泗远
胡季侠　王思勤　李青云　赵知良　刘学理　孟宪青　胡蕙菊
晁恒纶　卜春明　杨敬夫　胡启云　黄宝省　苏保祥　李明兴
候　展　朱兴杰　李元贞　许熙文　裴柏龄　马宝亮　袁晴荣

王世昌　刘山正　谢国杨　沈午生　吕兰清　史天知　尹中三
李金爵　石土岭　李素文　傅维瀛　高文瀛　赵润泽　王泽东
彭广明　王秀根　卢集松　王定豫　胡智慧　樊友梅　邓文达
袁晴芳　刘恭麟　杨保田　吴世安　韦惠田　崔玉清　丁东之
李鹏飞　刘学哲　苗　恕　张翰武　张国庆　张巧芝　宋公琬
张文静　冻兆颖　张绿琴　秦福同　杨岫琳　郭宏山　谷国敬
赵秀梅　张　鼎　靳海萍　刘振明　刘靖华　方苑林　王凤阳
王润槐　薛桂英　徐华超　王清菊　王文章　王殿堦

1949 年 7 月中原临中师生在郑州参加四野特干校名单（根据签名留念簿抄）

教师一人：司锡庚

学生 72 人（内有半数签名在“文革”中遗失）：

文金章　万昌龄　张焕珽　王长远　张来裕　戴振亚　冯维纲
魏遂德　李希平　陈德敬　丁士勉　王仁广　刘传文　黄秉安
李　衡　戴鸿鼎　戴恺亭　戴文甫　邢文田　王化武　田德亮
马越凡　陈鸿增　杨正身　唐时丽　张绣美　张玉岷　刘富顺
米 yang 生　李福生　金培基　阎振华　郭树栋　沈秉璋　李尊民

选自 2002 年 1 月《漯河文史资料》第十辑

《忆中原临时中学》补

周祖训

1987 年 3 月,《河南文史资料》21 辑发表了我写的《忆中原临时中学》一文。文内记述了中原临时中学成立经过，办理情形，全体师生与校内外反动势力斗争，胜利迎来解放的情况，以及奉中原临时人民政府令，从湖北迁回河南郾城，改校名为河南郾城中学等情况。唯该文以篇幅限制，未能尽所欲言，兹再补记二三事于后。

一、校训与校歌的由来

中原临时中学于 1948 年 7 月成立，暂设于鸡公山。1948 年 9、10 月间在湖北蒲圻羊楼洞和咸宁柏墩镇找到了固定校址。当学生生活和学习很快就绪后，我首先想到的问题，就是怎样建立一个良好的校风。根据我多年办学的经验，一个好的学校，一定要有好的校风。一个学校好的校风一旦养成，不论什么样的学生，一进入这个学校，很快就为这个学校好的校风所同化，都会成为好的学生。古人说“风行草偃”就是这个意思；墨子说“丝染于苍则苍，染于黄则黄”也是这个意思。但是良好的校风怎样才能养成呢？一个为师生所共同遵守的校训的制定，非常重要。我在河南省立信阳师范学校长校十年，以“尚诚朴、耐劳苦、勤学问、习服务、重团体、养正气”为校训收效很大。结果养成该校师生特具有一种精神，我概括为“公、诚、爱、严”四字（见 1946 年出版的《信阳师范学校校刊》第一期内我写的《我校的精神——公、诚、爱、严》)。我认为这四字也可作为中原临时中学校训，征得师生同意，即决定以“公、诚、爱、严”为中原临时中学校训。我曾反复向全体师生阐述校训的含义，以身作则，与全体师生力行不懈。“公、诚、爱、严”的解释，不外我在《信阳师范学校校刊》所写的，现摘录于后，以见当时的实际含义。

首先说“公”。“公”是大公无私，重视团体，教师和学生无不热爱自己的学校。常时肯为学校服务，一心一意谋学校进步。非常时期更能表现牺牲小我，成全大我的精神。

其次说“诚”。“诚”是真实无妄，择善固执。师生以诚相见，毫无隔阂。对校事见解容未尽同，容有争论，甚至争得面红耳赤，但背后无怨言，无暗中某人对付某人之事。

再次说“爱”。“爱”在学校，可以“学校家庭化”一语以概之。学生无地域班级界限，更无党派纷争。教师对学生是真诚的爱护，一时一刻都在为学生前途打算；学生对教师是忠心的敬仰，无学生与教师故意为难。校内融融泄泄，充满一种温暖气氛。

最后说“严”。“严”是严肃、严格，认真不苟。严由于爱，古人说“爱人之道，以严为主”最能说明严的真义。

“公、诚、爱、严”校训在中原临中实行虽时间不算长，但在湖北解放前夕，在学校艰苦支撑，迎接解放中，师生团结互助，不怕牺牲的精神，充分表现出来，可知校训所起的作用是很大的。

校歌也是养成良好校风重要方法之一。古人说“移风易俗，莫善于乐”是很有道理的。我在制定校训之后，立即制定《中原中学校歌》，在师生大小集会中歌唱。歌词及歌谱如后（见1948年3月该校油印的《在艰苦中前进的中原临时中学》小册）。

歌词第一部分“巍巍中原，大国之风，嵩岳黄河，山水钟灵。聚三千学子一堂，应自奋发为雄”。当时学校长时间流亡在外，穷愁潦倒，个别人自暴自弃，做些为人看不起的事情，需要以故乡壮丽河山和俊杰人物以勖勉之，提高他们自尊、自爱和自信的雄心壮志，克服自卑感。歌词第二部分“为人第一，手脑并用，精诚团结，自力更生”。“为人第一，手脑并用”为我办学的一贯方针。其含义是做人是求学的第一要事，再就是生产劳动和知识应当并重。“精诚团结，自力更生”是当时学校在极度困难中提出的“应付困难三原则”的头两个原则。歌词第三部分是勉励全体师生不忘校训。歌谱是请当时在福建音乐专科学校任教的李永刚作的。校歌雄伟有力，闻者兴起，为师生所喜唱，对振奋精神起一定作用。此歌直唱到湖北解放前夕，才为《没有共产党就没有新中国》和《团结就是力量》的革命歌曲所取代。

F调2/4　**中原中学校歌**　周祖训词　李永刚曲

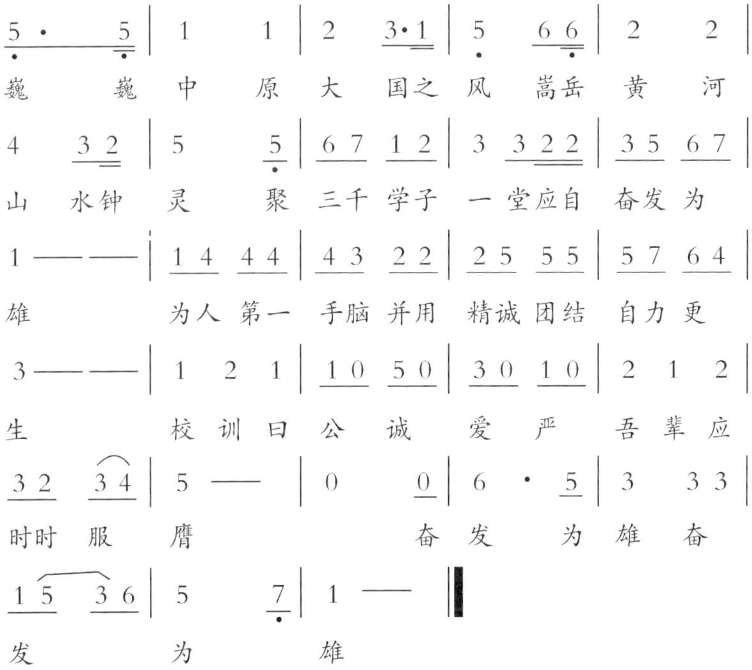

二、饿乡纪事

中原临时中学全体师生在决定留原地迎接解放后，曾预料到学校在“真空时期”（当时称国民党军已撤退，解放军未到来的时期为“真空时期”）买不到食米。3000师生吃不到饭，将成为严重问题。所以在迎接解放的准备工作中，就尽力设法筹措经费，到市上采购食米储存。不意学校所在地“真空时期”长，而食口众多，储存的食米终至不济。每人食米定量不得不由原定廿四两减为十八两（按旧秤十六两为一斤计），嗣又减为九两，只得以米和野菜煮汤充饥，全体师生遂陷入饿乡。在饿乡中有两件事是我终生难忘的：一是我和师范部全体师生共食的情形。那时为了师生同甘共苦，患难与共，决定全体教师和学生都同伙吃饭。我那时被分配到师范部和师生同伙。一次在共吃野菜汤时，全饭场200余人，只听到喝汤声，无一人发怨言。我当时想：“多么好的青年啊！为了追求光明，忍饥挨饿算得什么！”我感动得把泪流到碗里，和汤吃下去。再一件事是地方士绅吴季人（其弟早年参加革命，因受其弟影响，思想进步），闻学校缺粮状，特介绍学校派人往见湘鄂赣边区司令员沈万选（原地方团队负责人，与解放军联系，在敌后起义），沈不仅慨允借给学校米谷60石，并以廉价售给谷米25石，还给我一封热情洋溢的信，对全体师生艰苦支撑，迎接解放的行动，备加赞扬。原信照录于后：

绍言吾兄有道：因季人之介绍，神交久矣！未获一晤，时为怅然。贵校三千员生，在兄正确与坚强之领导下，于国民党反动政府战败纷纷南窜之际，照常上课，不为所动，如此措施，不仅可使学生之宝贵光阴未受不必要的损失，且使一般群众加强对于中国人民解放事业之认识与信赖。此种开明风度，站在革命观点，弟代表本军全体同志谨向贵校致无限之敬意。贵校缺粮，极为同情，兹暂拨借米谷六十石以应急，以后需要，在可能限度内当尽可能照办。余言未尽，匆此，即请道安。弟沈万选拜书。五月二十九日。

（原载《中原新闻》第18期）

当将此信在学校公布后，全体师生受到很大鼓舞。

三、从莫须有“青年救国团”引出的一些事情

1949年3月底，国民党国防部派汪曙光、曹光有、马恒山等三人到中原临时中学担任教官，汪并被派任该校副校长。我当时已决定把学校留原地不动，迎接解放，当然不能让汪就任副校长，以阻碍我按原定计划进行。我就借口学校属教育部管，我未接到教育部通知，不让汪等就职。汪无办法，只得住在教职员宿舍等候教育部通知。当武汉快要解放时，汪看到学校无南逃准备，就职无望，就自行南去。汪未就职，全体师生当时都不知道有汪副校长这个人，也未见汪在校有任何活动。不意在1958年审干，特别是在“文化大革命”中1968年的清理阶级队伍期间，外调人虽对我讲：经查国民党档案，汪曙光到中原临时中学，目的是要在该校建立“青年救国团”组织，全校师生都参加了“青年救国团”。对此，我认为，汪到校去以发展“青年救国团”为目标，根据当时情况，可能有这种企图，但汪到校既未就职，也未公布，身份不明，根本没有活动。我作为校长，当时从未听有“青年救国团”的名字，更不要说汪在该校建立“青年救国团”组织了。“文革”期间，在“左”的思想指导下，曾经有人把当时学校的一些与“青年救国团”不相干的事情强拉在一起，以说明“青年救国团”在该校的存在。我为此曾千百次向有关部门和外调人员口述、笔书，这些事和“青年救国团”完全无关，企图以此证明“青年救国团”存在是徒劳的。为保存历史的真实，以免再度发生误解，我有把这些事加以记述的必要。

1. 关于学校军、童训与学生编队的情况。在解放前，一般高中、师范都有军事训练课程，并实行军事管理，学生按校编为大队，班编（教学班）为中队，班下为小队。初中有童子军训练课程，学生编制与高中、师范大致相同。中原临时中学在1948年7月成立后，为实行军、童训和军事管理，对学生生活纪律养成，可起大的作用，所以就自行聘请军训教官和童子军教练若干人，从事军事管理和训练。此事发生大大

超过汪曙光到该校之前，和他所准备成立的“青年救国团”完全无关。

2. 王春帆到中原临中视察情况。中原临中成立时，在汉口曾有国民党设立的“华中政务委员会”的组织，下设经济、教育等处。当时在汉口附近教育部设立的一些临时中学，有困难不能解决时，即请教育处帮助解决。教育处为表示对这些学校的关怀，曾派科长王春帆到各校视察。1949 年 3 月底，我从汉口陪同王春帆先到校本部羊楼洞视察，并向全体师生讲话，继又到咸宁柏墩分校视察并讲话。王的视察和讲话纯系一般例行公事，无发展“青年救国团”情形。有人把王春帆误作汪曙光。实则汪曙光既未就职，又怎能向全体师生讲话呢？

3. 给全体师生发军大衣和粗白布情况。1948 年 11 月，教育部发给学校一部分棉衣费，因金圆券贬值，发的钱仅能做很少棉衣，学生人多，无法分配。我找到国民党湖北省政府社会处（该处有救济任务）请它设法，它拨给救济物资粗白布数千尺，说可用作棉衣面子布用，实际是不可能的。后知国民党军队后勤仓库有新军大衣很多，以低价向外出售。我在汉口托人向军队后勤负责人商洽，以一银圆一件共买到大衣近 3000 件，发给教职员学生每人一件。社会处拨给的白布，以每人平均五尺也发给全体师生。有人说军大衣和白布是“青年救国团”发给的，完全是无稽之谈。

4. 关于学生佩带“符号”问题。学生佩带军训符号和童训符号，本是当时学校的一般情形。当时中原临中给学生发“符号”佩带，还有为便于识别学生以便整顿学生纪律的特殊作用。“符号”上写的是学校名称、部别、学生的班级、姓名等，这些“符号”学生都佩戴着回到解放区，可知和“青年救国团”是毫无关系的。

5. 关于学校枪支问题。有人说中原临中有长短枪支 30 余支，是国民党发给“青年救国团”，练习射击的。实际情况是：在学校决定留原地不动迎接解放后，估计到在“真空时期”因解放军未到，国民党散兵游勇和地方的莠民、土匪，难免乘机抢劫，破坏社会秩序。为免三千师生受到伤害，不能不早做自卫准备，以防万一。恰在这时，有些学生家长是河南地方团队负责人，从柏墩镇和羊楼洞南逃，感到携带枪支，不仅无用，还可能会遭到麻烦，因此，愿以低价卖给学校做逃亡旅费。学校买到长短枪支 30 余支，还有手提花眼机枪和冲锋式各一支。1949 年 5 月下旬，羊楼洞地方果然陷入“真空”，学校即利用所买到的枪支组成自卫队，每部（高中一、二部，初中及师范部）有队员一二人守卫，发生意外时，可鸣枪示警。大部分队员集中在学校办公处守卫。不时还有一小队到各部巡逻，并应地方邀请到大街上巡逻，以安定全镇人心。1949 年 5 月末，人民解放军二野郑团进驻羊楼洞后，安全得到保障，即将自卫队全部枪支交给郑团。

1987 年 9 月

选自 2002 年 1 月《漯河文史资料》第十辑

致周祖训校长信

张　耳[①]

祖训同志：

您好！来函收阅，不胜欣慰与感触。

忆当年在郾城中学工作时，首先是在您学者教育家的风度，事业心强的影响下，使我受益匪浅，因而使我在工作方面能尽情顺利地开展；加上其他同志和全体师生的努力，才能在各方面得到应有的成效，关键问题是在于您的教育家风度，善于领导。恕我一生毫不会对任何人和事有任何的虚夸和奉承。

当时国内外的形势和情况，思想政治教育应该是开路先锋的第一要事，是工作开展的关键和灵魂。在我们建校开学之际，新旧思想的存在和矛盾是必然的。记得在开学不久，我们公演了《白毛女》《血泪仇》两部大剧之后，便出现了一件令人震惊的事件，那就是在我的住室教导处的窗台上，夜间投放了一封威胁信，说我们演剧是“伤风败俗，再演下去，就要以手枪对待”。我们没有被压倒。不久，当地漯河公安部门即逮捕了国民党残余“民族正义军司令”，那司令正是我们学校的学生。这件事就更提高了我们的警惕，更加强了对思想政治工作的进展。

如何使思想政治工作更经常更深入，经我们研究、校长大力倡导支持，在以后，除一般正课外，每星期用半天时间，全体师生集中上大课，做时事报告；另外，还决定由我担任高年级政治课，讲授社会发展史和马列主义政治经济学入门等理论知识。

如1949年寒假将临，大部分师生都要回家探望，而对党的土改政

---

① 张耳，河南荥阳人，生于1917年。1938年加入中国共产党，从事地下工作多年。1949年被派到省立郾城中学，任副教导主任，1951年底调省委宣传部任职，离休。

策很少知道，我们应急做了一星期的报告学习，使师生们初步了解了土改的伟大意义及其方针政策，也解决了不必要的顾虑，同时提高了思想觉悟。突出的是有一个毛磊同学，通过学习，站在农民一边，向政府密报自己地霸父亲的罪行和潜藏地点，使他受到了人民的处罚。这真是大义灭亲，可歌可泣，也是我第一个介绍入党的学生。

1951 年 5 月 15 日郾中团总支及学生会欢送参军同学留念

再如 1950 年秋，抗美援朝这个影响全世界的大事；响应政府参军号召，保卫祖国，保卫世界和平，更有着伟大的意义，以一个新兴的社会主义国家，敢与一个老牌的资本主义帝国主义的美国开战。我们用了很大的气力做报告，讨论、动员，使我们校园充满了抗美援朝的气氛与火花。不少学生热烈响应政府号召，踊跃报名参加志愿军。以学生会主席刘风伦为首的一些同学，甚而咬破指头，用鲜血在白纸上写下了：“坚决响应政府号召，誓死保卫祖国！”这比之其他学校，空气沉寂，参军者寥寥，显然两样。这说明我们思想政治教育的深入和威力。

谢谢您对我的关心。祝您健康长寿！

张耳 1997 年 9 月 1 日

选自 2002 年 1 月《漯河文史资料》第十辑

我的恩师周祖训校长

石嵩鑫[①]

在我上学期间，从小学开始，就一直遇到好校长。这对于我的学习与深造起了很大的作用。

在我的多位校长当中，周祖训校长是我最为难忘的，他把我当作亲生儿女看待，我把他当作父亲一样敬重。周祖训校长和我往来的时间最长，前后相加，已有 50 多年了。

一

我是 1949 年下半年，入郾城中学高中二年级学习的。当时学校刚从湖北迁到郾城，一切从头开始。周祖训任副校长（主持工作），除了亲率师生劳动建校，精心研究贯彻执行党的教育方针，还特别注意培养学生的自治能力，调动学生在学习和各项活动中的积极性。一开学即建立了学生会，并亲自指导学生会，开展各项政治思想性强、有教育意义的课外活动。

当时我是学生会干部，在学生会里分工负责社会部工作。学校派我和郾城县委宣传部联系，并具体负责在街头办黑板报、书写大幅标语等工作。由于我是一个未涉社会的青年学生，没有和上级机关以及领导打过交道，要负责组织师生完成这项任务，心中根本没有数，况且又是代表学校，去完成政治性很强、社会影响很大的工作，因此必须做好，不能出丝毫差错，心中感到压力很大。于是我鼓足勇气，去拜见周校长，

① 石嵩鑫，临颍县人，1931 年生，开封师院函授毕业，曾任原漯河市政协秘书，漯河五中教员、源汇区教师进修学校高级讲师、副校长。

让他给予具体指示。

我诚惶诚恐地走进周校长的办公室，向他汇报我的想法。周校长很热情地接待了我，亲自为我搬来一把椅子让我坐下，先和我拉家常，谈在校的学习情况，安定我的情绪，而后耐心地听取了我的汇报并认真地为我解答问题。教我如何与县委宣传部联系，请求他们给予明确指示；又教我如何选拔善于编辑、写作、绘画、书写的师生；先进行学习提高认识，再定出必要的制度，以保证顺利完成此项任务，最后特别提出要注意安全。这是周校长给我上的做好社会工作的第一课。

此后在书写大幅标语、办黑板报，数周课余时间内，周校长不断询问工作进行的情况，对遇到的问题，都及时给予解决。有时还挤出时间给我们开会，总结经验教训，给我们提出殷切期望。

由于周校长的重视，老师同学们的积极努力，特别是美术老师丁折桂老师亲临指导，十数幅构图新颖、字体工整的大幅标语和数块黑板报如期完成了，得到了群众的好评，受到了宣传部的表彰。这是我第一次胜利完成党交给的任务，也使我初步学会了如何做工作。这是周校长谆谆教诲的结果，每想起此事，都使我感念不已！

二

1950年春季，青黄不接，我家中经济非常困难，无力供养我上学，使我面临着失学的困境。此情况周校长得知后，找我谈话，他说：“现在正是求学的大好时期，如半途辍学，对自己的前途是一大憾事。”说到这儿周校长停顿了一下，接着又说：“开封有所中原大学，这是培养革命干部的学校，学校全部负责解决学员的衣、食、住、行和一切学习费用，毕业后即可分配工作。你若愿意我可以介绍你去上学。”我听了高兴极了。周校长当即给我写了推荐信，我也立即投入赴校前的准备工作。

正当我兴致勃勃，对前途充满希望，就要动身时，突然见《长江日报》登出一则消息：中原大学由开封迁往武汉，同时停止招生，各地不要再向学校推荐学生。这则消息对我来说简直是晴天霹雳，我的喜悦的、兴奋的心情，顿时化作乌有，使我又重新陷入面临失学的困惑之中……

正当这时周校长又找我谈话。他亲切地说："学校可设法帮助你解决生活问题，你就安心学习吧！"

事隔两天，学校总务处会计颜森老师找我。他说："周校长知道你生活有困难，让我从他的薪金（当时是麦子）中拨给你80斤麦子，同时汪剑虹老师（我的语文老师）也知道了，也让我从他的薪金（麦子）中拨给你50斤麦子，解决你的生活困难。今天我找你就是通知你写个收条，把麦子领回去。"

我听了后激动得不知说什么好。这哪是学校帮助我解决困难，这是周校长、汪老师从自己微薄的薪金中挤给我的呀！我咋忍心要周校长、汪老师的麦呢？我清楚地知道：当时新中国刚刚成立，国家经济非常困难，周校长和汪老师虽然是高中校长和高中老师，可是他们的薪金也少得可怜，他们每月不过只200多斤麦，况且家中上有老下有小，一家人的生活费用全在内，他们就够困难的了，我咋好要他们的呢？于是我给颜老师说："请你告诉周校长和汪老师，我谢谢他们对我的关心爱护！麦，我无论如何不能要！"颜老师接着说："周校长和汪老师都说了，这麦已经给你了，账都已经走过了，今天我通知你就是让你写领条的。"

我听了后激动得抑制不住自己的感情，我当着颜老师的面放声痛哭起来！

对周校长和汪老师把我当亲生儿女看待，使我坐卧不安，我见到他们再一次表达我的心情时，他们只是说："不要再说了，这是我们当老师的应该做的，你只要好好学习就是了！"

这件事虽然已过去50多年了，但每当我对我的爱人和孩子讲起此事时，仍然止不住热泪潸潸，心情久久难以平静！

1950年6月学期快结束时，我考虑到这学期是因为周校长、汪老师的鼎力资助，才使我顺利地渡过难关，但下学期无论如何不能再拖累他们了，我决定退学。我把这个想法告诉了周校长，他考虑再三说："也好，你先去当两年小学教师，积攒些钱再考大学。”随即周校长给漯河教育科写了介绍信，详细介绍了我的情况，希望他们能接受我去当一名小学教师。周校长还趁去漯河教育科办事之机，又专门对我做了推荐。正是有了周校长的鼎力相助，使我顺利地走上了工作岗位，成为一名正式的国家小学教师。

三

1953 年，郾城中学高中部迁往漯河，改名为漯河高中，仍由周祖训任副校长，同时他被增选为漯河市政协委员[①]。周校长深感党的温暖与信任，工作上更加兢兢业业，使学校得到很快发展，教学质量迅速得到提高。

1957 年，周校长被错划为右派。尽管如此，他始终不泯对党和教育事业的热爱和忠诚。不论是在漯河高中分配他做沉重的体力劳动，还是后来在四中搞教学、图书管理，他都愉快接受，而且干一行爱一行，并力求干好。记得 1956 年，我们在漯河西南窑住邻居时，他总是勤勤恳恳地为学校工作，早出晚归，后来他竟拿出多年的积蓄，以 600 元人民币的高昂价钱，买了一辆永久牌自行车。当时我惊讶地问他：“周校长您咋舍得掏这么贵的价钱买一辆自行车？”他说：“离学校远，我怕上班迟到，影响工作，再贵也买一辆吧！”听了这位老教育家的话，我不禁肃然起敬！因此时他仍在蒙受不白之冤，对工作竟然如此极端负责，无私奉献，他的形象在我心中更加高大起来。

1979 年 3 月，中共漯河市委为周祖训校长彻底平反，恢复名誉。他的心情十分激动，对市里有关领导说：“历史上受冤屈的好人多了。我虽然受点委屈，但只要我还活着，我就仍然努力为社会主义建设作出自己的贡献。‘老骥伏枥，志在千里，烈士暮年，壮心不已’。”党和政府对周校长很信任，从 1979 年起先后当选为河南教育学会理事；漯河市第六届人代会代表及常务委员；政协漯河市第五届委员会委员及副主席；漯

① 指原漯河市（县级市），1986 年区划调整中漯河市升格为地级市。

河市升格后为市政协专职副主席；还先后担任过民革河南省委员会委员、常务委员和民革祖国统一委员会副主任，民革河南省委员会顾问。

周校长深感党的信任，更觉得应为党的事业奉献自己的一切，他惋惜掷于虚牝的大好光阴，以只争朝夕的精神，自补蹉跎。他不顾自己已届耄耋之年，而精神振奋，勤勉有加，把自己分管的工作做到好上加好。

他呕心沥血编写文史资料。除自己奋笔疾书大量回忆录外还动员海内外的亲朋好友、学生撰写，以起到“多识前古，贻鉴将来”，对后人进行爱国主义教育，为祖国的统一作出贡献。

他经常写大量书信与“三胞”中的同学、同事、朋友和学生联络感情；亲自热情探望接待回国探亲的“三胞”人员，在政协委员中也积极宣传动员。20 世纪 50 年代我在漯河市政协工作干部，20 世纪 80 年代后是漯河市政协委员，在周校长鼓励下我为政协通讯写了多篇文章，并加强了与海外的亲人联系。

周校长后来虽已脱离教育工作第一线，但仍十分关注国家教育事业，除购买大量图书外，他还剪贴有关教育问题的报纸达数十册，供研究发展教育事业参考。

在漯河时，以及我退休来郑州后，有机会我总要去看望老校长。每次见到他，他那视学校如家庭，对学生如子弟，“艰苦朴素”处己，“公诚爱严”教人的高尚师德，令我心仪神往，永志不忘；他那热爱党、热爱社会主义，为了党的事业，不计个人荣辱得失，鞠躬尽瘁的高尚风操在激励着我、教育着我。

我要永远向最敬爱的周校长学习，要永远以周校长为榜样去做人。

选自 2002 年 1 月《漯河文史资料》第十辑

我所识的周祖训先生

吴文晋[1]

我叫吴文晋，河南邓州市人，1951年参军，1960年入党，如今在北京享受晚年生活。我之所以能有今天，多亏了我的中学校长周祖训先生。

1948年河南家乡解放了，因当时对党的政策不了解，又加上想继续上学，我就去了武汉。在武汉期间，从老乡的口中了解到，在湖北咸宁、蒲圻有一个中原临时中学，专门收容从河南来的流亡学生，在生活上还有一些补助。于是我就去了湖北咸宁中原临时中学初中部，以后才知道校长就是周祖训先生。

1949年初到咸宁初中部后，当时学校非常简陋，学生住在造茶叶的大车间里，吃饭是大伙自己做，教室也是旧房子，勤工俭学，但学习气氛还是很浓的，同学间的友谊也很深，师生关系很融洽，我那时在初三年级，班主任叫潘荻，是一个进步老师，据说他参加了地下党的外围组织，经常去武汉了解局势，回来后向我们宣传一些党的政策，我们也接受一些进步思想的影响。当时正临近武汉解放，学校里存在着两种势力，一是倾向国民党的势力，一是受共产党影响的进步势力，是跟国民党一起南迁，还是留下来等待解放，两种势力斗争十分激烈。当时周祖训校长是积极支持进步老师代表的留下来等待解放的进步势力，周校长那时候与吴芝圃联系，想将学校迁回河南。因为周校长在河南省内黄县楚旺中学任校长时，吴芝圃在中学校里任教师，是地下党，周校长曾经保护过他。吴芝圃在新中国成立后任河南省长。在这两种势力斗争中，

① 吴文晋，河南邓州市人，1949年初到咸宁初中部，1951年参军，1960年入党，1956年调到空军领导机关军训部任参谋，1974年调到三九七七〇部队任副参谋长。

初中部全部留了下来，高中部也只有少数人受国民党的影响向南去了湖南，有些人参加了国民党的青年军。现在回想起来，若没有周校长领我们回来，我们很可能会去国民党那里当了炮灰。

1949 年 4 月，临近新中国成立，在咸宁的初中部也到了高中部的所在地蒲圻，等待新中国成立。周校长费了很大周折与解放军取得联系，得到了解放军的资助，在很困难的条件下带领我们留下来的学生，徒步由蒲圻经武汉到信阳，又从信阳坐火车集体迁回河南，在河南郾城县成立了省立郾城中学。党派了张耳、王景汉等同志到学校，周校长与他们积极配合，将学校的思想政治教育搞得有声有色。学生们积极参加土改和抗美援朝宣传，在全国抗美援朝的时候，为国家输送了一批青年学生，这些青年学生后来在各条战线上作出了应有的贡献。

1951 年 5 月 15 日郾中全体师生欢送参军同学留念

我就是在 1951 年积极响应党的号召，投笔从戎参加空军的。先在河南开封航空站参训学习，后集体到了武汉，在中南军区空军司令部参谋训练队继续学习，同时也参加了江西向塘机场的修建，因工作积极，曾立三等功两次，后分配到空军二十六师司令部作训科，在指挥所当标图员，之后，提升为干部，到作训科当见习参谋、参谋。这时，又克服很多困难，组织勘测、建设一个靶场，荣立二等功，并获得空军英模大会奖章。1956年调到空军领导机关军训部任参谋，1974年调到三九七七〇部队任副参谋长。现已退休。

周校长的学生真是桃李满天下，在社会主义革命和建设中贡献力量。他指引我走上了革命道路，我永生不忘。

2001年7月22日

选自2002年1月《漯河文史资料》第十辑

我心目中的周校长

张宝功[①]

耳　闻

早在1950年的春节前，在我村南街有人贴一张油印的“招生广告”，这是省立郾中的招生广告。上面写着校长张明程，副校长周祖训。在场的很多人议论纷纷。说，张明程是郾城县长，这个副校长可了不起，周校长是蒋介石的朋友，蒋很重视他的才华，曾派飞机请他。但他看不惯蒋的作为，又与吴芝圃有很深的交情，于是毅然带领几千学生、上百名教师回解放区来了。言谈之间，露出无比敬佩之情。这时只上过小学四年级的我从内心产生了对校长的敬慕。

眼　见

1952年秋，我和我的同学张玉江考入了省立郾中，被分到初一班，内心的高兴无法形容，第一次见到了这么多大学毕业的很有学问的老师。这期间见到的周校长是衣着朴素，不多说话，热爱劳动，常见他提水、浇花、扫地……

① 张宝功，男，河南省西平县人，生于1935年。1958年漯河师范文史专业毕业，曾任漯河市四中语文教师。

能与周校长说上几句话了

1953 年春天的一个早上，我终于有了和校长面对面说话的机会。我班几个贫苦学生已没饭吃了，需提前领取助学金，这就需要校长批准。我班班长张成林同学要我同他去见周校长。我本来很胆小，可这次表现不同，很胆大。早上 7 点多钟，见周校长手里拿着皮尺，刚量完新大楼地基，向中院走来。我们上前说明情况，他很和善地写上“同意发放”几个字，并签了名，笔画粗壮有力。

听讲话

1953 年 3 月 5 日，斯大林大元帅逝世，全校师生集中在中院讲台前开会。周校长向大家传达了这震天动地的噩耗。校长的话音随着哭声传出，在场的人无不落泪，心中也想着应化悲痛为力量，但泪水怎么也止不住。那天晚上，我们许多人一夜未入睡，寝室里不断传出啜泣声。那时对苏联的敬仰达到顶峰。

离　别

1953 年暑假后，高中部迁到漯河，成立漯河高中，初中部留下改为郾城二中。周校长又派王景汉主任暂时留下，制定了很详细的各项规章制度，让各班反复学习讨论。后来我们二中校纪始终很好，教学质量也高。尤其是德育教育搞得好。

及时地鼓励

1955 年 7 月，我们到漯河来参加中考。心里很害怕，对考试心里没底。考前的一天下午，所有考生集合到漯河高中大操场，听周校长训话。周校长仍衣着朴素，手拿话筒，站在桌子上讲话。听讲的是来自周口、西华、临颍、舞阳、郾城、市内的考生，人特别多，几乎什么地方坐的都是人，又没有电广播，可我们每个人都能听清周校长的讲话，原因一是会场静，大家为听到周校长的讲话而感到是一种慰藉；二是周校长讲话节奏清晰，谁都能听清，而且记住。会后，觉得心里踏实许多，似乎也增强了信心。

震　惊

1955 年暑假后，我上了漯河师范，我初中时同班同学有好几个都在漯河高中上学。星期六晚上我们还可以到一起玩。记得一个星期天的下午，胡吉祥同学拿出他们办的手抄刊物《蕾》第一期，上有周校长的题词“春到人间，百花齐放”。笔迹还是那样粗壮有力，我看了这题词，心里充满自豪感。后反右开始，周校长被错划为右派，《蕾》也被视为右派支持的“毒草”。听到这消息，非常震惊，但谁也不敢说什么，也不知道该说什么。只是想他能反党反社会主义吗？

朝夕相处 20 年

1958 年 9 月，我漯河师范毕业后分配到四中教语文。1959 年夏季，周校长调到漯河四中，身份是右派分子，任务大概是接受“改造”。这 20 年，周校长艰辛备尝，但始终正气凛然。

这时，我天天见到周校长，就是不敢轻易说话。不然，被视为敌我不分，会招来灾难的。

这时期，天天见他劳动，不停地劳动。有时看他虽然很累，可并无疲惫形容，更无丝毫沮丧，却是坦荡、自然、认真、主动，似很有节奏，很有韵味，令人暗暗产生敬意，只有暗暗向他祝愿，您好啊，不要过分劳累，要注意身体。

后来他又教了几节英语课。开始学校领导担心学生不听，纪律不好维持。可一实验，学生很听话，纪律反而很好，教学效果空前的好。有学生私下对我说，这个周老师可有学问啦，讲得也好，咱班那几个爱做小动作的也不捣乱了。

再往后，他又教几节物理课，兼管全校电器修理和安装，天天很忙，依然坦坦荡荡，积极奋发，从容有序，似有无限乐趣在其中。

当时学校 14 个班，但图书、杂志少得可怜，且管理混乱。周校长接管图书室后，面貌焕然一新。他立即整理藏书室、阅览室；编写目录，订必要的杂志，并亲往大城市购买大部头书籍。不到两年四中图书室的藏书和管理达到了漯河市的一流水平，吸引了当时许昌地区不少学校来参观学习。这就大大方便了教学。

学校经济困难，可有些事必须办，师生急需一个阅报栏。于是，周校长就用破木板钉成报纸大小的框框，每个框框里可粘贴一张报纸。这样的框框有 20 多个，连有些重要画片也可以展出了，这可谓别致的阅报栏。

今天图书楼前也有个阅报栏，是用钢筋、水泥、玻璃等原料制成，不仅适用而且美观，可谁能想到它的前辈过的是多么俭朴的日子，培养了一代又一代的人才。时代在发展，前途会更好，但我们回顾一下从前，对我们大家会更有利。

“烈火真金”

1966 年 6 月 9 日，全漯河市中学教工集中到漯河师范搞“文化革命”。周校长同许多被视为“黑帮”的人，被划入被批斗的行列。他们，白天挂牌游街，晚上被看管在集体宿舍里，终夜不能熄灯。在这监狱般的生活里，周校长依然心情坦荡，态度从容，无怨无悔。他进入宿舍，先脱去糊满大字报的外衣，轻轻地挂在墙上，然后洗脸、就寝。有时别的“黑帮”实在体力不支，或心情极度苦恼时，周校长还要多打一盆水，让别人也洗脸，休息。然后他很快入睡，如同平常。这大概即是“心地无私天地宽”。

历史自有公论，是非必须分明。“文革”中，全国许多地方的外调人员都来四中找周祖训证明中原临中有无“青年救国团”的问题。当时外单位的某些人受不住逼迫的压力，纷纷违心地把无说成有，而且编了许多细节，和小说近似。这问题吵到高潮时，每天来的外调人员多的可达四对（每两人一组）。这时的工宣队、军宣队，就组织力量对周校长猛攻，扬言要攻下这个堡垒，甚至拔出手枪相逼，声言“不承认就是自绝于人民，会立即送入监狱”。周校长说：“我只能实事求是说没有，我必须对3000多名师生负责，相信共产党永远是实事求是的。”而后，不再说话，准备承担一切后果。以前在文学作品中看到的大义凛然，今天在现实生活中、在周校长身上看到了。

当时逼周校长最积极、最凶的人，后来也笑着说：“那老头真行！”

视助人为本分

观察周校长的长期为人，帮助人，为人服务是重要特点之一。他个人处境不论多么困难，始终把助人作为自己的事来办。闭目想想，我是深受益者，不论是精神上或物质上。

在那最困难的时期，周校长的老伴被送回内黄老家去了。周校长一人住在学校。物质困难，精神上受压抑。然而这时的周校长，每天早上黎明即起，洒扫后就坐在桌前朗读外语，那认真劲如同要参加研究生考试。早饭后要做什么事，早有打算，毫不忙乱。即使是私人要他帮忙的小事，他也安排在计划之中，他常说“事忙先记账”。他这种不以己悲，勤奋好学，做事有序的精神影响了不少好学的人。

真诚动人心脾

大约是20世纪60年代的一个寒假里，我因从农村老家来校办私事，学校大伙已停，街里又买不来饭。我想了想，到周校长家吃饭去。饭，很平常，蒸馍，稀饭，一个菜，还有几片肉。校长陪我吃饭，既热情又诚恳，更多的是老人对晚辈的深情，我无拘无束，不知不觉吃得饱饱的，还有点过量。我当时连感激的话都说不出来，在大人的真情面前，真说了，反而不妥。我只有铭记于心，终生难忘。

又有一天，见周校长用废电料制了个矿石收音机，能清晰听到电台广播，我就天天去听。后来周校长给我也做了一个，连同天线都给准备好了，我拿回农村老家，听了好几年。

周校长，也有难应付的时候。有天一位年轻老师问："周老师（当时只能这样称），'老而不死，斯为贼'是什么意思？"因为问者目的不明，周老师已是老人了，所以只有一笑了之。

十一届三中全会后，周校长恢复了校长职务，又勤奋地厉行起校长职责。天天开会、听课、观察、处理校务。记得一个阴雨的晚上，周校长拄着拐杖走到我家，问了我的情况后，从怀里掏出他自己节省的20元钱给我，买个鸡蛋补补身子吧！我当时真是不知所措，接受吧，很惭愧，自己何德何能？70多岁的老校长本身就不富裕。谢绝吧，看老人的神态，实意，又推辞不掉。至今我每想到这件事，感激不安的心还难以平静。我出生在一个几代文盲的农民家里，文化不高，头脑很不灵活，工作极平常，但有幸与校长朝夕相处几十年，着实感到幸福。愿周校长永远健康、幸福。

选自2002年1月《漯河文史资料》第十辑

郾中漯高老校长——周祖训

郑 临[1]

周祖训校长是教育界的耆宿，是教育战线上的知名人士。我于1951年进入郾城中学，从1953年至1957年又与之在漯河高中共事。于拨乱反正后，校长又从四中调任漯河市政协副主席。漯河民革组建后，我进入民革。这几十年来，我与老校长交往，相濡以沫，使我受益良多。兹将几十年中，就我所耳闻目见，亲身体验，胪列于后，以记老校长的道德、文章、树木育人的嘉言懿行。

新中国成立前所耳闻目见

十年的黄金时代。校长以原国民党河南省教育厅科员的职务，经考试院考试考录诠叙，升任河南省立信阳师范（原河南第三师范）校长。由于信师久陷于党派人士纷争，校政废弛，校风日坏。就任之初，校长力排纷争，锐意经营，很短期间，就使学校重振校风，弦歌之音，声振遐迩。七七抗战伊始，学校流离播迁于河南内乡师岗。校长披荆斩棘惨淡经营，等于重建信师。这时仰赖校长艰苦朴实，以身率人，把信阳师范办得犹如“校训”所言：“尚诚朴，耐劳苦，勤学问，习服务，重团体，养正气。”学校虽简陋而朴实，活跃的学风却浓重；战时生活虽艰苦而救亡图存的最强音充溢于豫西南，远播于全国，融溶于抗日最前线。

这时，我也正就读于开封师范，后又任教于邓县一小，虽未能置身于校长之墙门，亲聆教诲，但对校长崇敬钦慕之情无时或释。几次求学

① 郑临，河南邓州市人，1919年9月生，1948年毕业于河南大学文史系。曾任偃师中学、郾城中学、漯河高中教师。离休。

途中（开封师范迁至淅川）路经师岗，见师岗寨内信师同学都是穿着粗布衣帽，紧束绑带，俨然战时装备。“寇患未已，国难方殷，我们要努力前进……”的雄壮校歌，声振林木。这时我对校长虽未睹其人却已倾其“神”了。于就读开师时，又从信师转入开师的几位南阳镇平籍的茹玉瀛、贾汉三等同学口中，也初步闻及一些信师的校长、老师、同学以及一些校容、校貌、教学、管理情况，心神为之向往。特别任教于邓县一小的几年间，又与几位信师毕业的同学王永泽等合作共教，亦可见出自校长门墙的合格小学教师的严正教学风格。王永泽等都是能以知识教人，又能以歌唱化人的多方面才艺俱有的教师。

校长兼办国民教育实验区时，著有《怎样办理国民学校》《怎样办理中心国民学校》等书，当时地方教育界视为指导，贯注于中心国民学校中。

校长掌信师十年，其间有风险、有坎坷、有荆棘，但校长却能排难除险，逾越坎坷，把信师办成一个有声有色校绩斐然的学校。每当与校长暇日论侃话旧谈昨时，我总是说校长掌信师时，三十几岁，是老校长工作人生的黄金时代。校长总是莞尔笑纳，欣慰莫名。

建立郾中

1949 年 5 月，校长奉中原临时人民政府副主席吴芝圃电令，率中原临时中学全校师生北返河南后，设省立郾城中学，周祖训任副校长。两个时期两种学校的性质迥异，校长也是经历“阵痛”开始弃旧图新的转捩。校长把省主席吴芝圃 1949 年 7 月 1 日接见的一天定为“新生”。这正是他进入革命怀抱获得新生的心情的具体显现。

郾城中学是从中原临中脱胎创新的一所学校。借占郾城许慎祠（原郾城县模范中心小学）和周围一些公私房舍。原有教师阵容相当充实，可新中国成立伊始百废待举，不少教师另谋高就，调异地工作；不少年长学生参军参干。待学校初步安定后，就地招生，班次扩大，教师一时青黄不接。于是，校长就在征得地方教育局和各地方政府同意，接纳一批教职员工，搭起了一个相当配套的教学机构。

任定青原为上蔡一私立中学校长，资深学丰，原北京北洋工科大学毕业。经赵志廉介绍到郾中教三角立体几何。他讲课条理清晰，说明透彻。他常说立体几何要树立同学的抽象立体空间概念，善认图形。同学们常说，任老师画圆不用圆规，却很准确。毕业生关明典等参加高考，把一道都没解开的几何题带回请教任老师。任只把原题图形指点一下换一个角度看图，关明典等当即豁然明白，为忽视识图而深表嗟叹。

周校长深知构成一所学校的诸多因素。要想办上一所较好的学校，教师的作用是不可忽视的。这时除中原临中、嵩云联中留下的一部分，如汪剑虹、李培亭、闫秋业、郭永廉、甘永和、马庆登、宋芳启、王淑琇、王九如、秦体仁、赵家干、颜森等，就在当时的环境许可下，多方征聘教师。如教范氏代数的蔡之桢、教英语的袁蔚亭、教高中语文的李载林、教初中语文的李秋实、教生物的毕秉之等。

建立图书馆。中原中学带回一部分图书，又添了些新中国成立初期出版的书籍，二十四史、辞源、辞海等工具书。在初获解放的中学里是很少有的。这些新旧书籍给教师和学生以很大方便。

建立实验室，可供理化演示和分组实验，这在当时来说也是绝少的。

设立卫生室。有两名医生负责师生间的小病小伤。

其他会计出纳人员一应俱全。

教导处、党团组织是驾驭全校的枢纽。教导主任王九如、副主任张耳（负责组建党组织）、王景汉（负责组建团组织），亲临教学第一线，配合土改、抗美援朝、镇反等政治运动进行政治思想教育。当时作为党外人士的副校长周祖训，能够以豁达自信谨慎、虚怀若谷的态度，置身其间，配合和支持党团工作，搞好教学工作，自觉地进行自我改造，确实是难能可贵的。

“教育为无产阶级政治服务。”围绕三大运动，学校的德、智、体、美、劳等方面的教育，生动活泼，务实深入，形式多样。韩勤业是银行职员改行从教的，在任初中班主任时，请住在解放军六六医院的志愿军伤员联欢做报告，生动的战斗故事和志愿军指战员出生入死英勇抗击美帝侵略者的精神，使同学们深深体会到了“谁是最可爱的人”。学校组织的腰鼓队、歌舞充填郾漯道旁，迎送志愿军亲人。秦体仁老师组织的话剧歌舞队伍，流动在校内外、露天剧场，场场爆满。《在战斗里成长》一剧，为群众、为师生所传颂。《白毛女》《血泪仇》《赤叶河》等剧目，提高了师生们的阶级觉悟。土改中，有的同学现身说法，揭露批判剥削阶级家庭的罪恶。图书馆员潘毅斋用花轿送女参军、王九功老师送子参军。先后三批几十名学生报名参加了志愿军。部分教师还参加了当时开展的民主运动，王钟麟到宝丰，一些人到郾城半截塔农村帮助工作接受教育。凡此种种都使旧社会过来的知识分子，在实际锻炼中新生成长。

周校长是主管教学的，他制订的学期计划和教学总结，全面而具体，条理而有序，概括而无华。教学计划制订后，他躬身领先，务求落实。当时我所见到的是校长的“三深入”。一深入学生，召开大小会议，听取学生对教师、教材、教法等方面的意见；二深入教研室，要求教师学习凯洛夫教育学，协助教师备课。由于校长人、文、数、理兼通，中英文也有造诣，又是专门学教育学的，所以每每备课，常常给各教研组以启迪诱发；三深入课堂，早晚自习校长总巡回教室检查学习；进入课堂，听课记录、总结、指导。

周校长于“三深入”教学中，还组织一次次的教研室和全校教师的教学评选活动。1952 年组织的一次全校性的教学评优活动，地理教师李培亭、英语教师郭永廉名列前茅，获得了优质教学的荣誉，并介绍了他们的先进经验，郭永廉讲的是《英语教学中的重点系统化》。

校长是很关心教师的学习的。新中国成立之初，教师的思想改造业务学习都是当务之急。为学习苏联先进教学经验，全校学习《凯洛夫教育学》。校长原是学教育研究教育的，后又在河南大学从事过教育学的讲授，当然是教育行家。但在揭开历史新篇章中，校长勇于接受新事物。学习《凯洛夫教育学》时，事前备课，组织收听，课后辅导，给教师学习教育学提供了有利条件，创造了良好环境，这种学习当为其他学校所不及的。

适时地组织开展体育活动，每年开展春、秋季运动会。体育教师李桂君、杨法中等在学校领导下，体育组开展预赛锻炼，组织编排，绝大部分教师置身其间，参与裁判指导，全体同学都是全身心地投入竞赛，为班级争得荣誉，运动场上见精神，赛风格，赛技能，锻炼身体，相互帮助，蔚然成风。

校长是很关心与之合作的教职员工的。为了更好地支持教师的教学工作，解决教师生活困难，校长总是提倡崇廉务实勤俭持家的。校长本人和其家人就是艰朴生活的榜样。待遇虽然菲薄，但却能一俭一廉，身作表率，以百斤粮薪谋全家生计，布衣粗食，朴素生活。张伟程的“就汤泡馍”，徐祝峰的低水平生活，在当时都是时有闻及的。李培亭爱人李清芬有文化，粗通医务，学校就把她安置在医务室。牛汉锦久病卧床，留职停薪，生活艰窘，学校就把牛老师爱人安置于教导教学等位置上。解决教师困难而利教学，凡此举措，都是深得人心的。

经营漯高

1953年秋，建漯河高中。省立郾中高、初中分设，周祖训被任漯高副校长，校长为许昌专区专员李庆伟兼任。于是带领郾中高中部教师、行管人员来漯，原郾中党支部领导王景汉等也随之而来，与校长共与其力，创办漯河高中。后不久，党和政府为了加强教育的领导与管理，又调许昌中级人民法院院长边成武为漯高校长兼党支部书记，增强了党在学校的领导力量。从此边、周合作，新老教师（郾中来的、淮阳中学、青年中学调来的、专署分配来的）谐和共事，同舟共济，创建出富有朝气的漯河高中，成了河南省的重点中学。此时，党的领导使周校长办学才能再次得到施展；时代使然的坎坷际遇，也使周校长在曲折中接受考验。

树木树人，建校育才。漯河高中建立于市南郊一片乱坟岗地之上，荆棘丛生，杂草围绕，房舍单一而尚整齐，犹如兵营。由郾高搬移的二、三年级几班学生，加上淮阳、郾城青年村合并的几十名高二、三学生，许昌地区高中统考进校的六班新生，十八班的高中建制即已形成。搬迁过来的图书仪器（含原中原临中的部分）又加添教育厅为重点中学配给的实习工厂工具，物理实习用的小卧车，分组实验、制图课仪器、实习课工具等设备，为豫南几地区的高中所少有。几个渠道汇流的教师队伍也是比较充实的。原郾中过来的数学老师宋芳启、王淑琇、任定青堪称许昌地区名师；王九如（教导主任兼物理教师）、王九功、徐祝峰与淮阳中学转来的杨宝岑、焦步仙等也都是教坛的耆宿；甘永和、郑临、李介祉、薄言、张泮、欧阳俊卿、马庆登、王钟麟、郭永廉、鲁雨苍（金陵大学毕业，英语说读听写均有基础，曾在上海做事）、潘鸿坡（北京大学毕业，曾任河北育才中学、山东济南中学英语教师）、袁蔚亭、王化昭等；又加上许昌地区调派而来的刘春仲、程燕夫、赵忠昌、曲伯云、王岱岚、朱澄、王睦钦等，分属于语文、社会、外语等教研组。其他如倪风山、颜森、邹智敏、孙星基、田永海、王禄征、张成堂、宋兰生、刘秉衡、丁守阁、潘毅斋、尹振武、徐效墀等分任学校教导、总务、图书、卫生等工作。全校员工各司其职。这样一所十八班级学校新老教师较强的教师阵容、图书仪器比较充实的一所中学，颇为可观。被地区教育部门领导誉为新中国成立伊始兴起的一所好学校。

任漯河高中校长兼党支部书记的边成武，简师毕业，为人憨厚坦荡，但矜躁之态亦常溢于言表。而作为民主人士的周校长与边校长相濡以沫，偕同协作，给漯河高中经营出了一个省重点的黄金时代。

两位校长都具有一颗办好学校的炽热事业心。黎明即起，随师生早操，参加早晨的政治学习，学凯洛夫教育学；两校长分属各教研组，周校长分管理、化、生、数，边校长分管语、社、外语等组，参与教育活动。他们也是教本不离手，走向教研组，走进课堂与教师一起切磋琢磨，体会教科书的精义，改进教学方法；置身课堂听取教课，招集座谈，听取受教者意见。师生间的授受，赖以汇合交流。我觉得当时的统战工作，能够在学校里得到很好的体现，周校长多与力焉。周校长总是以自己宽阔的胸襟、谦和的态度、丰厚的学识赢得师生的尊重，取得了边校长的信赖。边、周两校长既有合作共事共建漯高的贡献，也有共受不公正待遇走了一段坎坷崎岖的道路，以至于古稀耄耋之年，他们还是颇要好的同志朋友。

周校长最大的特点是“望之俨然，即之也温”，从来不炫耀宣扬自己，总是默默地刻苦实干。其身正，不令而从。校长从不苛求他人，总是以理服人，媸妍分明，朴实无华。时至今日，凡是出于漯高门墙的老学生，每一相聚，回首往昔时，没有不提到校长的学识、作风、为人做事的。漯高的弦歌余韵，声播遐迩。

建校之初，老校长十分注重校容校貌，美化环境。在已建成的校舍基础上，扩建一些简易生活文娱活动用房，如师生厨房、礼堂兼用作饭厅。制作了十八班编制的课堂桌椅、学生宿舍的床板。办公室教研室所用办公用具，每位教师都有藤椅一把。房屋构造坚固安全，课桌椅子坚美舒适。周校长说学生坐椅子听课会更舒适些。每晚自习十八班汽灯通明，静谧安适的郊夜，令人沉浸安适。寝教室，特别是晚上寝室，开窗换气，颇为注意。学校安装水车，清洁水源。校长很注重空气、阳光，水土、树木的撷取和利用，以利于学生身心健康。当时老师坐藤椅、学生坐椅子等基础设施，亦是他校没有的。

十年树木。漯河南郊乱坟岗地构筑的漯河高中，披荆斩棘，平迁坟丘，修平简易体育运动场地。校长发动学生绿化学校，献树苗树种，绕校植树，校园种树，盎然声色。学校种树之多，绿化之美，声冠许漯。稀有珍贵树种虽经风波，而至今尚有余存。如塔松、杜仲、白果、石榴等留存校园。树木树人，每班每人对其所植树木花卉十分珍视。培土、浇水、剪枝、修身。冬季雪压小树，同学们往往不顾寒冷，一早起来赶快摇去冰雪，扶直干茎。校长常常说：“学校无小事。”校长和学生一起上早操，检查早自习，或参与教师政治、业务学习，或进教室听课查堂，或在校长室备课办公。课余到操场和师生一起活动锻炼，校长是教师排球队员之一。校长对学校管理严正有序，一切活动率先参与。

“教育是做人的工作，学校是对学生‘传道、授业、解惑’的天地”。当时，正是一边倒，倒向苏联，学习苏联建设的高潮时期。凯洛夫的《教育学》是教育工作者的教学圭臬，是师生授受间的“圣经”。

教材是借鉴苏联，教法是五段教学法，五分制记分法，还有量力、循序渐进、巩固提高等五项指导原则。当此，教育起划时代转变的关键时刻，校长力摒旧的因袭，吐故纳新，学习贯彻《教育学》，改进学校管理，提高教学质量。与此同时，校长也是用辩证唯物主义观点，全面对待教育和教学工作。

苏联教材是结合苏联的实际，内容要求比较高深。新中国成立初期，我们正处于恢复发展阶段，仿苏联编审的一套教科书，特别是理科，与学生的接受能力是有距离的。校长是“内行”校长，学教育兼通数理文，既有状元之能，又有秀才之才。分管自然科学教学，深入理化生、外语（俄、英）教研组。于备课、听课检查作业、师生座谈中，总是把《凯》的量力性、循序渐进性突出出来，响亮提出认真贯彻复习巩固，深入浅出，改进教学。参照《凯》的直观性原则，校长很注意培养学生的形象思维和逻辑思维。语文组着重于形象思维，把学生的政治思想教育贯穿到字、词、句、章的全教学过程中。语文教学经验曾在1954年秋省重点中学语文教学经验交流会做了重点发言，省教育厅教研室将其经验发表于《河南省教育工作通报》和河师院《中学教学业务通讯》上。社会组的制图画表，也大大便利了教学。王钟麟自制的地理教具，如测量用的海底称锤等颇受欢迎。徐祝峰的风向标、气温仪等有助于天气预报。董泰焊制一整套立体几何图形，给学生以直观感受，而任定青在立体几何教学中要树立学生的空间抽象观念则尤为重要。宋芳启、王淑琇、王九如、王九功、杨宝岑、焦步仙等数理化教师，在讲清基本概念的基础上，培养了学生的分析、判断、推理的逻辑思维力。就是教学板书来说，亦可见其教师的基本功底。宋芳启一堂课书完一黑板，条理清晰，整洁美观，讲授结束了，版面也占完了。任定青教几何画圆不用圆规，画线不用直尺，而却能伴随教学，自成规矩。如此等等教授中的琐事，直至今日还为漯河老学生所津津乐道。

周校长治学严谨，治校有方，功力深厚，教学内行；心有所契，则手录之。至今还留下部分治学、教学、工作、生活等方面一些文章和资料，对如今提倡的德智体全面发展的素质教育，仍是颇具借鉴和参考价值的。

老校长克己奉公，关心学校，爱护学生，全身心地扑在教育事业上，但对社会的索取却是极微的。1957年反右运动，校长以“防民之口，甚于防川，川壅而溃，伤人必多”等言论，在许昌学习期间已被定性，及至返回漯高继续接受批判之际，校长还不时地自行筹谋学校大礼堂的建筑，不时地披衣涉足于场地察看关心礼堂建设的质量、外观。“经之营之，十日成之”之心萦系于心。20世纪50年代一次评薪定级，校长和马庆登二人被评升为中教级，月薪达120余元。校长深怀“受之有愧，却之不恭”心情，拟将超高工资交付学校公用。校长一贯生活简朴，家用无多，新中国成立之初，衣食无缺，拒受过高的待遇，真正如前人所说，“手口俱足，余无所需”啊！

“谁道人生无再少，门前流水尚能西。”周校长曾以苏东坡诗句赠老友甘永和而互勉。迩来老校长年已耄耋，但壮心不已，事业之心未泯，坚持锻炼、读书、写作，并力争参加力所能及的会议及社会活动，尤其悬心于两岸的统一大业，时刻企盼其台湾的学生挚友早日回归聚首。老校长作《老有所为》，诗曰：“离休志不休，事业作寄托，以忙为自在，将寿补蹉跎！”寸心如丹，精神堪敬。《易》曰：“天行健，君子以自强不息。”诚则斯言，老校长当如是乎？！

1997年5月

选自2002年1月《漯河文史资料》第十辑

漯河高中的奠基人周祖训校长

李介祉[1]

在我的心目中，周祖训校长是一位品高望重的长者，是一位令人尊敬，有丰富治校经验的教育家。我是1954年调漯河高中任教的，周校长是漯河高中第一任副校长，是首创者，是坚实的奠基人。

周校长为人正直，坚持正义，勤俭朴实。对同事谦和以诚；对学生励志向上，循循善诱；于事以理服人。不矜不慢。引人亲近起敬！

周校长治校治学有方，本身学而不厌，诲人不倦。言传身教，起了楷模作用。“其身正，不令而行；其身不正，虽令不行。”此之谓也。

周校长在党的指引下，认真贯彻党的教育方针，为给社会主义建设培育合格人才，德、智、体全面发展。他首先抓教师的政治和业务学习。业务方面，十分重视教师的教学工作，狠抓认真备课、集体研究，并组织观摩教学，且本身经常听教师讲课，促使教学质量不断提高。也十分重视理论联系实际，要求认真进行理化、生物实验。并提倡结合教学自制教具，以补现有设备之不足。从而发挥教师的积极创造精神。他还重视课内与课外相结合。课外活动的多样化开展，开拓了各科知识的境界。当年的各科研究小组十分活跃，学习空气异常浓烈。学生活动由于教师参与指导，不仅促使深入发展，且密切了师生之间的情谊和道义关系。

漯河高中当年的治校精神是突出的。上行下效，政通人和，教师谨守崇高的教学岗位，既关心学生的科学知识学习，又关怀学生的日常生

① 李介祉，河南太康人，生于1917年4月。河南大学中国语言文学系毕业。1939年起，曾先后在南召河南中国现代中学、陕西一高、许昌师范、省立禹县高中、新乡荣誉军人速成高中、新乡高中任语文教师。1954年到漯河高中任教，1969年“文革”中下放太康一高任教，1980年受聘于漯河体校任教，1992年退休。

活与健康成长。兢兢业业，不患得失，忠诚人民的教育事业。校风是纯朴向上的。治校成绩喜人，历届升学率达 80% 左右，在全省和许、漯两地区名列前茅。

今天漯河高中，桃李满天下，给党、国家、人民培植出了大量的优秀人才，这些成绩都与周校长的治校经验分不开。周校长是坚实的奠基人。漯河高中的优良传统，将会永远发扬下去。

“九九”重阳，是周老祖训校长 95 岁华诞。我衷心向周校长祝贺，愿他寿比南山，松柏常青。

选自 2002 年 1 月《漯河文史资料》第十辑

记周祖训先生二三事

陶菊馨[①]

我上高中的时候就听说过周祖训先生是信师校长，但未见其人。新中国成立后，我从事教育工作，1955 年冬，调入漯河高中，在其领导下，从事化学教学工作，在短暂的几年的共事中，周祖训先生无论其做事、为人或治学等方面都给我极深刻的印象。在我的心目中他既是一位学者，又有长者之风。

1955 年隆冬，一天下午，我从许昌专署教育科拿着调令，往漯河高中报到，当时铁路客车比较少，所以，一直等到夜里 10 点钟，才坐上开往漯河方向的火车，到漯河高中，已是凌晨 1 点钟了，传达室一位同志接待了我，后来知道他叫安凤祥。他说现在半夜三更啦，给你打个地铺，就在这里安歇吧！就这样将就了一夜。第二天，我刚起床，安凤祥同志就引着周祖训校长来到传达室，周校长当面批评安凤祥同志：这么冷的天，怎么就让陶老师睡在地铺上，传达室离我办公室只有几步远，为什么不叫我一声。由此说明周校长对教师的尊重和关怀。

周祖训校长是抓业务的，他经常深入课堂、深入学生当中，调查研究，了解教育教学情况。他亲自召开学生座谈会，让学生畅所欲言，谈谈对某学科某位老师的教学意见。他深入课堂听课，而且认真写听课笔记，他听青年教师的课，也听老教师的课，他听新来校任教教师的课，也听原有教师的课，而且听课不是蜻蜓点水、走马观花。对一个教师的教课，他是连续地听，至少要听一个完整的单元。记得他听我的课连续四周以上，从不间断。所以他对每位老师的教学情况都了如指掌。听课

① 陶菊馨，河南临颍县人，1928 年 9 月生。河南大学化学系毕业。特级教师。曾任漯河高中理化教研组组长、工会主席。省人大代表、市政协委员，市、区人大常委等。

之后，到教研室去和老师交换意见，态度平易近人。他还善于发现和总结好的教学方法。记得他听我的“银镜反应”这一课，我用的是边讲边实验教学法，当同学们通过实验成功地做出银镜时，我画龙点睛地指出，这个实验就叫“银镜反应”。课后，周校长非常赞成地说：这种教学方法好。他还说，物理、化学都是以实验为基础的科学，根据具体内容都可以采用边讲边实验的教学方法。后来，边讲边实验法在我们理化教研组很快就被推广开来。

周祖训校长还让学校工会组织做好家属的思想教育，定期召开家属会议，使每个教师的家庭都成为幸福和睦的家庭，搞好邻居之间的团结，使教师能集中精力，搞好教学。我印象很深的一件事，是周祖训校长经常跟家属们说：“农民到咱家门口卖鸡蛋，不要对人家太抠搜，光想讨便宜，农民挣几个钱不容易。”家属们也都通情达理，当时地处荒郊的南窑高中家属院俨然成为“礼仪之邦”。

1957 年，周祖训校长被错划为右派，让其留校进行“劳动改造”，当时学校有浴池，让他烧锅炉，他总是把水烧得不烫不凉，恰到好处，浴室内整理得干干净净。后来，学校要在人行道两边栽种树木，周祖训校长和其他几个“右派”一起，先挖树坑，然后将几十棵树围两三把粗的毛白杨栽上，意想不到的是移栽这么高大的树株株都活了，由此可见他们平常对待工作的认真负责精神。

2000 年 11 月

选自 2002 年 1 月《漯河文史资料》第十辑

乱云飞渡仍从容

倪凤山口述[①] 阎书华整理[②]

1957年5月，我调到漯河高中，在周祖训校长领导下任总务主任。不久，就开始了整风运动和反右派斗争。漯高打的第一个右派就是周祖训。

打右派的主要根据是他在市政协座谈会上的一个发言。他发言的大意是：我跟共产党多年，我认为共产党不错。希望共产党要鼓励知识分子讲话。因为自古以来经过一些朝代的文字狱，知识分子不多讲话。他引用了《孔子家语》中《观周》一章的“金人铭”一段：“孔子观周，遂入太祖后稷之庙，庙堂右阶之前，有金人焉。三缄其口而铭其背曰：古之慎言人也。”并告诫世人：“勿多言，多言多败，勿多事，多事多患。”接着他又引了句古训：“防民之口，甚于防川，川壅而溃，伤人必多。”来说明不让人讲话后患无穷。

他这几句本意在劝诫共产党的忠言被认为是攻击共产党不民主，不让人讲话，作为周祖训的主要右派言论发到了学校。当时的校党支部书记，过去曾被打过右倾，所以在反右派斗争中怕重蹈覆辙，就来了个宁左勿右。抓住周祖训的这段言论，几乎是天天组织全校教职员大会批判。批得与会的人几乎都把这几句古文背熟了。我当时认为这几句话根本算不上什么大事，值不得天天批，心里感到厌烦，常常借故不去参加。

---

① 倪凤山，山东临朐县人，1926年11月生，1947年8月参加中国人民解放军任连长，转业后任漯河高中总务主任、漯河四中副校长、漯河六中书记等。离休。

② 阎书华，河南省郾城县人，1934年5月生。1951年省立郾中毕业，参加抗美援朝志愿军。曾任军委总政文化部文化教员、商务印书馆俄语资料员、漯河市商管委科长、经济师。

继周校长挨批之后，又先后有12名教师被打成右派。因为人太多，大会批不过来，就分组批，不过周祖训因为是校长，仍在全体教职员会上批。

周校长一开始被打为右派，就停止了他的领导职务，在批判大会之余，就是参加劳动，扫地、清厕、种地、烧澡堂等。不管什么劳动，不管多脏多累，他都主动认真，埋头苦干。厕所清理得干干净净，把掏出的大粪挑去填树坑栽树，经他手栽的树是栽一棵成一棵。

1959年初，他被结论为极右分子后调四中工作。先后任过物理、动、植物老师，同时还不停地参加劳动。1961年5月，我离开漯河高中调到四中任副校长，见周祖训仍在打扫校园、分送报纸，还往教研室给教师们送开水。

1962年春，校领导班子主持为周祖训摘帽。因为周不管教书或劳动一贯表现突出；特别是他以往当校长时的德高望重的形象在广大师生的心目中，并没有因为戴了个右派帽子而被抹杀掉。所以，在讨论摘帽的大会上，很顺利地便获得了全体教师的一致通过。本来，我到四中后见他天天为老师们端茶送水，就感到既不合适又于心不忍。在他摘帽后就同张国宪书记商议让他去管理图书室，即刻得到了张书记的赞同。

四中的图书室原有8000多册图书，由于管理人员年轻不负责任，杂乱无章。周祖训接管后，分类、编目、建卡，做了一系列的细致工作，把图书室搞得有条有理。以后，根据需要，他还不断选购新书。他每次到新华书店购书，都用自制的一个小推车推回来。当时图书室还订有英语杂志，因为周在读大学时就有深厚的英语功底，他把英语杂志难懂的地方都翻译成汉语，为读者提供方便。除负责日常的借阅外，他还主动为语文、物理等老师提供参考资料。到1972年我离开四中前，图书室的书已发展到了3万多册，成了全市中学图书馆的一个典范，吸引来不少的参观取经者。在管理图书室的同时，他仍然没有丢掉扫帚，为师生们提供了一个整齐清洁的教学环境。在“文化大革命”中，他和一些被打成黑帮的教师一起，还搞了不少挖地、脱坯、烧窑等劳动。1969年，学校复课闹革命，外语课俄语改英语，他还教过一年多的英语，因教学秩序混乱又停了下来。

周祖训从1959年定为极右起，每月只发给25元的生活费，后又增至40多元。他的妻子是家庭妇女，他还要负担继祖母的生活。仅靠这几个钱，根本无法维持。他就靠以往省吃俭用的积蓄来贴补。生活过得非常俭约，妻子经常挖野菜，他也常去拣工厂里没有烧透的煤核，每次买煤都是他自己用小推车推回去的。但他从没有向谁诉过苦，更不会向领导伸手，到他摘帽后很久，才恢复到每月80多元的工资时，他原有的积蓄已贴补净尽了。

我于1957年到1972年和周祖训同志相处的几年，开头是他领导我，以后是我领导他。这15年中，正是他处于蒙冤受屈的逆境时期。他，从一个博学多识的学者，一个20世纪30年代中期始连续担任中学高师校长20多年的教育家，一个曾是国统时期国大代表的知名人士，而今成为一名清洁工，一个图书室的管理员，但他从不卑视这些普普通通的劳动，而是热心认真毫无敷衍塞责地对待自己从事的每一样活计。在他面上看不到愁苦，听不到哀怨，他像一株挺拔的青竹、稳健的劲松，面对变幻无常的政治风云，始终如一充满了乐观、自然、从容。这种风度，也许是他之所以能够健康长寿的秘诀之一。

2000年11月18日

选自2002年1月《漯河文史资料》第十辑

我和周祖训校长相处的日子

吴瑞卿[1]

我于1956年9月由许昌师范调漯河高中，任体育教师。

我与周祖训校长相处时间不长，约有3年的时间，这3年中可分为两个阶段。

第一段是我调入漯河高中后，周祖训任校长，我是体育教师，这时除召开全体会时见面，至于交谈时间很少。但是在这段时间里，我常见周校长到教室里听课，无论文科或理科，每一学期，对每位任课教师的教学都要听一两次。课后，还要给教师进行认真的谈话。周校长还听过我教的一节体育课。课后，周校长指出：这一节课基本完成了任务，但也有缺点，如教课时需要的运动器材，需要移动时，可让学生帮助你抬起来移动，对学生进行爱护公共财物的教育，你自己就地拉器材，就给学生一个不爱护公共财物的影响。这就不好。还说，你还年轻，要继续努力，还是有希望的。对我进行了教育，我很受感动，觉得很亲切。从个人角度讲，周祖训校长是我尊敬的师长。从事业上讲，他是位称职的校长，懂业务，各门学科都懂，基础知识面宽、扎实，功底厚，是一位从事教育事业的专家。

第二段大约是1957年暑假后，由于形势变化，周校长被错划为“右派”，被监视起来。当时学校领导派我监视周校长，就在原来周校长的办公室，在外间放一张床，我和周校长住进一个屋，对周祖训校长进行监视。当时我思绪很乱，认为昨天是我的上级，是我很尊敬的校长，今日对他进行监视、约束他，我思想上实在是转不过弯来。但是领导上的指示，我只好执行。由于形势所迫，要求周祖训校长写书面材料，他

① 吴瑞卿（缺）。

每次写的材料，事情的来龙去脉都很清楚，字体工整、整齐，都能按规定时间交组织上审阅，非常认真。

当时给我印象最深刻的是看书学习精神。他在思想上受压抑，精神上受折磨，还要参加体力劳动的痛苦的日子里，他拖着疲惫的身子还挤时间学习、看报纸，特别是看报纸，基本上天天如此。他看到特殊的新闻时，还给我讲讲。我记得 1958 年春，有一人造卫星将路过漯河上空，周校长对我说：“卫星经过漯河上空时，我约你起来看卫星。”果然周校长约我看了卫星。我很受感动，周祖训校长这种学习精神是我永远学习的楷模。

1958 年下半年，我到许昌组织运动会和周校长分手，没再回来。但那段我和他非常时期的相处，却深深地印在了我的脑海里。

2000 年 10 月 30 日

选自 2002 年 1 月《漯河文史资料》第十辑

周校长对师生们的关爱令人难忘

王禄征[①]

周祖训从20世纪30年代初大学毕业后，先后在楚旺中学、省立信阳师范、中原临时中学、省立郾城中学、漯河高中担任校长达20年之久。凡跟他当过教师同过事，或跟他上过学的学生，不管是流落异国他乡，去了台湾或居在大陆的，都跟他有着十分浓厚的友情和师生情，我感觉这是和他对师生们的一贯关爱体贴分不开的。

他关心师生健康，注重德智体全面发展。每天课外活动时间，都让师生们到操场活动。有的打排球、有的打篮球。周校长都要到各教室、教研室、办公室查看是否还有学生或老师没有到操场去的，然后他才到操场去和教师们一起打排球。

他体察师生们的生活困难，并想方设法帮助解决。1953年，我生女儿，我爱人大病初愈休闲在家，周校长就让我爱人到校代我工作。使我能安心养好身体带好孩子，也解决了家庭生活困难。

周祖训在信阳师范当校长时，把信师办得在河南省都很有名气。抗日战争时期，信师迁至内乡师岗。1941年，我在开封女师读书，假期里，有信师女生到我们学校来玩，常听她们夸耀她们的校长如何关心学生，如何自费资助贫困生。在漯河高中当总务主任的颜森老师就常提起，他在信师读书时，曾多次受到周校长的资助。

周校长对师生们的困难慷慨解囊，而他自己的生活却一直过得非常简朴。1953年到漯河高中后，每到冬季都穿着一件质地颜色都很不好的棉大衣防寒。因为这件大衣是新中国成立前穿过的，所以在反右时期遭

① 王禄征，河南泌阳人，1922年生。1945年毕业于河南省立开封女子师范学校。1951年至1988年在省立郾中、漯河高中任图书馆管理员。

到批判时，有人说他是“忘不了国民党”。

周校长注重教育学生热爱母校。毕业班学生离校前每人要种上一棵小树，上面挂上自己的名字。几年后有的学生回校时就先去看看他种的树成材没有。在他当校长时期，学生对母校感情特深，每到假期回来都要到母校转转，看看校长和老师。

周校长不仅在生活上关心师生，在政治上更加爱护。1958 年，不知为什么突然搞起调查，说中原临中的师生，都参加了什么“青年救国团”的反动组织。凡当时留在漯河高中的原中原临中的师生，都被集中到河沿人民医院的一幢空房子里，让大家整天坐在水泥地上，逼着交代，不让回家。有的被逼急了，就瞎编一套，说是在大操场上集体参加的。这样，一传十，十传百，都跟着那么交代了，才让回家，正常上课。周校长没到河沿人民医院去集中，而是留校单独审查。但是，不管调查人员如何诱供、诈供、逼供，他都坚持实事求是。说明情况，一口咬定根本没有那么一个组织。后来在原中原临中师生的档案里都去掉了这一条，周校长忍辱负重，保住了多少师生的清白。

1957 年，周校长被错划右派撤销校长职务后，他还时时从关心师生们的教学和生活出发，一心一意地做好分配给他的清扫、烧澡堂、管理图书等工作，默默无闻地为师生们创造着福利方便，博得了广大师生发自内心的爱戴和尊敬。

选自 2002 年 1 月《漯河文史资料》第十辑

周祖训校长推荐我们踏上国防建设的征程

张天生[①]

喜闻漯河市政协在新世纪的第一个重阳节，要为世纪老人、一代师宗周祖训老校长出专辑，以示对他95岁寿辰的祝贺，实为众望所归。他纵览百年风云，经受世纪沧桑，一位平实无华的老人，浑身透着革命光辉。他为党的基础教育事业作出了重大贡献，为国家的经济建设和国防建设培养输送了大批优秀人才，真可谓誉甲中原，桃李满天下。

斗转星移，冬去春来，48个寒暑已经逝去。我是1953年秋（高中三年级）跨进漯河高中这座高中生的摇篮的。也是漯河高中第一届毕业生。我当时担任漯河高中第一届学生自治会副主席。由于学生自治会的许多活动都是在老校长的亲切关怀和指导下进行的，因此我直接接受老校长的教诲多。使我了解到他学识渊博，而又循循善诱。尤为难能可贵的是他为人正直，从政清廉。他生长在旧社会，在国民党的腐败政治生活中，他出淤泥而不染。在新中国成立后的教育战线上，不论是在正常政治生活中，还是在逆境中，都兢兢业业为党的教育事业贡献着自己的一切。

周老校长是在新中国成立后不久受命组建漯河高中的。漯河高中是由省立郾城中学的高中部和商水县青年中学的高中部合并而成的，另有一些其他县（市）的高中生慕名而来。学校的总体规模是按照苏联中学三六模式建成的。唯独我们这个毕业班只有两个班，80余名学生。而这80余名学生却来自漯河、许昌、临颍、郾城、西华、上蔡、商水、周口、舞阳、泌阳、西平、驻马店等十几个县（市、镇）。漯河高中建成

① 张天生，河南省商水县人，1932年生。1954年漯河高中毕业，1956年第一军械技术学校毕业。曾任石家庄军械工程学院电工教研室主任，副教授。

于1953年初。所谓建成只是教室、宿舍、办公室和食堂已初具规模。因为漯河高中的校园是建在原漯河南郊的一片坟茔上的，我们1953年秋入学时，校园内坟冢满布，杂草丛生。在学校的初创时期学校提出了全员动手，劳动建校，美化校园的号召。在周校长的规划和率领下，全校师生员工，一边上课，一边利用课余时间，平坟冢，除杂草，植树造林，绿化美化校园。他亲自召开全校人员的动员会，讲述植树造林绿化美化校园的意义。我仍然记忆在心的是他经常讲你们今天种植的树苗，在日常的精心养护下，不久将会成为栋梁之材。他把校园的西区规划为桃树园和苹果园，北区垂柳行行，在环绕校园的周围种植多排白杨，这样就形成了春有花，秋有果，四季白杨环抱的美丽校园。为了保证树苗的成活率和提高同学们植树的责任心，他让总务部门给同学们发树苗的同时发一个小木牌，写上植树人的姓名，挂在自己种植的小树上。同学们也利用课余时间为自己种植的树苗浇水、打叉、除虫。漯河高中的建设浸透着周老校长的心血和汗水。

漯河高中建成后集中了豫南一代名师。周校长利用他在教育界的地位和威望，在党的领导下调集了一大批学识渊博又有丰富教学经验的名师，诸如杨保岑、马庆登、郑临、王九功等。我记得教几何学的任定青老师，他讲课画图从来不用圆规和直尺，但他徒手画出的直线和圆你可以用圆规和直尺去检查，几乎分毫不差。老师的行为对我们刻苦学习精神的培养是无声的鞭策。真是身教胜于言教。在周校长的领导下，在诸位教师的严格执教中，学校的学习氛围很浓，学习成绩在中原地区也是名列前茅的。不仅学习氛围很浓，我们的课余生活也是多姿多彩、生动活泼的。学校的篮球队打遍半个河南，课间大家跳集体舞，周末班上有晚会，自编刊物和墙报，还经常参加市里组织的各种社会活动，这对于提高每个同学的文化素质，了解社会和关心社会的思想品德培养是大有好处的。

漯河高中组建于中华人民共和国成立不久，土地改革刚刚结束，神州大地百废待兴，朝鲜战场战火未熄。此时我们正面临着高中毕业后的升学考试，在考试之前同学们要选报升学志愿，这将决定着每个青年学生的人生道路。因此大家都很重视。周校长对同学们的志愿选择非常关心，他一边给同学们做报告，讲原则，一边又经常深入班内，有时把同学叫到他的办公室和同学们促膝交谈。根据每个同学的学习成绩和爱好以及身体状况等诸方面的情况，指导同学们填报志愿。这实际上是为国家发现、选拔、输送可塑之才，使同学们都能在比较合适的专业条件下，在大学深造中脱颖而出，以免有遗珠之憾。在我选报志愿之前，学校内就有军事院校要在应届毕业生中提前选拔学员的传闻。我当时受旧社会“好儿不当兵，好铁不打钉”的思想影响，对应招到部队院校去学习，思想上存有疑虑。有一天周校长和部队的招生人员一起找我谈话，他们谈了很多，但我至今难忘的是，周校长亲切地说：“建设祖国和保卫祖国都很重要，都是国家大事，都是你们面临的选择。就目前的国内和国际形势而言，保卫祖国就显得更为重要，美帝国主义在朝鲜燃起战火，企图犯我国境，国之不存，何谈建设。因此，保卫祖国就是你们面临的选择，根据你的情况，我愿推荐你和另外 12 位同学一起到中央军委总军械部所属的院校去深造。并且你身为学生干部又是新青团员（共青团的前身），应带头响应祖国的召唤。”周校长的一席话，使我热血沸

1954 年 7 月 12 日漯河高中首届毕业生欢送 13 名参军同学
在漯河车站广场留影

腾，打消了疑虑，决心应征到军队院校去学习。在周校长的推荐下，确定了我们的人生道路，一干就是半个世纪，在我这篇短文结束的时候，再一次感谢周校长推荐我们踏上国防建设的征程。

遥祝敬爱的周老校长健康长寿！

2001 年 6 月 16 日

选自 2002 年 1 月《漯河市文史资料》第十辑

周伯伯是我人生的榜样

李梅雨[①]

从11岁认识周伯伯开始，他在我心目中就是一个可亲可敬的长辈。

我的父亲和周伯伯是好朋友，一直在周伯伯手下工作。1947年，父亲在台湾工作的同学，曾一度把他叫到台湾，是周伯伯又把他叫回了大陆。父亲在台湾只停留了半年，要不然，真不知道我这辈子会是什么样子。所以，我感谢周伯伯给了我上中学，特别是上大学这样的人生机遇。

我小的时候，曾经有段时间和周伯伯住在一个院子里，所以和他的家人——我的周伯母更为熟悉。同时也听到同院及其他老师们对周伯伯的评价。知道他是一个对学生、对教师都充满热爱、关心的好校长，他也因此赢得了师生们的爱戴和信任。

记得1948年我13岁，随父亲在湖北羊楼洞上小学。周伯伯任中原临中校长，学生因对某些老师不满闹学潮，要采取过激行动。他一方面想方设法安顿老师，另一方面不顾个人安危，出面把学生召集起来，耐心说服教育，没有使事态扩大。中原临中存在的时间虽然并不长久，但在那种特殊的历史条件下，他为几千名师生的衣食住行和教学确实操碎了心。

在中原临时中学里，有共产党的地下工作者，有进步的学生和老师，他保护了他们的安全，我所说的就有新中国成立后任新华社记者的潘荻先生。

① 李梅雨，河南内黄县人，1935年10月生。1955年毕业于漯河高中，1959年毕业于西北大学化学系。曾在北京邮电部邮电科学研究所、河南省邮电学校、郑州市八中等任职。

在湖北解放前夕，想跟国民党南逃的师生与要回解放区的师生，两派间产生了激烈矛盾。在这关键时刻，是周伯伯反对南逃的态度，坚定了广大师生留于原地迎接解放的决心。最后，经过千里艰苦跋涉，他终于把2000多名青年学生和几百名教师及其眷属带回了解放后的河南，回到了党的怀抱。使这么多人获得了新生，使他们得以与家人团聚，避免了像逃到台湾的人与大陆亲人骨肉离散达几十年之久的命运。我的家也就是这样随他回到了河南郾城县，我也进了基本上是由中原临中师生组成的河南省立郾城中学。1953年，郾城中学高中部迁到漯河，我又跟随周伯伯到了漯河高中，直到毕业。

我非常崇拜周伯伯的人品，不管任何时候他总是勇于讲真话。记得“文化大革命”时，不知从什么地方冒出来一些言论，说当时的中原临中有个什么反动组织，受害的很多，有当时的学生，也有当年的老师。此时有的人是有口难辩，有的人是无可奈何，更有的人顶不住压力，受不了严刑拷打而违心地认了罪。但是周伯伯顶住了压力，讲真话，提供了当时的实际情况，才使很多人得到了平反，洗清了污点，还了清白的人生。

我更钦佩周伯伯的人品，是他对待自己家庭的态度，他的婚姻是旧式的，周伯母是没有文化的家庭妇女，可是周伯伯一辈子对她忠贞不贰。特别是1982年我回到漯河所看到的，周伯母行动不便，吃饭时，周伯伯把饭送到床边，问寒问暖，家中的事情总是征求伯母的意见，伯母俨然是一家之主，此情此景，让我感动。

总之，周伯伯的一生，对祖国对人民是鞠躬尽瘁；对学生对朋友是肝胆相照；对家庭对亲人是亲切关爱。我钦佩他的高风亮节，他的光明磊落，我尊敬他的无私奉献，他是我人生的榜样。

2001年9月

选自2002年1月《漯河市文史资料》第十辑

周祖训校长沧桑见闻录

冯宗义[①]

顺境淡然，逆境坦然。

——马寅初教授语

不说硬话，不做软事。

——宋哲元将军语

老骥伏枥，志在千里。

——曹操《步出夏门行》

1954年至1957年，我在漯河高中读书，周老是同学们仰戴崇敬的副校长；1961年秋天，我大学毕业，分配回母校教书，周校长已身陷逆境，在漯河四中（现漯河二高）做图书管理员；十一届三中全会以后，周校长沉冤昭雪，不久又连续两届荣任漯河市政协副主席（第一任在区划调整以前，漯河为县级市），嗣后我在漯河市教委工作，兼任漯河市政协常委和教科文卫委员会副主任。回顾40多年的风雨沧桑，我与老校长算是时即时离，对其立身处世、学识道德及人生事业，说不上有深刻的了解，而受教之益和亲历见闻中的一些片段，则堪称裨获深远，铭心刻骨。谨记之以旌校长贤美之光，也做自己永生之勉！

由于社会的、政治的和历史的原因，在我16年的学生时代，唯有

① 冯宗义，舞阳县人。1938年生。1954年考入漯河高中，1957年考入开封师范学院（河南大学）汉语言文学系。曾任漯高语文教师兼教研组长，教导处副主任、主任，市教委教研室主任，教委副主任兼河南省人民政府教育督导室督学。漯河市政协第一、二届委员、常委，兼教科文卫委员会副主任。

高中三年是最稳定、最扎实、最安心的读书岁月。20世纪50年代中期的漯河高中，虽然从郾城迁入漯河新址不久，但各方面基本上都已完善起来。新校舍面积宽广，设施齐全，虽然都是平房，但建筑质量很高，且规范整齐，管理得好，整个校园十分干净疏朗。入校的第一天开始，从生活起居、授课自习到各种活动，如培养学生的兴趣爱好，发展学生的禀赋特长，处处事事都有章可循，学校生活规范而不呆板，活跃而不散乱。为陶冶学生性情，培育高尚情操，学校内花草遍布，林木葱郁。在新中国成立初期，物质等各方面条件相当困难的情况下，能把学校办成这样实属不易。我刚入校时，学校没有正校长，周校长是唯一的副校长，主持全面工作。当时周老已经年逾天命，仍然身挺气昂，精神十分饱满，他工作深入细致，校内一切，事必躬亲。每天早晨学生6点钟起床，校长就已经在校园内到处走动了，然后和学生一起早操；晚上学生就寝熄灯，校长还要巡察寝室，督促学生安静入睡；白天学生上课自习，老师备课辅导批改作业，师生进行课外活动（当时学校规定师生都必须按计划参加课外活动锻炼身体），几乎处处都能看到校长的身影。周校长在南京原中央大学虽然专攻教育学系，实际上文理兼通，他不但经常深入教研组和各科老师一起研究教材，探讨教法，设计教案，而且无论教什么课的老师因故请假，他都能临时登台代为讲授。周校长生性宽厚诚慈，又有良好的修养和学识，深受师生爱戴和尊敬。记得我入校不久，就从高年级的一个同乡那里得知，周校长出身书香，有深厚的家学渊源，做过大学教授，后又因为教育功绩卓著，在旧社会就口碑载道，经民选担任河南省参议员和行宪国大代表；又由于追求民主，同情革命，和共产党人也早有接触，解放战争后期，在湖北任中原临中校长时，目睹国民党反动腐败日深，即断然与之彻底决裂，克服重重困难，冒着很大的风险带领师生回到河南解放区。知道周校长这些传奇般的背景和经历之后，仰戴之情尤加，同时也产生一些敬畏感，以为这样的一位校长恐怕难以接近吧！稍后发生的一件小事，完全消除了我的这种错觉。一天下午，我们班正在近郊参加义务劳动，突然风雨交加，同学们跑回学校后，衣服全淋湿了，因为临近深秋，一个个冻得唇青身颤。周校长知道以后，一面指挥同学们到伙房旁边的一间空屋里，用木柴生火烘烤衣服，一面安排大师傅烧了一锅生姜酸辣汤让大家喝了驱寒，晚上又到寝室看望询问，并再三叮咛，要我们防止外伤内感，关爱之情，殷切动人。从此，对校长的畏惧感便悄然无存。事情已经过去40多年，每想至此，恍如昨日。前几年在政协闲聊时，我又和周校长说起这件事，他说已经毫无记忆了，但接着又郑重其事地告诉我，教委要让老师们知道，“学校无小事”呀，老师的“传道、授业、解惑”并非尽在知识和课堂上，无言的身教，对学生的影响往往更深。

中学生对于语文课中成章成段的背诵，往往觉得太苦太累，做起来比较被动。但那时我们课本里儒家经典的许多名篇名段周校长在讲话和报告中却常能记诵如流，讲解精辟。有同学曾经问他，怎么记得那么准确牢固，回答是得益于童子功，又说青少年的记忆如镌刻在金石上，受用终身，成年后的记忆像飘浮在云气中，最易散失，他经常劝学生珍惜韶光，少小努力，博闻强记，日后必能于事业有益。

纵观中国的课堂教学，直到新中国成立初期，基本上都是沿袭庠序塾师凭借个人的知识和思考，靠经验而课业授徒。新文化运动以后，虽然有学者陆续从国外引进一些科学的教育教学理论，但很少能够普及应用。1953年，国家开始全面社会主义建设，教育界大力推介苏联的凯洛夫教育学，这是新中国成立后的第一次教学改革。周校长早年毕业于中央大学教育系，并在河南大学开课讲授教育学，基础理论深厚，对凯洛夫教育学一经研习，自然领会相当透彻，在他的带领下，全校教师研究之风大兴，联系课堂教学实际，实行五步教学法，教学改革逐步深入，教学质量显著提高，广大师生受益良多。1957年，我们这一届学生毕业参加高考，成绩在全省名列前茅，随后被河南省教育厅确定为省属重点高中，由此步入名校之林。

天有不测风云。我们毕业前夕，全国号召大鸣大放，帮助党整风，听说周校长曾到市里参加座谈，发言深受与会人员的认同和称赞。我考进大学不久，一次在阅览室看报，在公布的右派分子当中赫然发现了周校长的名字，心里不免为之一震，但结合当时的形势冷静分析，似乎也没什么大的意外，只是心里总有许多挥之不去的不平和凄然。有一年暑假，我回家乡过伏，路过漯河，在市新华书店门口，碰见周校长推着一个土制的小车在给四中图书馆购买书籍。接谈以后，他先问了我的学习情况，又说自己身体很好，就走开了，我理解老校长此时此地不愿多说，但也看不出有什么难堪和自秽之隐，神态举止，依然平淡坦然，宁静高远。

我回漯高教书以后，备课中遇到一些比较艰深的问题，必须查阅原始文献。由于学校资料不全，一时难以解决。这时一位老教师给我说，四中图书馆的资料整理得比较完整，不妨过去看看。我先打电话和周校长预约了一下，也把问题简单地提了出来，当我去到四中图书馆时，周校长已经把资料找齐了，有些地方并且做了折画，还提了一些很好的参考意见，我把资料带回以后，因为眉目已经比较清楚，问题很快就圆满地解决了。在四中图书馆我发现他对库卷了如指掌，对新书、好书、密籍、典要等自撰提要，向师生进行板报介绍，对书籍的存放保养也十分用心，片纸寸札都爱惜倍至。由此我看清了老校长精业于事、认真负责的精神和品质。还书的时候，我趁周围没人，用宽心体泰之类的话安慰他，他很感动，但随即又平静下来，说自己从旧社会过来，能够面对现实，随遇而安，相信党和政府会妥善解决自己的问题。

十年浩劫，周校长自然是灾难更重。反复的批判审查，使他的肉体和精神受尽折磨。在任中原临时中学校长时，学校是否建立“青年救国团”一案，1958 年审干时已经做过结论，这时又旧案重查。在强大的威压逼供下，有的当事人违心地承认了，并且编造了证明材料，但接着又翻供。而周校长则始终坚持没有此事，压力再大，决不乱说。1969 年，我下放农村接受再教育，和市政府一个干部住在一个村子。他知道我是漯河高中的教师，曾几次用赞扬的口气给我说：“别看周祖训有历史问题，但个人品质、政治品质都很优秀，审干和清理阶级队伍，我都在他的专案组工作，对中原临中成立‘青年救国团’那事，不论怎样逼问，人家一口咬定实事求是，没建立组织，无任何活动。一次我私下给他说：‘好汉不吃眼前亏，何必要硬顶着呢？’他却说：‘我无所谓了，可中原临中有两三千教师学生，里边不少人现在都是共产党员领导干部，我要瞎说，他们就得遭难呀。'”

十一届三中全会以后，周校长已年逾古稀，拨乱反正，平反冤假错案，使他彻底从各种枷锁中解放出来，重新工作之后，他以极大的政治热情和工作干劲，力争为国家多做事情，曾写诗抒怀：

我生多坎坷，今幸逢盛世。
年虽已七七，壮志犹未已。
愿随同志后，为党效驰驱。
欣逢佳节会，芹献表微意。

恢复校长职务和当选漯河市政协副主席以后，为使四中尽快恢复教学秩序，他不顾年事已高，从早到晚忙碌不息，又像当年在漯河高中那样，全身心扑在工作上。新时期的政协工作，常有明显的时代特点，他利用自己在国民党时期曾任河南省参议员和国大代表的特殊身份和经历，为与台湾实现三通和完成两岸的统一大业到处奔走呼号，热情接待从台湾回大陆探亲观光的亲友同事，通过信函增进台胞对大陆的了解和亲情，为两岸进行文化交流，吸引台胞回大陆投资、经商、办企业，忘寝废食，不遗余力，凡是他能做该做的工作，他都是想方设法主动自觉去做，真正是“不用扬鞭自奋蹄”。1991 年，他从市政协副主席岗位上离休退了下来，这时周校长已经是耄耋老人了，仍担任民革漯河市支部主委职务，并和市政协保持密切联系，人退心不退。市政协的领导也常向他征询工作意见，有时还邀请他列席一些会议，他虽然步履蹒跚，依然有请必到，咨政议政，“知无不言，言无不尽”，披肝沥胆，极尽赤忠。

周校长只有一个儿子，成年后一直在外地工作，如今也已年届古稀。1989 年老夫人作古以后，老校长就成了单身孤翁，生活全由本家堂妹照管，随着年事日增，腿脚诸有不便，户外行动渐次稀少。因此，许多领导、同事、学生、部下都怕他苦于寂寞孤独，有碍安康。实际上，周校长仍旧心气向旺，想做很多事情，读书、写作、整理旧录，接待来访，关注国事，学习政策，收答信札，思考民生，仿佛依然盛壮，诸事纷繁，充实达观，一点没有颐养颓迈垂暮情绪。一次我去看望他，说起江总书记“三个代表”的理论，他侃侃而谈，颇有见地。我和他每次见面，他都说自己在做什么，然后还想做什么，觉得时间太少，要抓紧去做，有时还布置任务，想教跟他一块做。我佩服他一心向上，乐观进取，永不言止的奋斗精神，也赞叹他思维敏捷，心理健康，豁达大度的天性与修养。近几年不常见面的晚辈去看他，往往要问到他的年龄和身体，他常常会笑着说：“老不言寿，遇上这么好的时代和社会，永远活不够哇！”有一次几个高中时的老同学相聚，大家都说自己已经老了，一起看过周校长后，都又觉得还很年轻，应该再做一些事情。周校长身上有学不完的品性和精神，他永远是我们的榜样和师长。冰心玉壶，厚德载福。谨以此言敬献周校长。

选自 2002 年 1 月《漯河文史资料》第十辑

提倡“包住”精神

肖万君[1]

在一次全市中小学校长工作经验交流会上，一位治校有方的老校长周祖训先生介绍了一条发人深思、令人钦佩的治校经验。他说：“当校长，每天在校工作的时间一定要包住师生在校工作、学习的时间。”

这位老校长所说的“包住”，是说校长每天到校要早于师生，离校要晚于师生，一天之中，要尽一切可能参加教师的各项教育、教学研究活动，以及对学生进行的德育、智育、体育等教育活动，把师生每天从早到晚的一切活动，都直接置于眼下记在心中。当然，衡量一个校长工作的好坏，能不能做到早上班、晚下班，并不是一个最重要的标志。然而，从这条经验中体现出来的那种强烈的革命事业心、高度的工作责任感和优良的工作作风，却是值得大力提倡的。

要“包住”，就要一心扑在学校工作上，坚持把主要精力和时间用于学校的各项教育和教学工作，切切实实抓好教育方针的全面贯彻，抓好教学计划的全面实施，务好校长管教育、抓教学的正业。否则身为一校之长，却整天奔波于校外事务，或者虽然身在校内，却忙于对外应付各种各样的所谓“关系”，在校时间屈指可数，广大师生难得相见，哪里会谈得上“包住”呢？

要“包住”就要转变工作作风，经常深入教学班、教研组，坚持和师生同工作、同学习、同锻炼、同娱乐，随时掌握第一手材料，深切体谅师生甘苦。不然，整日坐在办公室里与师生隔着两层玻璃相望，只见人面，不见思想，同样也是不能“包住”的。

---

① 肖万君，河南商水县人，1939 年 7 月生。1958 年毕业于漯河高中，1963 年毕业于开封师范学院。曾任许昌市教委主任兼河南省督学。

要“包住”，就要严以律己，身先士卒，带头遵纪，为人师表。做到早上班，晚下班，坚守岗位，尽职尽责。反之，给别人做报告时滔滔不绝，头头是道，自己行动时却松松垮垮，毫不对号，只能高喊嗓子，不能做出样子，是无论如何也无法“包住”的。

这位老校长的“包住”精神，是忠诚事业、信守职责的精神，是脚踏实地、勤于工作的精神，是严以律己、眼睛向下的精神，一句话，是一股积极向上、有所作为的可贵的革命精神。如果各级各类学校的领导同志，都来学习这位老校长这种可贵的“包住”精神，全身沉在师生中，一心扑在工作上，那就一定会得到广大师生的欢迎，我们学校的管理水平和教学水平，也一定会更快、更好地得到提高。

录自肖万君著《园丁杯水集》

选自 2002 年 1 月《漯河文史资料》第十辑

周校长当起了图书管理员

李荣庚[①]

周祖训老校长在河南，尤其在信阳、漯河一带是一位知名度很高的人物。漯河高中前六届（1957 年前入校的）学生，一提起周校长，无不称之谓“周老”。一是因为他年龄已到耄耋之年，更重要的是他的人品，他的学识，他的敬业精神，令人崇敬。我称“周老”，除他德高望重，我是他的学生这一层关系外，还有层更密切的关系是我们是一个民主党派“中国国民党革命委员会”的党员。周老是漯河民革组织第一任“主委”，并且我是他介绍加入民革的。

周老的事迹如历史的珍宝——多得数不完，学生们每人都能举出一、二、三个。当然我也不例外。尽人皆知的不必赘述，在十年动乱的1971 年，有一段往事还清清楚楚地印在我的记忆中，历历如在昨日。

当时“文化大革命”的极左狂浪还没有完全过去。学校已在工宣队进驻下，开始复课闹革命。可是对所谓的“地富反坏右”仍是专政对象，只许他们老老实实，不许他们乱说乱动。周老在 1957 年被打成右派分子，免去了漯河高中校长职务，在校劳动改造后派到漯河四中当图书管理员。当时我在外地中学教书，不定时地回到四中对面的家。一天我在路上走，碰到了敬爱的周校长，推一个用木板箱，安上四个轴承、一个扶手做成的运书车，装着刚从新华书店买来的图书往回走。一问才知他当了四中图书管理员。一个往日知名度很高的省重点中学的校长，竟当了图书管理员，用简陋的工具运书。这种不计荣辱，艰苦踏实的工作作风不就证明他爱党爱国、朴实无华、随遇而安和敬业精神吗？！

① 李荣庚，河南温县人，1937 年 11 月生。1958 年毕业于漯河高中，1962 年毕业于开封师范学院语文系。曾任漯河高中语文教师，高级教师。

从此，我常到四中图书馆阅览图书、报纸。偌大的图书馆，买书、借书、阅览，他一个人全管。馆内有条不紊，秩序井然，室内窗明几净。特别引人注目的是十几本剪贴本，报纸上的典型文章，重要资料，分门别类粘贴成册，供师生阅览。每逢课外活动时间，借书者、阅览者熙来攘往，阅览室座无虚席，这在“宁要社会主义的草，不要资本主义的苗”和宣扬“读书无用论”的不正常的形势下，这里成了不受唐僧紧箍咒钳制的“花果山”，是学子们的乐园。我知道我在的县重点高中，图书馆已名存实亡，图书被绳捆索绑，无人能问津了。漯河四中图书馆是个奇迹。这难道不是事在人为吗？老校长这种不屈于“四人帮”的淫威，忍辱负重，坚持工作，坚持做好工作为广大师生服务，怎会不赢得师生们的尊重和好评呢？

十一届三中全会后，党和邓小平同志为一切冤假错案平反。尊重知识，重视知识分子。周老又一次获得解放，并当上了市政协副主席、民革漯河直属支部主委，在联系海外关系、搞好统战工作方面，作出了巨大贡献。周老现在仍精神矍铄、身体康健，祝愿周老寿比南山，晚年幸福！

选自2002年1月《漯河文史资料》第十辑

周祖训校长的美德

闫清现[①]　汪桂芳[②]

在漯河提起周祖训这名字，许多人都翘首赞誉和敬仰，尤其在花甲之年的人群中，更认他是德高望重的老师、校长。众人崇敬他，不仅在于他曾为漯河市政协的副主席，更因他具有崇高的美德。

周祖训生于1906年，1933年毕业于南京中央大学教育系，早年曾掩护吴芝圃从事中共地下党的活动。他身上之美德，融有中华民族优秀传统道德和现代人的优良品质。笔者为周校长之学生，离退休后忆往昔思今朝，感触颇深。

我辈谓校长之美德，一曰“仁”；二曰“和”。“仁”为儒家广泛的道德观念，其核心乃仁者爱人，人与人相亲。周校长在抗日战争时期任十年信阳师范校长，亲撰校训歌，要“重团体，养正气，相亲相爱”“人生目的在服务，公而忘私，国而忘家”。周校长身体力行，半个多世纪献身教育，忍疾苦、排艰难，以教育兴国为己任。胸怀大抱负，忍辱负重，甚者置个人、家小于不顾。他总以孔子所讲“推己及人”；“老吾老以及人之老，幼吾幼以及人之幼”；“从修身养性开始，齐家治国平天下”。周校长无私无我，以诚育后生。孔子曰：“知者乐水，仁者乐山。知者动，仁者静。知者乐，仁者寿。”周校长心底无私天地宽，他活得很舒心。1995年在他90华诞时被中华人民共和国老龄委员会授予“全国健康老人”荣誉称号。我们前些时进见周校长，拟意筹备他95寿辰，他在爽朗的笑声中说：“百岁再议。”

① 闫清现（缺）。

② 汪桂芳，女，漯河市人，1939年6月生。1956年至1959年就读于漯河高中。河南医科大学医疗系毕业。曾任中国人民解放军核试验基地某部军医，平顶山市委卫生所主治医师。

“和”亦是中华民族优秀传统之美德。《易经》曰：“各正性命，保合大和”“阴和阳合，万物乃生”。这既是传统美德，也是中华民族思想文化的哲理名言和宇宙观。今赞周校长之“和”，为和顺、和谐。周校长立身处世，对己、对人、对社会，均以和顺、和谐为做人之本。周校长平生坎坷，曾被错划右派，身处逆境。但对批斗他的人和事从不耿耿于怀，仍以“和”相待。回想那时，周校长本为一校之长，转瞬即成阶下囚、专政对象。虽已近花甲老人，仍安排其打扫厕所、烧洗澡锅炉。有人暗地帮他干，他却劝人勿使，以免受牵连。也有人鸡蛋里挑骨头，说厕所打扫得不干净，澡堂水烧得不热。他则认认真真再打扫，勤勤恳恳烧锅炉。不做怨言，心底坦然，因为他自知自己无愧于人民和国家。

周校长的学子遍及全国和异国他乡。有党、政府、军队的领导人及专家、学者、教授和社会名流，更多者为普普通通的百姓，相处、接洽他均以“和”相待，他本是学生的长者、前辈，然总谦和地以学弟、学妹相称。周校长已离休多年，家居深宅大院但门庭若市，来访看望者络绎不绝。

周祖训是个好老师，我们却不是好学生，没有学到他的很多东西。他的“仁”“和”我们所不及。遇有与己不公之事，有心底怀不平。再看看现在有些人，他们终日为自己打算，谋取名利、地位，甚至贪赃枉法，窃据私利，不认识自己，也不知应该怎样对待别人，对待社会，对待国家。看看周校长的优秀品质，对我们是有益的。细琢磨起来，人活着，应该以江泽民指出的“三个代表”思想为尺子，作为修身养性之本。

选自 2002 年 1 月《漯河文史资料》第十辑

郾中之光

殷遇春[①]

值此周校长95寿辰之际，重温周校长于1951年7月8日学校批准我参加军干校时，在学校赠送我的日记本上周校长写下了“郾中之光”4个语重心长的参军赠言，历经50年的今天，当我打开日记本，“郾中之光”重现面前时，内心倍感万分激动、亲切、尊敬和骄傲，更引发我在母校读书时期的美好回忆。

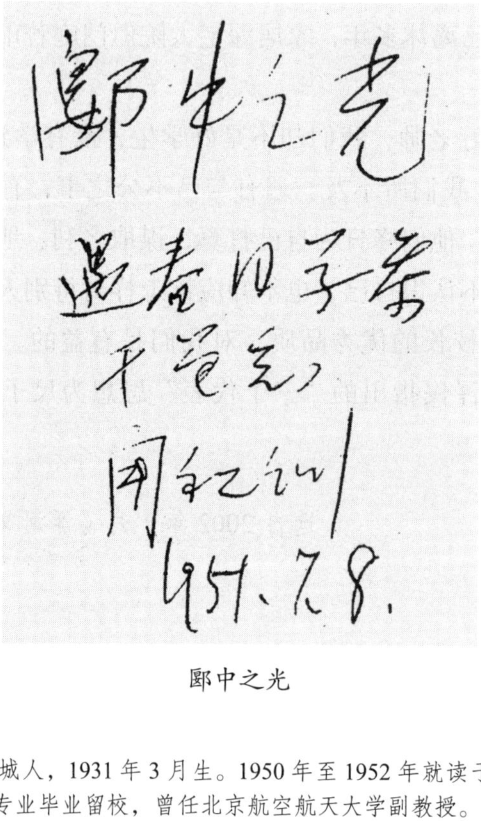

郾中之光

① 殷遇春，河南郾城人，1931年3月生。1950年至1952年就读于省立郾中。北京航空学院导弹设计专业毕业留校，曾任北京航空航天大学副教授。

“郾中之光”是河南省立郾城中学的光荣。她代表着周校长和全校教职工对学子未来的殷切希望，希望他们都能在中华大地上大放异彩！这希望响彻了当时学校每个角落。从晚自习点小油灯的课堂到每日升降国旗、唱国歌的大操场；从设备简陋的草房式礼堂到地处县西北角的学生寒舍（二院），处处都洋溢着朝气蓬勃、生龙活虎般的热烈局面……

“郾中之光”照亮着每位参军、参干同学的心。全校师生欢送参加军干校同学的热烈场面至今回忆犹新，永生难忘！我当时也是披红戴花，被同学们抬着送到军干校接待站的。回想张耳副教导主任的参军动员报告，并带领大家振臂高呼“参军光荣”的口号声，今天仿佛又在耳边作响。团总支书记惠柏峰同志的送别词，鼓舞着每位参军者立志报效祖国的决心！

“郾中之光”代表着周校长严谨的治学态度和要求。他亲自查看学生晚自习教室，发现问题立即改进。用汽灯替代小煤油灯，提高教室的照明度，减少学生视力下降。他非常关心生活困难的学生。在全校开展互助友爱的活动，不让一个困难的学生失学。孙灵敏等同学的典型事迹，震撼着每个同学的心！周校长独步学生吃饭露天场地，发现风雨交加时同学们吃饭的“惨状”，促使他下决心因陋就简盖草房式礼堂。一堂多用，解决了学生吃饭场所存在的困难问题，同学们无不拍手称快！周校长关心爱护学生的实例真是不胜枚举……

“郾中之光”也照亮了郾城县城、镇和乡村。《战斗里成长》《小二黑结婚》等话剧，誉满县城和各主要乡镇。话剧的精彩片段至今仍为学友聚会时谈论的佳话……

“郾中之光”是分布全国各地学友永远前进的指路灯。她时刻鼓舞着我们不断奋进！把“郾中之光”这面大旗高高举起。让她在新世纪新时代里发出更加灿烂的光辉。优秀学者、教授、科技工作者等层出不穷。他们为我们可爱的祖国贡献着毕生精华，为母校——郾城中学争得一个又一个荣誉。现任中国人民解放军总装备部部长曹刚川同志，就是“郾中之光”的最杰出代表！

我作为20世纪50年代郾城中学的一名学子，1958年在北京航空学院导弹设计专业毕业后，留校任教至今。周校长的严谨治学态度，为人师表、严于律己、平易近人、处处关心学生的高尚品德，时刻铭记心头。并作为我永远仿效的榜样！“郾中之光”这光荣的一页将永生伴随着我。忆50年来，经风雨见世面，学校赠我这本参军的日记本像保护眼睛一样珍藏在我身边。虽然现已显出点破损发黄，但她的光辉将永远指引我奋进的前程！今天，在这遥远的祖国首都——北京，我以最赤诚的心向我最敬爱的周校长致以最崇高的敬意！祝周校长寿比南山、福如东海！让“郾中之光”普照海内外所有郾中学子！

2001年6月

选自2002年1月《漯河文史资料》第十辑

周祖训校长给我的人格支撑

万　里[1]

自1951年考入省立郾城中学高中部，到1954年漯河高中毕业参军，我在沙澧河畔苦读三年。在这三年中，省立郾中、漯河高中对我的教育，尤其是人格的形成起到了决定性的奠基作用，这其中也包括周老师对我的影响。

进入郾城中学高中部后，即听到不少有关周校长的传闻：治学严谨、生活朴实、平易近人、爱国爱校，甚至连新中国成立后身居校长位置还与老伴推磨磨面以供食用也广为流传。当时对这些流传我只是听听而已，并没有往心里去，但一次周校长对我的长时间的个别谈话，却使我牢固地记了近半个世纪。这次谈话对我的震撼和影响之大，连我自己现在也无法完整地去理解它。

那是1953年的初冬，一个下午的文体活动时间，天阴沉沉的，还零散地飘着几片雪花，使人明显地感到初冬的寒意。当时我正在校门外的球场上玩篮球，一位同学对我说："周校长叫你到他办公室去一趟。"放下篮球，我怀着忐忑不安又有几分惧怕的心情走进了周校长办公室。校长让我坐下后，很随便地问起了我的学习、生活、想些什么、毕业后报考什么专业、家庭情况等。我们谈的内容很多，时间持续到开晚饭前，谈话的气氛也很轻松，对我这个缺点毛病不少的学生没有严厉的责难，也没有婉转的批评。40多年过去了，零乱的谈话细节我已十分模糊，但周老师多次强调他做人的原则：正直、善良、爱国，却给我留下极为深刻的印象，也是我有生17年以来心灵经历的第一次震撼。这一深刻

① 万里，河南省上蔡人，1936年8月生。1954年漯高毕业，1956年军校毕业，1958年从朝鲜回国，1962年东北农业大学农经系毕业。曾任警官。

的震撼在我将近50年的人生经历中始终支持着我的人格结构：不论是在军校的课堂上、闭塞而孤寂的朝鲜山沟的志愿军兵营中，以及以后大学的校园内、茫茫荒原的北大荒、满目黄沙的新疆戈壁，我都没忘记做人的根本：“正直、善良、爱国。”这一坚定的信念不但支撑着我的人格，也规范着我的行动。从全国轰轰烈烈的“反右斗争”到人鬼难分、是非颠倒的十年动乱，我没自觉地说过违心的话，更没自觉地做过违心的事。我在一个大型监狱的管理部门工作了十几年，在那与狼共舞的漫长岁月中，在大的错误的社会背景下我也做过错事，但那是在不明白真相的情况下发生的，我没有明显的“故意”，一旦我主观上认为是错误的，我决不会去做。十几年面对近万名罪犯，我从来没体罚打骂过犯人，这一事实的背后就是既定人格结构的运动支撑，是“正直、善良、爱国”信念的实践和延伸。

20多年前在我身上发生的一件小事，至今使我难以忘怀。

20世纪70年代中期，中央决定对在押原国民党县团级以上人员进行宽大处理（社会上流传的特赦），我具体负责南疆地区几个监狱内的宽大处理人员处理前的集训。在一次高级班学习讨论会上，为了一点非原则的小事，我狠狠地训斥了原国民党太原市中将城防司令，在学员中引起了一些议论。事后上级对我进行了措辞严厉的批评：“不是以理服人，而是以势压人，这不是一个正直共产党员应有的行为，也背离了我们对他们宽大处理的初衷。”“正直”二字使我再次想到我的老师周祖训。再后我在宽处人员学习会上公开做了检讨，并向那位城防司令先生道了歉。事过三个月，我送他到厦门乘坐木船漂流到对面金门前与他话别时，他没说一句话，只是满含热泪深深地向我鞠了一躬。

又是十几年过去了，1989年仲夏，一个退役的国民党少将到喀什祭拜他病故埋在监狱公墓的哥哥，在接待过程中，他转达了那位去台已十几年的太原城防司令对我的问候，并说：“那位先生经常在我们圈子内说你是一位正直的共产党警官。”“正直”“共产党”“警官”，难道不是紧紧相连的吗！周老师：您的辛勤耕耘有收获了。

在这漫长而又短暂的50年中，周老师的教导始终在督促规范着我，多次使我走出失败、坎坷与蹉跎。也使我在成功、幸福与欢乐中战胜自我。我老了，我的子女是清一色的警察，尽管他们肩上都戴上了中级警官的肩章，但每每遇到重大事情，或关键时刻，我还是不停地在他们面前唠叨:“做人，尤其是一个党员、警官，一定要正直、善良、爱国。”

从一个不涉世事、充满诸多幻想而又满身毛病的15岁少年，经过50年风雨洗涤、警察岗位的摔打，最终能成为一个正直的共产党员，能独当一面的警官，党的培养教育固然是决定因素，但周老师高尚人格的影响也起着重要作用。对此我终生不忘。

最后谨以虔诚之心道一句:“周老师，谢谢您！”

赋诗一首敬献周老师:

风雨从教数十年，
春蚕吐丝烛光闪。
桃李结遍九州地，
直面百岁笑云天。

2001年7月30日

选自2002年1月《漯河市文史资料》第十辑

忘不了老校长周祖训先生

宋金钟[①]

1956年，刚考完毕业考试，检查身体时发现我有肺病，不能参加高考。我含着泪水和沉痛的心情离别母校，回到农村。当时高中毕业生很缺，在我们那里两三个村庄才出一个。有的小学毕业、初中毕业都参加了工作。有人说，我读了那么多书，又回来修理地球，当农民老大哥有点“屈才”。回家后我父亲一心叫我上大学的愿望彻底破灭了，不到20天就离开了人世。我母亲也害起病来，还有一个小弟弟和一个妹妹，我还得吃药花钱，把我愁得上天无路，入地无门，好几次都想到死。后来，好心人劝我，你到学校把情况反映一下试试，看能不能给你找个工作。我找到周祖训校长，谈了我的情况，他当即让教导主任王九如写信，把我的情况和特长介绍给郾城县组织部。郾城县组织部见信后，让我到县剧团当文化教员。正当我准备到县剧团报到时，又接到学校通知，让我到河南省建设厅报到。我当即就欣然前往。去到半个月，组织决定让我带薪参加省建设厅举办的建筑技术培训班，学习两年结业后，正式参加工作。这时我心里有说不出的高兴，打心眼感谢我的母校漯河高中！心想，我一定要在这个战线上努力工作干出成绩，以实际行动报答党，报答我的老校长周祖训先生。

1955年前，我省城市控制测量一片空白，1956年才有了城市控制规划。当时国家控制网还未观测完，无平差计算成果，因而各城市必须从头做起。从这时起，在王云衡总工程师的领导下，我刻苦学习，认真研

---

① 宋金钟，郾城县人，1936年生。1956年漯河高中毕业，曾任漯河市政工程管理处总工，源汇区第二届人民代表。

究，很快地从天文方位角、大地坐标换带计算、大地坐标投影到高斯直角坐标、国际分幅及各种网形的计算等方面都取得了较好的成果，后来这些成果又在全省城市得到广泛应用。当时是计算机和算盘联合操作，由于我操作熟练和快捷，被领导和同志们誉为“宋快手”。

1963 年，我调到漯河市建设科，做技术负责人，采用了坐标法作图，解决了过去用磁北方向大面积作图拼接不起来的难题。

1964 年，领导决定让我学习道路排水，我愉快地接受了。一干就是几十年。到目前为止，我负责设计或施工的市政工程：道路 205 千米，面积 343 万平方米；大街小巷排水 423 千米、窨井 5162 座、路灯 95 千米 7187 盏。还参与或主持了 6 座大桥、6 座立交桥的设计和施工等。

我没有上过正规大学，但我时刻用大学的尺子来测量自己。除多次参加专业短训班外，又购买了一些大学书籍。在我的办公室墙壁上贴着两条褪了色的标语：一条写着“真积力、久则入，学至乎没而后止”；另一条是“衣带渐宽终不悔，为伊消得人憔悴”，作为我的座右铭。

我一生不喝酒、不抽烟，生活俭朴，喜好买书，学习并积累了一定的专业知识，被领导和同志们称为漯河市政建设的“活字典”。几十年来我改革专业技术 31 项。和老同学王留柱共同规划设计的人民路、漯周路，1984 年获省级优秀奖和省级优秀表扬奖。我主持设计的黄河路、人民西路、人民东路，获省级优良工程。因此，党和人民给了我很多荣誉，部、省、地市及单位奖励 42 次，其中科技奖励 12 次。1989 年获河南省劳动模范，1990 年获建设部劳动模范，1991 年获河南省优秀党员。1993 年省委组织部给我拍了《闪光的足迹》纪录片，在全省播放，并把我的事迹写进了《省优秀共产党员名录》和《共铸辉煌》两本书里。

我不断地说，我的成绩不是我个人干出来的。没有党的领导，没有同志们的支持，没有老校长周祖训的栽培，我将一事无成。

2002 年国庆节，老同学阎振国和我一起去看望 96 岁的老校长。他正在伏案写作，我很感动！老校长一生高风亮节、光明磊落、无私奉献、鞠躬尽瘁，是我永远学习的榜样。我望着老校长的后背，一种无限敬佩的感情油然而生！老校长，没有您就没有我的今天！我向您敬礼！

我永远忘不了我的老校长周祖训先生！

选自 2005 年 7 月《漯河文史资料》第十三辑

我和周祖训校长最后的告别

赵家干口述[①] 胡民安整理

1939年秋，我从家乡沈丘简易师范毕业考入信阳师范的时候，周祖训在信师当校长，从此，我们便认识了，并逐渐熟悉起来。1948年，中原临时中学在武汉成立，周祖训又受命为该校校长。我得知这一消息后，赶往武汉，见到周校长，他很是亲热，并很快地聘我为学校职员，负责文书工作。这样一来，周校长既是我的领导我的老师，又是我的同事我的挚友。从抗日战争到解放战争到新中国成立，从信阳师范到中原临中到省立郾中到漯河高中，无论时局怎样变化，学校如何变迁，我都一直跟随着周校长。而且随着时间的流逝，我对周校长的认识越来越深刻，我们之间的感情也越来越深厚。可以说我们早已结下了不解之缘，我也早已习惯地称他为周老或恩师。1956年，郾城高中成立，我又奉周老之命调郾城高中教历史。从此，除特殊时期之外，每一年，我都要三次五次甚至十次八次地去看望老校长，而且，每一次我们都谈得很投机、很热烈、很亲切，每一次我都是依依不舍地颇有受益地离去。然而，2003年，当我一次又一次地去看望他的时候，那噩耗却也一次又一次地向我袭来，直至我和他最后的告别！

2003年2月1日，是农历癸未年正月初一，我和往常一样乘车到蓝天宾馆，而后徒步走到周老住处。一进周老的“励志室”，我就躬身行礼说：“周老，今天是大年初一，我祝老人家福寿康宁，全家幸福！”周老欢欢喜喜地站起来说：“好！好！家干，你坐下！”接着，对照护他的族妹改云说：“你把书架上由统战部出版的《我与统一战线》那本书拿

① 赵家干，1939年沈丘简易师范毕业后考入信阳师范学习。1948年被聘为中原临中职员，负责文书工作。后又任省立郾城高中、漯河高中历史教师。

来！”然后，又郑重地对我说：“书内有我写的两篇文章，一篇是《我与曹刚川将军的师生情谊》，一篇是《共产党统战政策铸造我的一生》，你好好看看！”我点点头说：“好！”接着周老问：“我给你的那本《信阳师范校志》你看了没有？”我说：“看了，很好！”周老说：“那是信阳师范从1903年到1993年90年校志，今年还要续编信师百年校志。”我听了很高兴地说：“您老的《90行诗》与《师道赞》应编入百年校志了！”周老点点头，然后，把话题岔开。问我：“建才（我的侄儿），我好久没见了，你不是还有嫂嫂吗？”我知道周老还在惦记着我的全家，很是感激，忙说：“您老想他们了，我可以通知他们来看您！”并且说：“我祝您96华诞大道天成，福寿康宁！”这时，周老抬起头，看看我，像是宽慰自己，也像是宽慰我说：“家干，我现在脸上又起了个淋巴瘤，还是良性，没什么！”对此，我心有疑忌，但没敢多言，只是顺着他的话说：“没什么！没什么！”此后，我们又说了些别的。我看时间不早，就站起来说：“我走了！”周老和改云送我到大门口，门上贴着他亲笔写的“党恩浩荡”四个大字。我转过身来，向周老行了鞠躬礼，便告辞了。一路上，我的心一直像被什么搬着，惴惴不安，嘴里也不时地念叨着“淋巴瘤”……“良性”……

4月13日上午，我又去看周老。一进门，见他正在写“手脑并用，劳工神圣”的字幅。写毕，他说：“今年漯河高中建校50周年，让我写幅字做个留念。写得不好！”我看他精神不错，便笑着说：“写得很好！好得很！”又说：“今天，我来这里，是想给您说，十九届教师节快到了，我给您的祝词是‘德寿一体，德高寿长’，还想写在四川省夹江县纸厂出的空头画卷金绫六尺中堂上。我买了4幅，今天带来一幅，让您看看怎样！”周老展开空头画卷，仔细端详以后，十分满意地说：“很好！”接着又喊着我的名字慎重地说：“家干，今年10月18日，我们信师母校要举行百年校庆，届时有书画展览。你好书法，写得也还好，用此空头画卷写幅书法作品，寄去做个纪念！我这里有份百年校庆筹备处的文件，你可以拿去看看。”我笑着说：“好！看后一定给您送来！”

这次谈话时间不长，但我看到周老的气色很好，也很高兴。因而我那惴惴的心也稍稍放松了一些。临走，周老又一直把我送出门外。

6月21日，我去看周老。一进大门，他的儿子肇民就说，老人病了！他领我到市第三人民医院。改云正给周老补水，看见我们进来，忙说：“是肺炎！”我也忙双手合掌祝愿：“炎消了病就好了！”可是等中午我回来时，改云的丈夫郭遂超面色阴沉地对我说：“周老的病实际上是淋巴瘤，由脸上已经转移到肺上肝上了。不让周老知道，为的是好让他安心治病！”听着郭遂超的话，我思想有准备，但我仍不觉泪下，暗暗祈祷：周老能好！天佑……我们还要一起过第十九个教师节！7月22日上午10点，我去市政协，见周老的外孙女郭小华和儿子肇民都在那里。他们告诉我，周老已经不会说话了，劝我不要再去三院。我说：“我能控制自己！”但话刚一出唇，便忍不住哭出声来。不得已，他们把我送走了！

23日上午，我连忙搭车去龙城见我的学弟翟怀乾先生，他也是周老的高足。我告诉他，周老病危，并和他一起赶到三院，看见改云正在那里给周老转动身子，怀乾忙走过去帮助。这时，我看见周老的嘴眼忽然微微动了一下。我急忙上前喊：“周老！周老！家干、怀乾来看您了！”周老的嘴眼又动了几下……我回头问在场的郭遂超：“周老不会说话时，有哪些表现？”遂超打开抽斗，拿出一张硬纸片，上面是周老用钢笔写的三个字：“不能活！”写得又大又工整，而且还把“不能”二字又划掉了，留下一个“活”字。我立刻意识到，这是周老在和疾病搏斗的表现，也是他对生命的期盼，期盼继续活下去，继续为社会作贡献！但是，他还是走了……

2003年8月3日晚上，漯河市政协通知郾城一中和我，8月4日上午在市殡仪馆举行追悼周祖训先生大会。第二天一早，我与怀乾商量我们的悼词内容，并决定由我执笔写在周老曾经看过的并且十分满意的那份空头画卷上。

早饭后由儿子仲年陪着我搭汽车来到漯河市殡仪馆。大门口正中央放着周老的学生现中央军委副主席曹刚川托送的大型花圈，馆内放着许多单位、许多同志以及周老生前的许多学生敬送的花圈、挽幛、挽联等。我也让儿子仲年把我带来的挽幛挂在显眼位置。然后，我缓步走近周老遗体，见他闭着眼，合着嘴，像睡着了一样，十分安详。但我仍禁不住失声痛哭起来……然后，三鞠躬，向他告别！

这是我和他最后的告别！也是永远的告别！

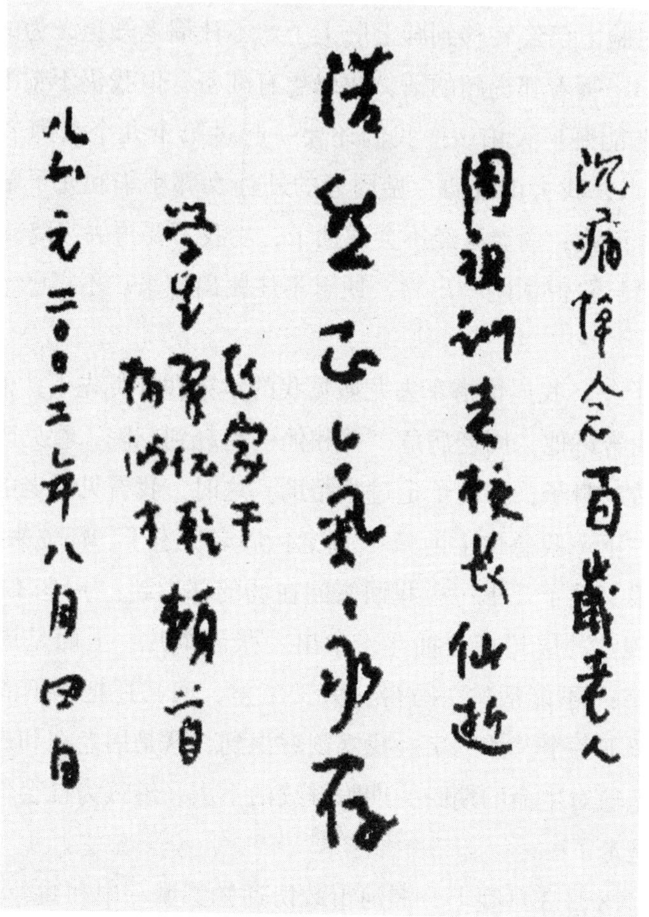

选自 2006 年 7 月《漯河文史资料》第十四辑

周校长永远活在我心中

鲁天贞①

周祖训校长离开我们整整三年了。可是，正如当代著名诗人臧克家咏赞鲁迅先生“有的人死了他还活着”一样，周祖训老校长还活着，永远活着，活在我心中！

我一江南游子，每每伫立窗前遥望北国云天时，就会不由得想起我的母校——漯河高中，想起我人生的指路人——周祖训校长。

1955年初秋，我走进了河南省漯河高级中学。开学典礼上，周祖训老校长语重心长地谆谆告诫我们，要德智体全面发展，要做到品学兼优，要随时听从祖国的召唤。我牢牢地记住了周校长的话，在校园里度过了我一生中最难以忘怀的美好时光。同时，在那里我也经历了一生中最为撕心裂肺、痛不欲生的日子。

说难以忘怀的美好时光，是我有幸受教于一代名师们。慢声细语、循循善诱和极具耐心的杨明舜老师；薄言老师当时就用普通话讲授语文，使我感到很新鲜，更为他那眉飞色舞生动而富于激情的语言风格所感染；听郑临老师讲古典文学是一种美的享受；焦步仙老师身体孱弱，但他讲起化学来时不时会有幽他一默，引得同学们灿然一笑，他还有一手华美而流畅的粉笔字；更为幽默，甚至略显滑稽的则是讲授俄语的王化昭老师，听他的课同学们最活跃，还会常常忍不住爆出笑声，在笑声中，枯燥的单词和课文就深深地印在了同学们的脑海中；宋芳启老师讲代数课条分缕析、严谨缜密、节奏舒缓，且带有浓浓的鼻音；董泰老师常常捧着自己亲手制作的立体几何模型讲课，使我们倍感头痛的立体空

① 鲁天贞，1938年生。1955年考入漯河高中，后到武汉钢铁公司参加工作。自修大学本科。退休后被评聘为武汉科技大学兼职副教授。

间概念迎刃而解，更让我钦佩的是他漂亮的板书，流美而又极具法度，堪称全校第一，致使我们几个同学创办《蕾》刊文艺时特意请他写了刊名“蕾”；朱景镐老师把古今中外历史倒背如流，他肚子里好像装着永远讲不完的历史事件和传奇人物；讲授地理的王钟麟老师是我们高中二年级的班主任，他不论讲课或是讲话，永远都是字正腔圆、语音清脆，他把报纸上国内外的重要新闻用毛笔彩纸摘抄下来，标示在校园里巨幅的中国和世界地图上，更是深深地吸引了我，影响着我几十年来一直关注中国和世界各地的新闻……当时漯河高中的师资队伍，用群贤毕至、俊彦麇集、精英荟萃来形容可谓恰如其分。

一代名师们的哺育使我难以忘怀，更使我难以忘怀的是他们的领袖人物周祖训校长。正是由于这位声名远播的教育专家殚精竭虑、呕心沥血的经营打造，正是由于众多恩师含辛茹苦的教诲，才使得我德智体全面发展，成为一名品学兼优的学生，出席了学校和漯河市三好学生代表大会。1956 年 11 月 26 日，在高中二年级时，我又成了一名中国共产党预备党员。这时，我刚刚度过了自己 18 岁的生日，我觉得那是我一生中最幸福的时刻。也正是在这个时候周校长又及时地语重心长地叮嘱我，全面发展很好，千万不要骄傲。此后，我一直把周校长的话记在心上，时时处处事事严格要求自己，向着更高的目标奋进。

然而，天有不测风云。1958 年 5 月，临近毕业前夕，我却因创办《蕾》刊而罹难，遭遇到我一生中最惨烈的打击：开除团籍，取消预备党员资格。尽管我参加高考是全校文科考生最高分，“文科状元”，但是却被取消了我报考的所有高等院校的录取资格——这是教导处邹智敏老师事后悄悄告诉我的。我得到了邹老师的深切同情和关爱，就是他后来又帮助我办了赴武汉钢铁公司参加祖国工业建设的手续。这又是我终生难忘的一件事。

由于周校长和恩师们的谆谆教诲，我在忍受着精神上的极度痛苦、忍受着每天十几个小时的繁重的体力劳动之余，仍坚毅不拔地坚持自学和函授教育。每当我身心疲惫不堪即将垮下去的时候，1957 年周校长蒙冤受辱在身体和精神备受折磨的日子里仍然坚持学习、奋斗不息的身影就浮上我的心头，于是，我就会咬紧牙关坚持，再坚持，终于修完大学本科的全部课程。同时，还在省市报刊上发表诗歌、小说、散文等作品数十万字，加入了武汉和湖北省作家协会。1964 年，我的冤案得到甄别洗雪后，随即被调入公司党委办公室做秘书工作，之后还担任过多年党政和工会领导工作。我退休之后，还被武汉科技大学两个学院聘为兼职副教授。这一切，都源于漯河高中的恩师们特别是周祖训校长的恩泽。

周校长永远活在我心中！

选自 2006 年 7 月《漯河文史资料》第十四辑

周改云一家同周老的亲情

周改云供材　阎书华

凡去过周祖训先生家的人几乎没有不认识周改云的。从年龄看，周老大她 50 多岁，和她爷爷的年岁差不多；从辈分讲，改云一直呼他为老哥。她是他同村的早已出五服的族妹。

说起改云一家同周老一家的亲情，那是一段让两家人都难以忘怀的辛酸佳话。

1967 年，“文革”开始不久，周老夫人张秀云因受周祖训先生出身历史的株连被冲击还乡。她先到娘家侄子家住，侄子把她带回去的多年前积蓄的几个光洋、金戒搜索完以后，因她无粮白吃就白眼相看。她忍受不了这种冷遇，只好回到周老的老家内黄县周宋村，想在近门的亲族家寻一个栖身之处。无奈在阶级斗争的口号喧嚣尘上之时，无人愿意接收这样一个无地无粮的“地主婆”。正在一个年近 70 的老人走投无路之时，改云的父亲时任乡医院中医先生的周占梅，把她接到了自己家中。他是贫农，不怕连累，不怕人们说闲话。他说：“她是我们的乡亲，我们不能把她拒之村外门外！”改云的爷爷奶奶也都热情相待，腾出房子给她住，供给她粮食等生活用品。周老夫人在那里过了一年多。1968 年冬，周老也被下放回乡。改云父亲觉得自家的房舍窄狭，就与大队交涉把小学教室腾出两间给他们住。周老回去不久，县里就以外调太多不便管理为由与漯河市联系，让他们收回。1969 年初，还未来得及搬进小学的周老夫妇又一起搬回了漯河四中。

1975 年 8 月，那场大水灾后，周老夫人染上了疟疾，生活不能自理。她难于忘怀在老家改云一家人热情周到的照料，就决定让改云来陪伴她。此时，改云初中毕业后在家务农。当年冬季到周老家后，周老即安排她入四中高中部读书。改云是个手脚勤快的姑娘，周家就住四中校园内，她一面读书，一面就近做家务，照料不能下床的周老夫人，另外还抽时间给自养的奶羊割草。由于改云两年的精心护理和羊奶的补养，老夫人竟能扶着凳子自己活动了。

周老于1957年被划右派后，一直领着每月40多元的工资，老伴常年卧病，家庭生活非常拮据。改云体贴周老的困难，1977年高中毕业后即到学校小工厂打工，月薪20多元完全补贴家用。直到1979年右派改正，周老恢复原工资生活好转，改云才从小工厂退下来。

周老重新走上领导岗位后，念及改云数年来同他们老夫妻的患难情谊，就在力所能及的范围内在市委的帮助下办了农转非户口，后又安排到粮店工作，直到改云与时任小学教师的郭遂超完婚生子。婚后，改云夫妇仍以周家为自己家，继续照料两位老人。1986年，周老患了严重的心脏病，老伴白内障几近失明。周老考虑到改云夫妇既要上班又要照料孩子，就把进城打工的堂弟周民生安置家中帮忙。

周老几乎没有什么近亲可靠，只有个独生子，远在哈尔滨成家立业，几年才回来一次。1989年3月，周老夫人心肌梗死住院，一直是改云夫妇和民生轮流陪护，儿子是在母亲火化时才赶回来的。1991年，周老除冠心病外又发现了糖尿病，在郑州住院，遂超陪护月余。此后，周老几乎年年都要住院输水两三次，每次都是十天半月。周老夫人去世后，改云为了全力照料周老，辞去了粮店工作。2001年8月，周老在曹刚川将军安置下住进了解放军三〇六医院，做淋巴肿瘤手术，改云夫妇把女儿一个人留在家中，随行到北京日夜陪护周老。

对周老日常饮食起居的照料改云是无微不至的。周老患糖尿病后忌食多糖食物，她就蒸豆面包子、谷面窝头，擀杂面条，磨豆浆。同时还根据时令，春季吃蒸槐花、榆钱，秋季吃马齿菜、南瓜，经常变换花色品种，设法让周老多吃菜、多进食。

周老因糖尿病和皮炎，腿脚经常浮肿。改云每天都是5点起床给他做腿脚按摩半小时，晚上睡前热水浴脚后再按摩半小时，就这样坚持数年不断。北京手术回来后，周老身体极度虚弱，翻身都很困难，手臂疼痛难忍，但由于改云的耐心护理，加上周老坚持锻炼的毅力，半个月后，他竟出人意料地自己坐起来了。

周老一向有早起散步、午后外游的习惯，改云像影子一样时时伴随着他。在附近的林荫道上、河堤公园里，经常可以看到这一老一少的身影，有时逛累了坐下来，就让改云念报给他听。在他几近生命的最后时刻，还让改云用轮椅推着他到他曾经工作过的地方——漯河高中、郾城一高（原省立郾中）等处去寻梦。

周老晚年虽有多种疾病，可是，在改云的精心护理下，他的体质状况非同龄人可比。他思维清晰，记忆力强，每日坚持四五个小时的伏案读写。就在他北京大手术后的第二年，96 岁高龄的人，在盛夏季节还写下了 3 万多字的文章，追忆他和吴艺圃、曹刚川的友情和师生情。这样，改云在生活护理之外，还兼做了他的半个秘书，接待、外联收发、复印、整理图书、查询资料、文稿核对等。2000 年，周老主持编纂《海峡两岸友好书画联展作品集》期间，改云和编辑马树奇曾多次跑临颍印刷厂联系出版事宜。2001 年，此书与政协编纂的《中原临中、省立郾中、漯河高中创建纪实》出版后，经改云手向台湾及全国各地周老的学子友好发寄近千册。

改云于 1975 年 16 岁进周老家到 2003 年为周老送终，28 年时间，待周老胜过自己的生身父母。无论多么辛苦、多么劳累，她都呼之即来，跑前跑后，成了周老不可或缺的得心应手的左臂右膀。改云夫妇及女儿长年围绕在周老身边，改云的父母也经常从家乡过来相伴，使孤寡无依的周老有一个温馨的家，在天伦之乐中安适地度过了晚年。而周老数十年的言传身教，潜移默化，使周改云个人也领略到了周老可贵的道德风范，学到了许多为人处世的道理。下面是改云的片段回忆：

老哥胸怀宽阔，不记怨恨。1957 年，划为极右派后，他从一校之长变成了一个清厕挑粪、烧澡堂、端茶倒水的杂工，可他一直从容处之，无怨无悔。改正后常对我们说，人一生不可能顺顺当当，过去的事就不要再提了，他晚年过得这么好，都是共产党的照顾。所以年年春节的门上，他都亲自写上“党恩浩荡”四个大字。

老哥清苦一生，心无杂念，不该得的分文不取。他带中原临中回到河南，剩余经费两麻袋银圆，在他屋里存放很久，他没动过一个，全数交给了省立郾中做开办经费。在漯河四中劳动时，种的南瓜，他不让家人摘取一个，全部分给了教职员工。几年前民革市委，以他做名誉校长，开办了个书画班，收取的学费给他送来500元，被他婉言谢绝了。

老哥坚持原则，坚持实事求是。小事上他处处息事宁人，原则大事却寸步不让。1958年审干及“文革”中，因纠缠中原临中有无反动“青年救国团”问题，外调人员往来频繁，甚至手枪放在面前，逼他承认。他威武不屈。他说：“枪毙我，我也不会乱编。”为3000名师生保住了历史清白。

老哥关爱学子胜过亲子，关爱他人胜过自己。他大学毕业后，先后在7个学校担任校长，受他资助的特困生不计其数，有些是在受资助人来信来访提及往事时他方能记起；有些借出去的钱人家来还钱时，他却早已忘到脑后了。

我和周民生年龄比他小得多，可他一直像对待亲弟弟亲妹妹那样平等相待。民生婚前，他先期付款1.5万帮助买了一套住房，而后每月帮他还贷300—500元。民生结婚生子母亲住院，他都有所贴补。1999年我退职后，开始他每月给我500元。2001年他工资增加到2200多元，每月给我800元。另外每月700元做全家人生活费用。每到星期天，他都要把民生一家找回来和我们一起聚餐。老哥除上述家用开支外，几乎所剩无几，可是每次向灾区捐款，他都要捐出1000—2000元。

老哥给我的最大感受是宁静志远、淡泊名利、不计得失、不求豪奢、心地善良、光明磊落。他平平淡淡、平平静静地走完了自己的一生。

和老哥相伴的28年中，我几乎天天是在紧张忙碌中度过的，但是我觉得能和这么好的一位老人在一起，生活很充实很愉快。2003年8月2日把他送走后，我没有轻松感，只有失落感，觉得生活突然失去了意义，无所事事。时时感到他仍旧在他的书桌前坐着，在读在写。那种高声大气的“改云、改云”的呼唤声，还时时在耳边回响。我常常在想，他老人家如果能再长寿再多活上多少年，我都会心甘情愿不厌其烦地再侍候他多少年。

选自 2006 年 7 月《漯河文史资料》第十四辑

周校长给了我第二次生命

李嘉干[①]

周祖训校长是我在漯河高中上学时的老校长，当时，他是副校长，主管学校的教学工作。我虽与周校长相处时间短暂（仅一年零两个月），但我知道他是一位学识渊博、业务熟练、平易近人、和蔼可亲、非常受人尊敬的教育家。尤其是他那种实事求是、是非分明的工作态度，更使我从内心尊重他、敬佩他！就是他——我的老校长周祖训先生给了我第二次生命。

我是1956年考入漯河高中的学生。1957年11月21日因“阶级报复”罪被漯河市公安局逮捕收监，1957年12月23日又被漯河市人民法院以“阶级报复”罪判处有期徒刑6年，并剥夺政治权利3年。当时我的年龄不足17岁。直到1963年11月21日我才服刑期满被释放回家，继续接受群众监督改造。

1986年4月，一个偶然的机会，我在郾城卫校见到了分别29年的周校长。他的身体还是那么健壮、那么魁梧高大。我一眼就认出他就是我的老校长。于是敬慕之情油然而生。心想，一定要鼓起勇气和老校长说句话。我走到他跟前问道：“您是周校长吧？”周校长点头说：“是呀。”我又说：“我是您的学生。”他问我：“你是哪一年的学生？”这时和他一块下车的同志说，周校长是一位老教育家，当了几十年校长，他的学生太多了，国内海外、世界各地、各行各业都有，可以说桃李满天下。我说：“我是1956年考入漯河高中的学生。”老校长又问我叫什么名

① 李嘉干，1940年生，郾城人。1956年考入漯河高中，1957年因“阶级报复”罪被判刑6年，1963年刑满释放。1974年任何庄小学民办教师。1986年平反。1987年9月底分配到孟庙镇中心小学任教导主任，1991年加入了中国共产党，1996年8月调任孟庙学区业务主任。

字。我说我叫李嘉干。周校长马上皱起眉头，略加思考说：“你是不是1957年因和同学斗着玩被判刑的那个孩子？太冤枉你这孩子了！”接着他又问：“平反了没有？”我说：“不知道找谁平，也不敢找，自己能活过来就不错了！”当时老校长批评我说：“你这样想可不行，因为你是受冤的，一定得把自己的政治身份搞清楚，不然对你自己甚至后代都有影响。”并且说：“你这事也不是三两句话说得清楚的，有空到老街市政府后院家属楼去找我，我帮你想个办法。”说完周校长上车走了。此时，我心情激动、热泪盈眶，老校长真是记忆力超人。我是他一名普通的学生，他是一位德高望重的校长，提我的名字，事隔29年，我的事他还都记得那么清楚。望着周校长远去的小车，我激动得久久不能平静。

1986年5月1日下午，我趁周校长假日空闲时间，去到老校长的家里，从下午2点一直谈到下午6点。周校长询问我6年劳改生活情况、当时的家庭情况、工作情况等。我向老校长做了详细的汇报。1963年刑满后，又戴上了劳改释放犯及地富子弟的双重帽子，家中只有母子二人相依为命，被人另眼相看。1968年我28岁那年，守寡20多年的老母亲又改嫁到孟庙镇何庄村。1971年我31岁才结婚。1974年8月，何庄小学聘请我当音乐教师。周校长听了我的情况，非常同情地说：“孩子，你真受罪了，你是冤枉的，回去写份申诉，把情况说清楚，送到我这里来。”

回来后，我立即写了申诉书，由周校长帮我转送到漯河市人民法院。1986年，漯河市人民法院给我下达了刑事再审判决书：“对本院（57）法刑字109号判决，再审认为，李嘉干出身地富家庭，但当时年幼（17岁）并无阶级报复目的，不构成犯罪。根据《中华人民共和国刑事诉讼法》第一百四十九条第一款之规定，经审判委员会研究决定，撤销本院（57）法刑字109号判决，宣告无罪。”从此，我沉冤了29年的“阶级报复”罪名在老校长的帮助下彻底宣告结束，我成为一个堂堂正正的人。

1986年10月，漯河市召开第一届政协会议时，周校长又为我的工作安排提出议案，要求有关部门给予恰当解决。后经老校长多方面努力，1987 年 6 月，漯河市信访办下达正式文件：经鲁茂升市长批示同意李嘉干同志转为全民固定工，并转发郾城县劳动人事局具体安排。1987 年 9 月，我由民办教师转为公办教师。1987 年 9 月底分配到孟庙镇中心小学任教导主任，1991 年又光荣地加入了中国共产党，1996 年 8 月调到孟庙学区任业务主任，主抓全镇的教学工作。

如果不是偶然的机会见到周校长，我绝不会有今天。现在我已退休，4 个子女都参加了工作，家庭生活虽未达到小康，但还是比较幸福的。这都是周校长给我的呀！

选自 2006 年 7 月《漯河文史资料》第十四辑

周祖训先生与祖父韵坡公

马洪奇

周祖训先生自幼热爱教育事业，终身从事教育工作，贡献卓著，桃李满天下。每当谈起这些，他总要深情地回忆起他的祖父韵坡公对他的抚育与教导。

在《忆先祖父韵坡公》前言中，先生写道："我一生最大的受益来自三个方面：①祖父的教育和熏陶；②小学、师范及大学教师的培养；③共产党的教导。这三个方面的问题不断地在我脑海中荡涤，我想把这些人和事写出来，以勉励自己并教育别人。"

据笔者所知，"前言中"所说的三个方面，②③两项，先生均有专文记述并发表于报刊，唯独如何受其祖父韵坡公教育熏陶，始终未写出完整的文章。他时常表示：一定要亲自把祖父对自己的教育和影响写出来，并且于1986年就拟好了题目，初为《我祖父韵坡公对我一生的影响》，后改为《祖父永远在我身边》，最后定为《忆先祖父韵坡公》，并在两个笔记本中写了前后衔接的两篇初稿。但从文稿内容和结构看，均未写完。所以当他病重住院我去看望他时，他紧握住我的手郑重地嘱托我，一定要帮助他把对祖父的回忆和悼念的有关资料整理好，印成册。先生逝世不久，我从其堂妹周改云女士处接过有关资料，反复翻阅，逐步感悟到，先生对其祖父的思念与崇敬有着浓厚的基础。

大约在20世纪70年代末或80年代初，先生就开始收集有关祖父的历史资料，同时不断编写回忆提纲，但都未能写成完整的文章。他担心资料不全面，表达不尽情意，有损祖父在自己心目中的形象。

周祖训先生的祖父名余德（1867—1952），字韵坡。先祖原籍亳州，明永乐初年卜居内黄，世代以耕读为业。韵坡公幼承祖父（名侨字居安）读书，稍长出外就读，敏而好学，笃厚知礼。18岁进秀才，后补廪生，越发苦研经籍，博览百家，名重一时。后参加乡试不第，弃举子业，在乡设塾课徒逾20年。光绪年间，废科举，兴学堂，内黄设立劝学所，韵坡公受聘为劝学员。1917年就任内黄县第一女子小学校长，主持该校13年，成绩斐然。经韵坡公培养的内黄县妇女解放运动先驱者周淑勤、沈淑德、樊真荣（樊甲）等，对他一直念念不忘。1933年，内黄续修县志，韵坡公被推为主要编纂人。1937年书成，未及付印，“七七事变”爆发。他带着《内黄县志续修清稿》离乡避难，几经颠沛，历尽艰辛，衣物尽失而志稿完好无损。该志稿36万字收录了内黄县数十年的文献资料，是一部珍贵史书，现以善本珍藏于天津市图书馆。韵坡公教育成绩显著，师德优良，男女学生分立德教碑各一通，其一由国民党元老于右任题词。1985年，此二碑从内黄县周宋村移至郑州博物院石刻艺术碑廊。

周祖训先生乳名振声，盖取“振家声”，即读书之意。他四五岁时，父亲因病去世，一年后母亲也离开人间。当时韵坡公把幼年祖训叫到膝前，说：“你又成没娘孩子了！”说着不禁失声痛哭，祖训也伏在祖父膝上，号啕大哭。这是先生最早最刻骨铭心的记忆。从此祖训完全由祖父母抚养教育。入家塾时，韵坡公给唯一的爱孙起学名祖荫，意为祖辈照顾护佑。后觉不妥，改为祖训，又取字绍言。

幼年祖训在韵坡公设立的家塾读书，开始全面接受祖父的教育。学习的内容是习字、算术、国文。初写“仿纸”，韵坡公用毛笔写好字，让学生用竹纸套在上面描写。内容为“一去二三里，烟村四五家，亭台六七座，八九十枝花”。描写一段时间后，开始临帖。学生临的帖各不相同，幼年祖训临的是柳字帖《玄秘塔》。国文初用清末留下来的课本，第一课为“我是大清人，我爱大清国”。以后改为“人手足刀尺，山水田狗牛”等。同时学《三字经》《百家姓》，还特别重视《小学韵语》的学习。《小学韵语》是根据宋代朱熹著的《小学》一书改编的四字（或三字）一句的韵语。内容是洒扫应对和规矩礼仪之类。如“出必告，返必面；将上堂，声必扬；将入户，视必下”。还要读《四书》《五经》，并特别重视读《孝经》还有《千家诗》。韵坡公教学有两个特点：第一，教读的书一定要讲解，虽然学生不一定都能听懂；第二，注重因材施教，重视个别指导。幼年祖训由于勤奋刻苦，学得既快又好，大家都说他“贪书”。

韵坡公教的算术有笔算和珠算，但他更喜好珠算，案头常放有《算术法统宗》，内容有加、减、乘、除法及其应用。学生只学加、减、乘及其应用，其他只是韵坡公个人研究。

韵坡公教学严格认真，循循善诱。学生有一个字不理解他就不放过。先生在《忆先祖父韵坡公》一文中写道：“我记得在国文中有《魏文侯与虞人期猎》一课要学生回讲，大家对虞字讲不清楚。最后让我讲，我说，虞是诸侯的国名。祖父点头称是并鼓励我。这事我印象深刻，终生未忘。但有一次我回讲国文某课时，未讲好，祖父并未斥责我，仅用袖子在我头上轻轻拂了下。我为此事暗暗哭了几次。从此，对国文不敢疏忽，这也是我终生难忘的。”

韵坡公的曾孙周肇民（又名培基，先生的独子）曾谈到他亲自经历的两件事反映出韵坡公的博闻强记和对晚辈的教育。其一，他小学读书时，一天下午，和几个同学在信师老师宿舍睡觉，曾祖父发现后，不愿当面叫醒他们，就提笔写下这样几句话：“宰于昼寝。子曰：朽木不可雕也，粪土之墙不可圬也。戒之！”其二，1940 年，在内乡县师岗镇，一天，几个学生随曾祖父郊游，遇墓碑，曾祖父要求大家在一小时内记住碑文（四五百字），回家后一字不错地写下来，结果回到家里写下来一对照，他无一字错误。大家都很佩服。韵坡公时年已 73 岁高龄。

据先生回忆，韵坡公书桌上常放有梨木做的黑红色的大戒尺，但从未见他打过学生。

当时的读书人，无不以修身、齐家、治国、平天下为自己的理想和追求。《大学》上说：“身修而后齐家，齐家而后国治，国治而后天下平。”所以修身是根本。先生回忆说：“我入家塾后，听祖父讲到《大学》中这一段话时，特别铿锵有力，提到修身为本，更是掷地有声。”

幼年祖训除在家塾接受祖父的教育外，还在课外从祖父韵坡公熟读《论语》《孟子》《孝经》等。1918 年 12 岁的少年祖训到内黄县立模范国民小学读书。为了孙子，韵坡公也同时前往，并住在学校。除照顾生活，还抽空教其读《春秋》《左传》《尔雅》《诗经》《四书》。当时虽不全懂，但要背得很熟，先生誉之为“童子功”。

这期间韵坡公还经常对少年祖训进行文史教育。家藏《十三经》《古文观止》《古文喈凤》《聊斋志异》《通鉴辑览》《历代名臣言行录》等。韵坡公以自己广博深厚的学识，悉心向爱孙传授，激起了少年祖训浓厚的学习兴趣和强烈的求知欲望，养成了勤奋求索、刻苦钻研的学习精神。由此，他的师范大学学习一直保持成绩优异，名列前茅。祖训先生对此风趣地说，这都归功于祖父韵坡公早年培育的“童子功”。

韵坡公亲订的家训中有“学而不厌，诲人不倦”“勤以补拙，俭以养廉”。他首先身体力行。每当夏秋农忙季节，学校放假，韵坡公除参加收割运送庄稼外，还通夜睡在露天地里喂牲口。先生那时年纪虽小，也不甘落后，常帮祖父给牲口添草加料。

在生活中韵坡公也以勤劳节俭自勉育人。祖训12岁时到离家40里的县城读书，步行来往，很是艰苦，但韵坡公并不姑息。“苦其心志”“劳其筋骨”“增益其所不能”。并常以名臣爱国志士岳飞、左光斗、杨继盛、文天祥等的事迹，磨砺先生意志。先生也终生自视为平民。常以“人一能之，己十之，人十能之，己百之”警示自己。他说：“为学，做事，没有捷径，就是要勤劳、勤奋，靠自己努力。”祖父常讲：“‘君子求诸己，小人求诸人’，我的日记题名‘求己日记’就是秉此精神。”

当时一般读书人家都有“堂号”。先生回忆道：“我家的堂号是‘问心堂’，‘问心’就是问心无愧。这三个字祖父把它写在家中各种器物上，让家人能触目惊心，常问自己是否做了问心有愧的事。”“祖父还将家中三间东屋专作自己读书和教学之用，起名号‘淡菊轩书屋’，以寄重事业。”

先生回忆，韵坡公有很多印章，最引人注意的是“唯吾知足”一枚。这枚印章的写法是四个字共用一个口字，“[illegible]”韵坡公常把这个印章盖在书上，作为自己的座右铭。并说“知足常乐”就是从这里来的。韵坡公一生不戚戚于贫贱，不汲汲于富贵，随遇而安，顺其自然，真正“唯吾知足”。

在韵坡公家大门上悬有一块木质匾额，上刻“端正和平”四个大字，为乡里人士所送。韵坡公为人正直，主持公道，和睦乡里，热心公益。木匾上的四个大字，正好表明了韵坡公的为人和性格。这些又都给先生留下了深刻的印象和影响。

在“淡菊轩书屋”中有一至圣先师（孔子）之牌位。每天学生来上学，先给孔子牌位行鞠躬礼。每逢年节，韵坡公的学生也都到老师家拜望。幼年祖训对他们则以叔伯相称。这使他萌生了老师工作的高尚、教育事业的神圣、将来自己也要当老师从事教育工作的念头。后来祖训先生视学校为家庭、视学生为子女，可说就是这时埋下的种子。

1995 年 1 月，先生把自己的客厅辟为祖父韵坡公纪念室。在醒目处挂起由画家柴俊峰先生画的韵坡公的画像：短褂长衫，银髯垂胸，端正和平。画像上端有先生自撰的几行小字：“先祖父周余德韵坡公，1867 年生于河南省内黄县周宋村，1952 年逝世于郾城，终生从事教育事业，不厌不倦，勤俭立身，清白长留人间。”下有 12 句赞语，是先生对祖父一生从教立身的概括。赞语曰：“祖父韵公，教学一生，不厌不倦，身体力行。满门弟子，靡不敬崇。立身处事，自律严谨。勤以补拙，俭以养廉，谆谆教诲，永矢弗谖。”画像两边还有先生自撰的对联，上联是“学而不厌诲人不倦勤以补拙俭以养廉”，下联是“堂曰问心轩曰淡菊端正和平唯吾知足”。以上均由书法家马树奇先生书写。

韵坡公纪念室的建立，了却了先生一件大事，一桩心事。

先生生前曾留下遗言，死后丧事从简，将骨灰撒在漯河人民会堂附近的广场上。这里是祖父韵坡公去世后安葬的地方。2003 年 8 月，周祖训先生以 97 岁高龄病逝于漯河市第三人民医院。漯河市领导考虑到周祖训先生的卓越贡献和广泛影响，决定将其骨灰一部分存放于烈士陵园并建墓立碑，部分撒在人民会堂附近广场南边的大树下。

2006 年是老校长周祖训先生逝世三周年和诞辰 100 周年，笔者特以此文和大家共缅其德！并以此告慰先生，马洪奇已经完成了您未竟的心愿，《忆先祖父韵坡公》已整理成册，等待付印。愿您在另一个世界里永远欣慰安息！

选自 2006 年 7 月《漯河文史资料》第十四辑

后　记

整理建市以来前三十年《漯河文史资料》是七届漯河市政协确定的一项重点文化工程。任务确立之后，聘请熟悉我市历史文化并热心文史资料工作的学者组建了专项工作小组。专项工作小组首先认真学习了中国文史出版社出版的《文史资料学概论》（卞晋平、方兆麟等著），对主席会议确定的“去伪存真、去粗取精，补充完善、按系分类”的原则进行了认真的讨论和领会，在此基础上着手开展工作。

纳入本次整理范围的是1986年至2016年市政协征编的《漯河文史资料》共24辑、813篇、351万字，经剔除不符合文史资料体例和不宜出版的内容之后，确定选入史料共计630篇，280万字。

整理工作确立了“遵循国家有关法律、法规，遵循文史资料工作统战性特点，尊重历史见证人对历史事件的表述，以服务大局、服务社会为宗旨，深入挖掘史料价值，全面提高政治、史实和文字水平，更好发挥‘存史、资政、团结、育人’作用”的指导思想。专项工作小组逐篇审读这些史料，建立每周工作例会汇总审读中发现的问题，提出了“校、勘、注、附、表、补、删、插”八字整理工作法，并依据内容将纳入整理范围的文稿划分为八个部分，采取集中研讨、分工负责的方法开展整理工作。整理过程中，经过多次研讨并听取中国文史出版社梁洁同志的建议，又调整了分卷方案，确定为目前的12分册，其中曹代颖、张艳负责《古韵新辉》《百业春秋》《桑梓情思》3册；刘西森、陈思盈负责《抗战岁月》《解放战事》《河上风物》3册；马恒祥、蔡慧娟负责《沙澧英才》《杏坛双星》《生态今昔》3册；鲁锁印、夏跃进负责《民国往事》《校园漫忆》《沧桑巨变》3册。除了较为繁重的文字校勘之外，各组重新审读原文，进行充实梳理，在尊重撰稿人原稿的基础上，根据新发现对史料进行补充完善，对内容存疑或失实的进行更正。其间，收集并参阅大量的外来资料，不厌其烦地进行史料比对，可谓夙夜不息、历尽艰辛。

整理工作的全程中，吕岩同志两次主持主席会议进行专题研究，肯定了本次文史资料整理工作的意义，确立了文史资料整理工作的方案和原则，并多次听取汇报提出指导意见，使整理工作始终沿着正确的方向前行。分管副主席田冠亭、胡新峰同志在日常工作中高度关注，在关键节点协调帮助，为工作顺利推进提供了保障。安清跃、史凤民、刘颖峰为整理工作收集资料提供了有力支持。参加专项工作小组例会的牛青、李永杰、翟媛媛长期牺牲节假日休息时间，为专项工作小组精心服务，作出了应有的贡献。丛书送审稿校定后，秘书长袁国亮组织机关的黎联峰、杨为、李庆峰、蒋向军、刘勇、李聪燕、王玉、崔博、吕煜辉、王文君、赵彤、康家浩等参与审读并提出修改意见；出版社一校二校完成后，各专项小组进行了复审，最后由鲁锁印对复审发现的问题进行统筹，力求使各卷标准统一，格调一致。

丛书整理虽历时三年有余，仍觉时间紧促，加之庚子年疫情的影响，一些图文资料采集计划未能如期实施。参与整理的诸君虽倾心而为，亦力有未逮，实乃囿于学识。期待出版后读者斧正润色，为后继者立标杆，助漯河文史资料工作日益上台阶。

编　者

2021年12月30日